मशरूम
उत्पादन एवं प्रबंधन

(MUSHROOM PRODUCTION AND MANAGEMENT)

[भारतीय विश्वविद्यालयों के स्नातक और स्नातकोत्तर छात्रों के लिए]

प्रो. (डॉ.) एल. पी. अवस्थी
भूतपूर्व डीन, स्कूल आफॅ एग्रीकल्चर और डीन एकेडमिक्स
आर.एन.बी. ग्लोबल यूनिवर्सिटी,
बीकानेर -334601 (राजस्थान)

प्रो. (डॉ.) ए. सी. शुक्ल
वनस्पति विज्ञान विभाग
लखनऊ विश्वविद्यालय, लखनऊ-226007 (उत्तर प्रदेश)

कल्याणी पब्लिशर्स
लुधियाना • नई दिल्ली • नोएडा (उ०प्र०) • हैदराबाद • चेन्नई
कोलकाता • कटक • गुवाहाटी • कोचि • बैंगलुरू

कल्याणी पब्लिशर्ज़

प्रधान कार्यालय :

B-3251/B, गली नं 5, गुरदेव नगर, संधु टॉवर के पीछे, **लुधियाना**-141 001 • Ph : 0161-2760031
E-mail : kalyanibooks@yahoo.co.in **Website :** www.kalyanipublishers.co.in

प्रशासनिक कार्यालय :

4779/23, अंसारी रोड, दरियागंज, **नई दिल्ली**-110 002 • Ph : 011-23271469, 23274393
E-mail : kalyani_delhi@kalyanipublishers.in

कार्यशाला :

B-16, सैक्टर 8, **नोएडा (उ. प्र.)**

शाखाएं :

1, महालक्ष्मी स्ट्रीट, टी. नगर, **चेन्नई**-600 017 • Ph : 044-24344684
गोपाबंधु लेन, गवर्नमेंट बस स्टेण्ड के पीछे, बादामबाड़ी, **कटक**-753 009 **(ओडिशा)** • Ph : 0671-2311391
4-3-65/2/A, HVS पब्लिक स्कूल के पीछे, सुल्तान बाज़ार,
हैदराबाद-500 095 **(आ. प्र.)** • Ph : 040-24750368
10/2 B, रामनाथ मजूमदार स्ट्रीट, **कोलकाता**-700 009 • Ph : 033-22416024
अरुणालय, पहली मंज़िल, सरस्वती मार्ग, पान बाज़ार, **गुवाहाटी**-781001 • Ph : 0361-2731274
कोरट्टी परमबिल हाऊस, कोनवेंट रोड, **कोची**-682 035 • Ph : 0484-2367189
न. 24 व 25, पहली मंज़िल, हमीद शाह कॉम्पलैक्स, कबौनपैट मेन रोड, **बैंगलुरू**-560 002

T 39124 03 14 + 182 = 196 Pages 28" x 40" 12.25 Forms

प्रथम संस्करण, 2023

Typesetting at
Excellent Graphics

ISBN 978-93-5540-531-9

PRINTED IN INDIA

Printed at: Yash Printographics.

प्रस्तावना

मशरूम ने मनुष्यों को भोजन, दवा और मनो-सक्रिय दवाओं, धार्मिक प्रतीकों और सहायक उपकरणों के रूप में सेवा दी। पाषाण युग के बाद से, जैसा कि एक अच्छे दस्तावेजीकरण से पता चलता है, आइसमैन ओत्ज़ी के बैग में, आल्प्स में खोजी गई एक ममी और डेडालोप्सिस तिरंगे के टुकड़े (एक पॉलीपोर ब्रैकेट फंगस) रोमा मशरूम की खपत के उत्तर में, एक नवपाषाण गांव की झोपड़ियों में और कवक के चिकित्सा अनुप्रयोग एशियाई देशों में, उनके आधुनिक समाजों में भी गहरी जड़ें हैं। कई यूरोपीय संस्कृतियों में, इसके विपरीत, सदियों से मशरूम की व्यापक रूप से उपेक्षा की गई है। परंपरागत रूप से, मशरूम जंगल से एकत्र किए जाते हैं, जब तक कि किसी प्रजाति के लिए खेती की विधि स्थापित नहीं की गई थी। मशरूम की खेती 600 साल ईस्वी में चीन में औरिक्युलिया ऑरिकुला-जुडे (जुडास ईयर फंगस) (ट्रेमेला ऑरिकुला-जुडे) (वुड-ईयर मशरूम) के साथ टहनियों के कृत्रिम टीकाकरण के साथ शुरू हुई, जो एशियाई रसोई में आम मशरूम है। प्राचीन काल से, प्रारंभिक सभ्यता, आदिवासी लोगों द्वारा मशरूम का उपयोग किया गया था और हजारों वर्षों से एक विनम्रता के रूप में बेशकीमती थे। इसके अलावा लेंटिनुला एडोड्स (शियाटेक) की खेती पहली बार चीन में लगभग 1000 से 1100 ईस्वी में लॉग पर की गई थी। यूरोप में, मशरूम की खेती लगभग 300 साल पहले पेरिस में लुई XIV के समय में हुई थी, जब बागवानों ने पहले गोबर के साथ निषेचित बेड पर और बाद में शहर के नीचे तहखाने और कैटाकॉम्ब में एगारिकस बिस्पोरस (बटन मशरूम) उगाया था। अब तक, दुनिया के विभिन्न हिस्सों में 'चौंपिग्नन डी पेरिस' सबसे अधिक खेती की जाने वाली मशरूम है। भारतीयों के लिए मशरूम के बारे में ज्ञान बहुत पुराना है। अभिलेखों के अनुसार, उत्तरी, दक्षिणी और मध्य भारत के जंगलों में रहने वाले प्रागैतिहासिक काल के लोगों द्वारा विभिन्न प्रकार के मशरूम का उपयोग भोजन के रूप में किया जाता था।

हर साल हजारों टन कृषि अपशिष्ट को फेंक दिया जाता है, जला दिया जाता है और उपेक्षित कर दिया जाता है जो पर्यावरण प्रदूषण का कारण बनते हैं। मशरूम की खेती की प्रक्रिया में, हालांकि, परिणामी पर्यावरण प्रदूषण को कम किया जा सकता है। चूंकि मशरूम सेल्यूलोज और लिग्निन का एक अच्छा डिग्रेडर है, इसलिए खर्च की गई खाद का उपयोग मिट्टी के कंडीशनर के रूप में किया जाता है। अध्ययनों ने संकेत दिया है कि मशरूम की खाद सब्जियों सहित फसलों की एक विस्तृत श्रृंखला की अच्छी गुणवत्ता और उच्च पैदावार देती है।

पशु प्रोटीन कई निम्न आय वर्ग की पहुंच से बाहर है जो ग्रामीण क्षेत्रों की आबादी का एक बड़ा हिस्सा है। प्रोटीन की कमी के मामले में कुपोषण, उच्च मृत्यु दर और रुग्णता के लिए जिम्मेदार प्रमुख कारकों में से एक है। विभिन्न एशियाई देशों में सतत मशरूम उत्पादन कुपोषण के स्तर को काफी कम कर सकता है। अब यह अच्छी तरह से स्थापित तथ्य है कि ताजे मशरूम की प्रोटीन सामग्री लगभग 3.7% है, जबकि सूखे मशरूम में यह 35% तक होती है। यह सोयाबीन को छोड़कर किसी भी सब्जी की तुलना में दोगुना है। छोटे पैमाने पर मशरूम उत्पादन एक अतिरिक्त उद्यम में रुचि रखने वाले किसानों के लिए एक अवसर का प्रतिनिधित्व करता है और बिना अधिक भूमि वाले किसानों के लिए एक विशेष विकल्प है। कृषि अपशिष्ट सामग्री, जैसे गन्ना खोई, गेहूं और चावल के भूसे, बीन और सोयाबीन डंठल, मक्का स्टोवर, केला छद्म उपजी और कई अन्य, खाद्य मशरूम के लिए उत्कृष्ट बढ़ते मीडिया हैं। जब कृषि और उत्पादों द्वारा खाद्य प्रसंस्करण

का उपयोग किया जाता है, तो कृषि जैविक कचरे के प्रबंधन में मशरूम की खेती एक महत्वपूर्ण भूमिका निभा सकती है। मशरूम सब्सट्रेट को फिर सीधे मिट्टी में लगाया जा सकता है या पशुओं को खिलाया जा सकता है।

वैश्विक मशरूम उद्योग ने पिछले दो दशकों में व्यावसायिक खेती के लिए नए प्रकार के मशरूम को शामिल करके बहुत तेजी से विस्तार किया है भारत मुख्य रूप से कृषि आधारित देश है जो विषम कृषि-जलवायु, कृषि अपशिष्ट की प्रचुरता, सौर ऊर्जा और जनशक्ति से समृद्ध है, जिससे यह सभी प्रकार के समशीतोष्ण, उपोष्णकटिबंधीय और उष्णकटिबंधीय मशरूम की खेती के लिए उपयुक्त है। मशरूम की खेती न केवल आर्थिक महत्व की है बल्कि युवाओं और महिला सशक्तिकरण के लिए रोजगार सृजन द्वारा एकीकृत ग्रामीण विकास कार्यक्रम में उनकी आय बढ़ाने और उन्हें आत्मनिर्भर बनाने में भी महत्वपूर्ण भूमिका निभाता है।

खाद्य मशरूम का वाणिज्यिक उत्पादन कृषि, औद्योगिक, वानिकी और घरेलू कचरे के पोषक भोजन (मशरूम) में जैव-रूपांतरण के लिए माइक्रोबियल प्रौद्योगिकी के अद्वितीय शोषण का प्रतिनिधित्व करता है। ऊर्ध्वाधर स्थान का उपयोग करते हुए मशरूम की इनडोर खेती को प्रति इकाई क्षेत्र और समय में उच्चतम प्रोटीन उत्पादक माना जाता है। इस हाई-टेक बागवानी उद्यम में भूमि पर अनुचित दबाव के बिना, भोजन की कमी को पूरा करने की एक आशाजनक गुंजाइश है। भारत जैसे विकासशील देश के लोगों के लिए पर्यावरणीय मुद्दों के अलावा गुणवत्तापूर्ण भोजन और बेरोजगारी दो मुख्य मुद्दे हैं और इन मुद्दों को ग्रामीण जनता और युवा पीढ़ी के बीच मशरूम की खेती को लोकप्रिय बनाकर हल किया जा सकता है।

भारतीय विश्वविद्यालयों के स्नातक और स्नातकोत्तर छात्रों के लिए "एन इंट्रोडक्शन टू मशरूम" नामक वर्तमान पुस्तक, विभिन्न प्रकार के खाद्य मशरूम, उनके संग्रह, पहचान, संस्कृति, रखरखाव, स्पॉन उत्पादन, बढ़ती तकनीक, महत्वपूर्ण जानकारी एकत्र करने का एक प्रयास है। भारत के लिए महत्वपूर्ण मशरूम उत्पादन में विविधीकरण के पहलू पर पर्याप्त रूप से ध्यान दिया गया है। मशरूम उत्पादन, अर्थशास्त्र और खाना पकाने में फार्म डिजाइन, मशीनरी आदि के इंजीनियरिंग पहलुओं को भी उचित महत्व मिला है।

हम आशा करते हैं कि यह पुस्तक उन सभी के लिए उपयोगी होगी जो मशरूम की खेती सीखना, पढ़ाना और शुरू करना चाहते हैं, अर्थात मशरूम उत्पादकों/उद्यमियों, विश्वविद्यालय के छात्रों, प्रशिक्षकों, प्रोफेसरों और उन सभी के लिए जो अपने मौजूदा में मशरूम की खेती को अपनाना या एकीकृत करना चाहते हैं। कृषि प्रणाली-यह विभिन्न खाद्य मशरूम की उत्पादन तकनीकों, अर्थशास्त्र, विपणन और खपत के बारे में ज्ञान के प्रसार में भी मदद करेगा।

2023

एल. पी. अवस्थी
ए. सी. शुक्ल

विषय-सूची

क्र.सं.	अध्याय	पृष्ठ संख्या
1.	**मशरूम: संक्षिप्त परिचय**	**1–9**
1.1.	इतिहास	2
1.2.	मशरूम की आकृति विज्ञान	5
1.2.1.	अगरिकस बिस्पोरस (बेसिडिओमाइकोटा)	5
1.2.2.	प्लुरोटस एसपीपी (बेसिडिओमाइकोटा)	6
1.2.3.	कैलोसाइब इंडिका (बेसिडिओमाइकोटा)	6
1.2.4.	वोल्वरिएला एसपीपी (बेसिडिओमाइकोटा)	6
1.2.5.	लेटिपोरस सल्फ्यूरस (बेसिडिओमाइकोटा)	6
1.2.6.	कैल्वाटिया गिगेंटिया (बेसिडिओमाइकोटा)	6
1.2.7.	मोर्चेला एसपीपी (एस्कोमाइकोटा)	6
1.3.	मशरूम का वर्गीकरण	7
1.4.	जीवन चक्र	8
1.5.	मशरूम चमत्कार	9
1.6.	मशरूम का महत्व	9
1.6.1.	बुढ़ापा रोधी गुण	9
1.6.2.	एंटीऑक्सीडेंट	9
2.	**मशरूम जीवविज्ञान**	**10–14**
2.1.	मशरूम जीव विज्ञान की अवधारणाएं	10
2.2.	एप्लाइड मशरूम बायोलॉजी	11
2.3.	जैविक अपशिष्ट और मशरूम जैव रसायन	12
2.4.	अनुप्रयुक्त मशरूम जीव विज्ञान का प्रभाव	14
3.	**पोषण और औषधीय गुण**	**15–30**
3.1.	खाद्य मशरूम और उनका उत्पादन	15
3.1.1.	स्वाद	16
3.1.2.	शारीरिक गुण	16

3.2. मशरूम पोषक तत्व 16
3.3. मशरूम के न्यूट्रास्युटिकल मेटाबोलाइट्स 17
3.3.1. कार्बोहाइड्रेट 19
3.3.2. प्रोटीन 19
3.3.3. आवश्यक अमीनो एसिड 19
3.3.4. वसा 21
3.3.5. विटामिन 21
3.3.6. फाइबर 22
3.3.7. खनिज 22
3.4. मशरूम से चिकित्सीय मेटाबोलाइट्स का निष्कर्षण 23
3.4.1. पॉलीसेकेराइड्स 24
3.4.2. टरपीनोइड्स 24
3.4.3. स्टेरॉयड 27
3.4.4. ग्लाइकोप्रोटीन 27
3.4.5. पॉलीकेटाइड्स 27
3.5. अन्य 28

4. मशरूम उगाने की तकनीक 31–75

4.1. कृषि-जलवायु आवश्यकताएँ 31
4.2. बढ़ती और संभावित बेल्ट 31
4.3. मशरूम उत्पादन पैटर्न में अंतर 33
4.4. कई चयनित मशरूम की खेती 34
4.5. स्वीकार्य मशरूम प्रजातियाँ/प्रजातियों का चयन 34
4.6. संस्कृतियों के स्रोत 34
4.6.1. ऊतक संवर्धन 34
4.6.2. बीजाणु संवर्धन 35
4.6.3. अन्य प्रयोगशालाओं से शुद्ध कल्चर 35
4.6.4. किसी अन्य स्रोत से संस्कृतियाँ 35
4.7. संस्कृति मीडिया 35
4.7.1. पीडीए (आलू डेक्सट्रोज अगर) 35
4.7.2. एक रेडीमेड MEA (माल्ट एक्सट्रेक्ट अगर) पाउडर 36
4.7.3. माल्ट का अर्क 36
4.8. मजबूत स्पॉन का विकास 36
4.9. मशरूम स्पॉन तैयारी 36
4.9.1. स्पॉन सबस्ट्रेट्स 37
4.9.2. मदर स्पॉन तैयार करना 37

4.9.3. स्पॉन रोपण की तैयारी 37
4.9.4. स्पॉन बनाने के लिए टिप्पणियां 38
4.10. मशरूम स्पॉन हैंडलिंग 38
4.10.1. स्पॉन गुणवत्ता का रखरखाव 38
4.10.2. स्पॉन मात्रा 39
4.10.3. व्यावसायिक स्पॉन आपूर्ति पर नोट्स 39
4.11. चयनात्मक सब्सट्रेट/खाद तैयार करना 39
4.11.1. मशरूम सब्सट्रेट 39
4.11.2. खाद बनाना 40
4.11.3. चल रहे मायसेलिया (स्पॉन) की देखभाल 40
4.12. बटन मशरूम 41
4.12.1. प्रजातियां 42
4.12.2. आवश्यकताएँ 42
4.12.3. सब्सट्रेट तैयार करना 42
4.13. सीप मशरूम 52
4.13.1. प्लुरोटस की प्रजातियाँ 52
4.13.2. आवश्यकताएँ 52
4.13.3. सब्सट्रेट तैयारी 52
4.14. धान का पुआल मशरूम 57
4.14.1. प्रजातियाँ 57
4.14.2. आवश्यकताएं 57
4.14.3. सब्सट्रेट की तैयारी 57
4.14.4. सब्सट्रेट का पूरक 57
4.14.5. स्पॉनिंग 57
4.14.6. स्पॉन रन 58
4.14.7. फसल प्रबंधन 58
4.14.8. वोल्वरिएला वोल्वेसिया उगाने के लिए फ्लो शीट 59
4.15. दूधिया मशरूम 60
4.15.1. प्रजातियां 60
4.15.2. आवश्यकताएँ 66
4.15.3. सब्सट्रेट की तैयारी 60
4.15.4. स्पॉनिंग 60
4.15.5. स्पॉन रन 60
4.15.6. फसल प्रबंधन 61
4.15.7. कैलोसाइबे इंडिका उगाने के लिए फ्लो शीट 62

4.16. ऋषि मशरूम 63
4.16.1. प्रजातियां 63
4.16.2. आवश्यकताएँ 63
4.16.3. सब्सट्रेट तैयार करना 63
4.16.4. स्पॉनिंग 63
4.16.5. स्पॉन-रन 63
4.16.6. फसल प्रबंधन 64
4.16.7. गनोडर्मा ल्यूसिडम उगाने के लिए फ्लो शीट 65
4.17. शीटकेक मशरूम (लेंटिनुला एडोड्स) 66
4.17.1. कल्चर मीडिया और तैयारी 66
4.17.2. लेंटिनुला एडोड्स की खेती 67
4.17.3. लेंटिनस एडोड्स उगाने के लिए फ्लो शीट 68
4.18. जायंट मशरूम (स्ट्रोफारिया रगुसो-एनुलाटा) 68
4.18.1. बाहरी खेती 69
4.18.2. बैग प्रणाली 70
4.18.3. स्ट्रोफरिया की खेती के लाभ 72
4.18.4. स्ट्रोफरिया की खेती के नुकसान 72
4.18.5. स्ट्रोफरिया रगुसो-एनुलाटा उगाने के लिए फ्लो शीट 72
4.19. ब्लैक ईयर मशरूम (ऑरिकुलरिया पॉलीट्रिचा) 73
4.19.1. स्पॉन उत्पादन 73
4.19.2. खेती की विधि (ऑरिकुलेरिया पॉलीट्रिचा) 74
4.19.3 प्रबंधन 75
4.19.4. औरिकुलरिया पॉलीट्रिचा उगाने के लिए फ्लो शीट 75

5. तनाव सुधार तकनीक 76–78

5.1. चयन द्वारा 76
5.2. संकरण द्वारा 77
5.2.1. ऑक्सोट्रोफ़ का उपयोग 77
5.2.2. प्रतिरोध मार्करों का उपयोग 77
5.2.3. प्रोटोप्लास्ट फ्यूजन 78
5.2.4. मशरूम का आणविक जीव विज्ञान 78

6. शुरुआती के लिए उपयुक्त प्रजातियाँ 79–86

6.1. बटन मशरूम (शैंपिग्नन, एगारिकस बिस्पोरस) 79
6.1.1. खाद बनाने की संक्षिप्त विधि 81
6.1.2. खाद बनाने की लंबी विधि 81
6.1.3. किस्में/उपभेद 81

6.2. ऑयस्टर मशरूम 81
6.2.1. विकास आवश्यकताएँ 82
6.2.2. कुछ सामान्य स्पॉन सबस्ट्रेट्स 82
6.2.3. अन्य सामान्य खेती सबस्ट्रेट्स 82
6.2.4. खेती की विधि 82
6.2.5. किस्में/उपभेद 83
6.3. धान का पुआल मशरूम (भारतीय मशरूम, वोल्वरिएला वोल्वेसिया) 83
6.4. शीटकेक मशरूम 84
6.4.1. लॉग उत्पादन 84
6.4.2. चूरा पर बढ़ते शियाटेक 84
6.5. रेशी मशरूम (लिंग जी, गनोडर्मा ल्यूसिडम) 85
6.6. दूधिया मशरूम (कोलोसाइबे इंडिका) 86
6.7. विशाल मशरूम (स्ट्रोफारिया रगुसो-एनुलाटा) 86
6.8. ब्लैक ईयर मशरूम (ऑरिकुलेरिया पॉलीट्रिचा) 86

7. मशरूम के रोग और उनका प्रबंधन 87–114

7.1. सामान्य रोग 87
7.2. रोगों का स्रोत 88
7.2.1. मिट्टी 88
7.2.2. पानी 89
7.2.3. पीट 89
7.2.4. खाद 89
7.2.5. स्पॉन 89
7.3. रोग का प्रसार 89
7.3.1. प्राथमिक बीजाणु फैलाव 89
7.3.2. द्वितीयक बीजाणु फैलाव 90
7.4. जीवाणु रोग 90
7.4.1. जीवाणु पीलापन 90
7.4.2. बैक्टीरियल ब्लॉच 91
7.4.3. नरम सड़ांध 92
7.4.4. स्टाइप नेक्रोसिस 93
7.5. कवक रोग 93
7.5.1. सूखा बुलबुला 93
7.5.2. हरा मोल्ड 94
7.5.3. वेट बबल 95
7.5.4. कोबवेब 97

7.6. वायरल रोग 98

7.6.1. "ला फ्रांस" रोग 99

7.6.2. डाई-बैक 100

7.7. फसल पूर्व सावधानियां 100

7.7.1. धूल से बचें 100

7.7.2. एयर फिल्टर का उपयोग करें 100

7.7.3. संदूषण मुक्त 100

7.7.4. कम्पोस्ट हस्तांतरण को कम से कम करें 101

7.7.5. आवरण की रक्षा करें 101

7.8. फसल के दौरान सावधानियां 101

7.9. जल्दी पता लगाने के बाद सर्वोत्तम अभ्यास 101

7.10. फसल काटने के बाद 102

7.10.1. सुरंगों को खाली करना 102

7.10.2. कीटाणुशोधन 102

7.10.3. वेंटिलेशन 102

7.10.4. बिना किसी गड़बड़ी के बैग लोड करें 102

7.10.5. बंद हवा का सेवन 102

7.10.6. परिवहन के दौरान नीचे की ओर या कवर लोड करें 103

7.10.7. कीटाणुरहित उपकरण 103

7.10.8. स्वच्छ कर्मियों को सुनिश्चित करें 103

7.10.9. भाप के साथ कुकआउट 103

7.10.10. थर्मल डेथ पॉइंट्स 103

7.11. कीड़े और अन्य कीट 103

7.11.1. सूत्रकृमि 104

7.11.2. मक्खियाँ 104

7.11.3. माइट्स 106

7.11.4. प्रमुख कीट 106

7.11.5. छोटे कीट 108

7.12. एकीकृत कीट प्रबंधन 109

7.13. एकीकृत फसल प्रबंधन प्रणाली 109

7.14. खाद का संरक्षण 110

7.14.1. स्वच्छता के उपाय 110

7.14.2. खाली सुविधाएं 110

7.14.3. बढ़ते कमरे 111

7.15. फसल के दौरान कीट बहिष्करण 111

7.16. कीट और कृषि पर्यावरण निगरानी 111
7.16.1. सांस्कृतिक अभ्यास 112
7.16.2. जैविक नियंत्रण 113
7.16.3. कीटनाशकों का प्रयोग कब करें 114

8. कटाई और कटाई के बाद की हैंडलिंग 115–123

8.1. मशरूम चुनने के बाद जैव रसायन 115
8.2. कटाई 115
8.3. फसलोपरांत प्रबंधन 116
8.4. मशरूम का प्रसंस्करण 116
8.4.1. अल्पकालिक भंडारण 116
8.4.2. दीर्घकालिक भंडारण 117
8.5. कैनिंग 117
8.5.1. तुड़ाई 117
8.5.2. छँटाई और ग्रेडिंग 117
8.5.3. धुलाई 118
8.5.4. ब्लांचिंग 118
8.5.5. डिब्बे भरना 118
8.5.6. ब्राइनिंग 118
8.5.7. थकावट 118
8.5.8. सीवन/कैन क्लोजिंग 118
8.6. सुखाने 119
8.7. खड़ी 120
8.7.1. बिना थके खड़ी परिरक्षण 121
8.7.2. समाप्त खड़ी संरक्षण 121
8.8. अचार बनाना 121
8.9. रसायनों का प्रयोग 122
8.10. मूल्यवर्धित उत्पाद 122

9. मशरूम उत्पाद और उनका विपणन 124–130

9.1. मशरूम के विपणन योग्य उत्पाद 124
9.1.1. ताजा मशरूम 124
9.1.2. सूखे मशरूम 125
9.2. मार्केटिंग 125
9.2.1. प्रत्यक्ष विपणन 126
9.2.2. थोक बिक्री विपणन 126
9.2.3. छोटे पैमाने के उत्पादकों के लिए विपणन कुंजी 126

9.3. मशरूम विपणन 127
9.4. बाजार की मांग 128
9.5. बाजार अनुसंधान 128
9.6. वित्तीय विश्लेषण 129
9.7. भारत में मशरूम का विपणन 129

10. मशरूम शोषण में हालिया प्रगति 131–134

10.1. खेत और बगीचे में मशरूम 131
10.2. ताजा मशरूम में मूल्य जोड़ना 131
10.3. बटन मशरूम सूप पाउडर 132
10.4. मशरूम बिस्किट 132
10.5. मशरूम की खेती में पर्माकल्चर 132
10.6. माइक्रोफिल्ट्रेशन 133
10.7. मशरूम उत्पादन और हार्मोन 133
10.8. मशरूम उत्पादन और जैव उर्वरक 133

11. मशरूम उपचार 135–143

11.1. मशरूम उपचार 135
11.2. एक उत्पाद के रूप में मशरूम 136
11.3. माइकोरिमीडिएशन टूल के रूप में इस्तेमाल किया जाने वाला मशरूम 137
11.4. मशरूम की माइकोरिमीडिएशन क्षमता 137
11.4.1. जैव निम्नीकरण 137
11.4.2. जैवअवशोषण 140
11.4.3. जैव रूपांतरण 141

12. मशरूम की रेसिपी 144–165

12.1. लोकप्रिय व्यंजन और उनकी सरल तैयारी 144
12.2. खाना पकाने में मशरूम का उपयोग कैसे करें 145
12.2.1. प्रेशर कुकिंग 145
12.2.2. कच्चा 145
12.2.3. टॉस या सौते 145
12.2.4. माइक्रोवेव 145
12.2.5. ग्रिल 146
12.2.6. उबालना/ब्लांच करना 146

12.3. भारत में खाना पकाने के लिए उपलब्ध मशरूम के प्रकार 146
12.3.1. बटन मशरूम (एगेरिकस बिस्पोरस) 146
12.3.2. ऑयस्टर मशरूम (प्लुरोटस एसपीपी) 146
12.3.3. धान का पुआल मशरूम (वोल्वरिएला एसपीपी) 146
12.3.4. दूधिया मशरूम (कैलोसाइबे इंडिका) 147
12.3.5. शियाटेक मशरूम (लेंटिनुला एडोड्स) 147
12.3.6. भूमि-फोर (टर्मिटोमाइसेस एसपीपी।) 147
12.4. मशरूम रेसिपी 148
12.4.1. मशरूम टमाटर सॉस 148
12.4.2. मशरूम पकौड़ा 148
12.4.3. मशरूम ब्रेड पकौड़े 149
12.4.4. मशरूम टमाटर का सूप 149
12.4.5. मशरूम सूप की क्रीम 150
12.4.6. मशरूम मिक्स वेजिटेबल सूप 150
12.4.7. मशरूम प्याज का सूप 151
12.4.8. मशरूम अंडे का सूप 151
12.4.9. मशरूम गोभी का सलाद 152
12.4.10. मशरूम कोफ्ता 152
12.4.11. कढ़ाही मशरूम 153
12.4.12. मशरूम करी 153
12.4.13. मशरूम बिरयानी 154
12.4.14. ऑयस्टर मशरूम की क्रीम 155
12.4.15. मशरूम कबाब 155
12.4.16. मशरूम मिश्रित सब्जी 156
12.4.17. ग्रेवी में बेबी कॉर्न के साथ मशरूम 156
12.4.18. आलू के साथ ऑयस्टर मशरूम 157
12.4.19. मशरूम का अचार 157
12.4.20. बटन मशरूम तलना 158
12.4.21. ब्रोकली और मशरूम स्टीम्ड राइस रेसिपी 158
12.4.22. चिकन पिज्जा पकाने की विधि 159
12.4.23. मिर्च मशरूम पकाने की विधि 159
12.4.24. मलाईदार पदार्थ मशरूम पकाने की विधि 160
12.4.25. सूखे मशरूम पकाने की विधि 160
12.4.26. मिंटेड मशरूम विधि 161
12.4.27. मशरूम भाजी 161
12.4.28. मशरूम फ्राइड राइस रेसीन 161

12.4.29. मशरूम ग्रेवी 162
12.4.30. मशरूम पनीर पकाने की विधि 162
12.4.31. मशरूम नाश्ता 163
12.4.32. मटर मशरूम 163
12.4.33. मशरूम पास्ता 164
12.4.34. शाही मशरूम पकाने की विधि 164
12.4.35. तवा मशरूम पकाने की विधि 165
12.4.36. टमाटर मशरूम पकाने की विधि 165

13. जहरीले मशरूम और उनके विषाक्त प्रोफाइल 166–182

13.1. प्रस्तावना 166
13.2. सबसे जहरीले मशरूम 166
13.2.1. डेथ कैप (अमानिता फालोइड्स) 167
13.2.2. सामान्य लॉन मशरूम (सोनोसाइबी फाइलेरिस) 168
13.2.3. वेबकैप्स (कॉर्टिनियस प्रजाति) 168
13.2.4. ऑटम स्कलकैप (गैलेरिना मार्जिनटा) 169
13.2.5. एन्जिल्स को नष्ट करना (अमानिता बिस्पोरिगेरा) 170
13.2.6. पोडोस्ट्रोमा कॉर्नू-डेम 170
13.2.7. घातक डैपरलिंग (लेपियोटा ब्रनेओइनकामाटा) 171
13.2.8. झूठा मशरूम (मूर्खों की कीप) या क्लिटोसाइबे रिवुलोसा 171
13.2.9. झूठी मोरेल (जाइरोमित्रा एस्कुलेंटा) जायरोमित्रा 172
13.2.10. एंजेल विंग (प्लुरोसाइबेला प्रोरिजेन्स) 173
13.2.11. लाई एगारिक (अमानिता मुस्कारिया) 174
13.2.12. जैक ओं लालटेन (ओम्फालोटस ओलेरियस) 175
13.2.13. किंग बोलेटे/बोलेट मशरूम (बोलेटस एडुलिस) 175
13.2.14. पैरासोल मशरूम/घातक छत्र (मैक्रोलेपियोटा प्रोसेरा) 176
13.2.15. सल्फर टफट मशरूम/वाइल्डन मार्श ब्लॉग/अर्थस्टार (हाइफोलोमा फासीकुलर) 176
13.3. जहरीले मशरूम में जहरीले घटक 177
13.3.1. अमाटॉक्सिन और फैलोटॉक्सिन 177
13.3.2. ओरेलानस 177
13.3.3. जाइरोमिट्रिन 178
13.3.4. मस्करीन 178
13.3.5. एलबोटेनिक एसिड 178
13.3.6. साइलोसाइबिन और साइलोसिन 178
13.3.7. कॉपरिन (एंटाब्यूज जैसी प्रतिक्रिया) 182
13.3.8. गैस्ट्रोइंटेस्टाइनल इरिटेंट्स 182

1

मशरूमः संक्षिप्त परिचय

अठारहवीं शताब्दी में, **ब्लू इकोनॉमी** (मशरूम) की खेती गुफाओं में की जाती थी जहां खाद, पशु खाद व बेड तैयार किए जाते थे। मशरूम के निर्माण को प्रोत्साहित करने के लिए बाद में सड़ी हुई पत्ती के कूड़े से बनी एक आवरण सामग्री को जोड़ा गया। 1960 के दशक में अधिक उच्च तकनीकी और नियंत्रित तरीकों का उपयोग करते हुए एक आदिम गुफा संस्कृति से मशरूम उद्योग के तेजी से विकास को प्रेरित किया गया था। मशरूम की खेती पर अनुसंधान के लिए प्रयोगशालाओं की स्थापना के साथ, मशरूम उगाने वाले घरों के उपयोग पर उन्नत तकनीकों और शुद्ध संस्कृति स्पॉन के उपयोग के परिणामस्वरूप दुनिया भर में मशरूम का तेजी से वृद्धि एवं उत्पादन हुआ। प्रकृति में मशरूम सड़ने वाले कार्बनिक पदार्थ, जैसे सड़ी हुई लकड़ी, जड़ों, तने और मिट्टी में माइसेलियम के रूप में उगते हैं। यह विभिन्न आकार और रंग का हो सकता है जैसे– सीप मशरूम के मामले में सफेद (चित्र 1.1)।

चित्र 1.1. मिट्टी के नीचे माइसेलियम की उपस्थिति को दर्शाने वाला एक चित्रण

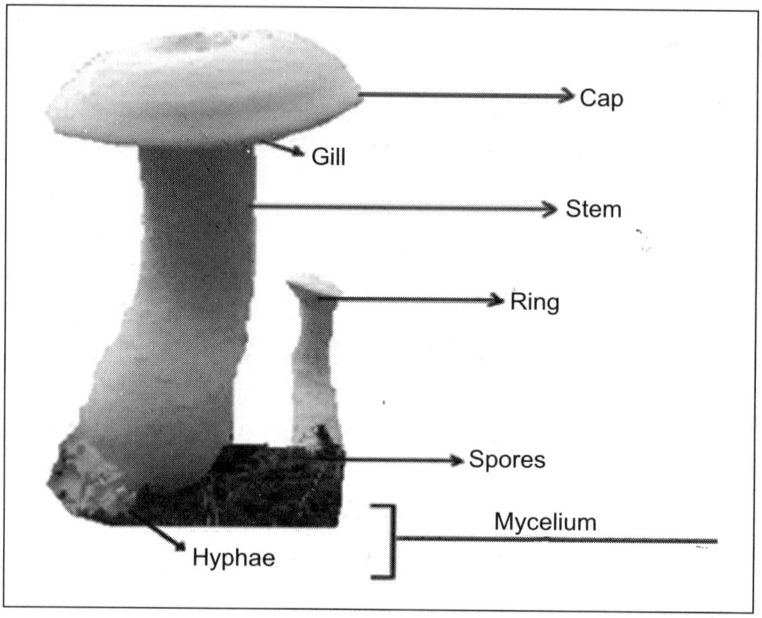

चित्र 1.2. मशरूम की संरचना

1.1. इतिहास

मशरूम का उपयोग लगभग दो हजार से अधिक वर्षों से, स्वादिष्टता के एक बेशकीमती उत्पाद के रूप में किया जाता रहा है। यह अनुमान लगाया गया है कि पहला मशरूम ऑरिकुलेरिया ऑरिकुला था जिसकी खेती लगभग 600 ईस्वी में की गई थी, उसके बाद लगभग 800-900 ई. में लेंटिनुला एडोड्स की खेती पहली बार 1000-1100 A.D के बीच की गई थी। लगभग 1700 और 1800 के आसपास वोल्वेरिएला वोल्वासिया ट्रेमेला और "फ्यूसीफॉर्मिस की खेती चीन में भी की जाती है। एगारिकस एकमात्र ऐसा मशरूम है जिसकी चीन में पहली बार खेती 1900 के आसपास की गई थी (जेम्स, 2004; सोलेदाद, 2016)। विभिन्न महत्वपूर्ण खाद्य मशरूम की खेती ऐतिहासिक रूप से तालिका 1.1 में दी गई है।

तालिका 1.1. खाद्य मशरूम की खेती का ऐतिहासिक रिकॉर्ड

क्रमांक	प्रजातियाँ	स्रोत	प्रथम खेती की तिथि	सबसे पुराना रिकॉर्ड
1.	औरिकुलरिया औरिकुला	सो जिंग (सो गंग) 659	600 ई.	659
2.	फ्लेममुलिना वेलुटिप्स	हान ओ (जैसा कि झांग शॉ-चेंग 1981 द्वारा व्याख्या की गई)	800-900 ईस्वी	स्वर्गीय तांग राजवंश (618-907)
3.	लेंटिनुला एडोड्स	वांग चेंग (झांग शॉ-चेंग द्वारा सम्पादित किया 1981)	1000-1100 ई.	1313
4.	एगारिकस बिस्पोरस	डी बोनेफोन्स (उद्धृत एटकिंस 1979)	1600 ई. तक	1650

5.	वोल्वरिएला वोल्वेसिया	यूएन यूएन 1822	1700 ई.	1822
6.	ट्रेमेला फ्यूसीफॉर्मिस	हुपेई फंग सीन चिह 1983	1800 ई.	1866
7.	प्लुरोटस सजोर-काजू	जंडैक 1974	1974 ई.	1974
8.	प्लूरोटस ओस्ट्रिएटस	फाल्क (ज़ादराजिल द्वारा उद्धृत)	1900 ई. 1930 का ई.	1910
9.	कैलोसिबे इंडिका	पुरकास्यथा और चंद्रा (1974)	1972 ई.	1974

भारत में मशरूम की खेती सोलन में साठ के दशक के मध्य में शुरू हुई जब जर्मनी के डॉ. ई. एफ. के. मेंटल ने सोलन में एफएओ सलाहकार के रूप में काम करना शुरू किया। उन्होंने कृषि विभाग, हिमाचल प्रदेश सरकार, सोलन में छोटे पैमाने पर काम शुरू किया और भारत में पहली बार बटन मशरूम की सफलतापूर्वक खेती की। भारत में पहली बार धान की पुआल पर मशरूम की खेती कोयंबटूर में 1943 में थॉमस और उनके सहयोगियों द्वारा की गई थी। हालाँकि, बटन मशरूम की खेती में पहला व्यवस्थित प्रयास 1961 में किया गया था, जब "हिमाचल प्रदेश में मशरूम की खेती का विकास" नामक एक योजना सोलन में एच. पी. द्वारा शुरू की गई थी। भारतीय कृषि अनुसंधान परिषद (आईसीएआर), नई दिल्ली के सहयोग से सरकार साठ के दशक के उत्तरार्ध में, हिमाचल प्रदेश में कुछ प्रगतिशील उत्पादक, और जम्मू एवं कश्मीर ने व्यावसायिक पैमाने पर बटन मशरूम उगाना शुरू कर दिया जैसे कि तेग का मशरूम (चेल, हिमाचल प्रदेश), सहगल मशरूम फार्म (कसौली, हिमाचल प्रदेश), हार्को (श्रीनगर, कश्मीर) और कर्नल काक का मशरूम फार्म (श्रीनगर, कश्मीर)। तब से मशरूम की कई प्रजातियों को खेती की जाने वाली मशरूम की लगातार बढ़ती सूची में जोड़ा गया है। प्लुरोटस प्रजाति (सीप मशरूम) कोई अपवाद नहीं है। प्लुरोटस ग्रीक "प्लुरो" से आता है जिसका अर्थ है पार्श्व में गठित, टोपी के सापेक्ष स्टेम की पार्श्व स्थिति का जिक्र करते हुए। प्लूरोटस ओस्ट्रिएटस (सफेद सीप) की खेती 1900 में की गई थी, जबकि प्लूरोटस फुफ्फुसीय वर साजोर-काजू (भूरा सीप) की 1974 में की गई थी।

अन्य कवक के साथ मशरूम जीवित दुनिया में प्रभावशाली और असाधारण हैं, न तो पौधे हैं और न ही जानवर हैं। उन्हें अपने स्वयं के एक राज्य में रखा गया है जिसे माईसेटी का राज्य कहा जाता है। मशरूम एक विशिष्ट फलने वाले शरीर के साथ एक मैक्रो कवक है, जो या तो एपिगियस या हाइपोगियस हो सकता है और नग्न आंखों से देखा जा सकता है एवं हाथ से उठाया जा सकता है। जिस संरचना को हम मशरूम कहते हैं, वह वास्तव में केवल कवक का फलने वाला शरीर है। कवक के वानस्पतिक भाग, जिसे माइसेलियम कहा जाता है, शाखाओं में बंटने वाले धागों और नाल जैसे धागों की एक प्रणाली शामिल होती है जो मिट्टी, खाद, लकड़ी के लॉग या अन्य लिग्नोसेल्यूलोसिक सामग्री के माध्यम से बाहर निकलती है, जिस पर कवक बढ़ सकता है।

मैक्रोफंगी (मशरूम) न केवल इन विशाल लिग्नोसेल्यूलोसिक बायोमास कचरे को मानव भोजन में परिवर्तित कर सकते हैं, बल्कि उल्लेखनीय प्रतिरक्षा वर्धित उत्पादों का उत्पादन भी कर सकते हैं, जिनके कई स्वास्थ्य लाभ हैं। मशरूम की खेती का एक अन्य महत्वपूर्ण पहलू प्रदूषण मुक्त वातावरण बनाने में बायोटा का उपयोग करना है। विकास की अवधि के बाद और अनुकूल परिस्थितियों में, स्थापित (परिपक्व) मायसेलियम फल संरचना का उत्पादन कर सकता है जिसे हम मशरूम कहते हैं। तदनुसार मशरूम को चार श्रेणियों में बांटा जा सकता है: (1) जो मांसल और खाने योग्य होते हैं, वे खाद्य मशरूम श्रेणी में आते हैं, उदाहरण के लिए, अगरिकस बिस्पोरस, (2) मशरूम जिन्हें औषधीय अनुप्रयोग माना जाता है, उन्हें औषधीय मशरूम कहा जाता

है, जैसे गणोडर्मा ल्यूसिडम, (3) जो साबित हो गए हैं, या जहरीले होने का संदेह है, उन्हें जहरीले मशरूम के रूप में नामित किया गया है, उदाहरण के लिए, अमानिता फालोइड्स, और (4) एक विविध श्रेणी जिसमें बड़ी संख्या में मशरूम शामिल हैं जिनके गुण कम अच्छी तरह से परिभाषित हैं, जिसे अस्थायी रूप से 'अन्य मशरूम' के रूप में एक साथ समूहीकृत किया जा सकता है।

सब्सट्रेट सामग्री आमतौर पर उद्योग, घरों और कृषि के उप-उत्पाद होते हैं और आमतौर पर कचरे के रूप में माने जाते हैं। इन कचरे को, यदि लापरवाही से आसपास के वातावरण में डंपिंग या जलाकर निपटाया जाता है, तो इससे पर्यावरण प्रदूषण होगा और परिणामस्वरूप स्वास्थ्य के लिए खतरा पैदा होगा। हालांकि, वे वास्तव में एक विशेष समय में गलत जगह पर संसाधन हैं और मशरूम की खेती इस कचरे/संसाधन को अपने लाभकारी लाभ के लिए उपयोग कर सकती है। मशरूम में असली जड़ों की कमी होती है, लेकिन उनके कसकर जुड़े हुए धागे की तरह हाइपहे, जो सब्सट्रेट को उपनिवेशित करते हैं, उनके जैव रासायनिक घटकों को नीचा दिखाते हैं, और अपने स्वयं के पोषण के लिए हाइड्रोलाइज्ड कार्बनिक यौगिकों को दूर करते हैं। कृषि, वन और खाद्य प्रसंस्करण उद्योग के कचरे में मुख्य रूप से तीन घटक होते हैं: सेल्यूलोज, हेमिसेल्यूलोज और लिग्निन। लिग्निन इन जैविक कचरे के लिए सामान्य शब्द लिग्नोसेल्यूलोज है। यह सामान्य ज्ञान है कि लिग्नोसेल्यूलोसिक अपशिष्ट ग्रामीण और शहरी दोनों क्षेत्रों में प्रचुर मात्रा में उपलब्ध हैं। उनके पास महत्वहीन या कम वाणिज्यिक मूल्य है और निश्चित रूप से कोई खाद्य मूल्य नहीं है। मशरूम एंजाइम इन कार्बनिक पदार्थों में मौजूद लिग्निन, सेल्युलोज और हेमिकेलुलोज को सरल अणुओं में तोड़ सकते हैं, जिसे मशरूम तब अपने विकास और चयापचय के लिए उपयोग करते हैं। लिग्नोसेल्यूलोसिक यौगिक जटिल और अघुलनशील होते हैं। उनका उपचार विभिन्न रासायनिक विधियों द्वारा किया जा सकता है। उदाहरण– पतला हाइड्रोक्लोरिक एसिड और कैल्शियम क्लोराइड के साथ पाचन क्षमता और पोषक गुणों को बढ़ाने के लिए, और यहां तक कि कार्बन स्रोतों के रूप में काम करने के लिए शर्करा बनाने के लिए। हालांकि, ये रासायनिक तरीके बहुत ही समय लेने वाले और महंगे हैं। इसके अलावा, रसायनों के प्रतिकूल दुष्प्रभावों को खत्म करने के उपचार भी बहुत जटिल हैं। इसके विपरीत, हाल के वर्षों में मशरूम की खेती की तकनीक, पोषण गुणवत्ता में सुधार और ठोस जैविक कचरे के आर्थिक मूल्य को उन्नत करने में महत्वपूर्ण हो गई है। अन्य कवक के साथ मशरूम वर्तमान में केवल जीव हैं जो प्रासंगिक हाइड्रोलाइटिक और ऑक्सीडेटिव एंजाइमों को संश्लेषित और उत्सर्जित कर सकते हैं जो उन्हें जटिल कार्बनिक सब्सट्रेट्स से घुलनशील पदार्थों में बदलता है। जिसे बाद में मशरूम द्वारा उनके पोषक तत्वों के लिए अवशोषित किया जा सकता है। मशरूम की विभिन्न प्रजातियों की विभिन्न सब्सट्रेट का उपयोग करने की क्षमता काफी हद तक मशरूम और सब्सट्रेट से जुड़े दोनों कारकों पर निर्भर करती है। लेंटिनुला एडेड्स मशरूम, लकड़ी का चूरा जैसे अत्यधिक लिग्निफाइड सब्सट्रेट पर खेती की जाती है, दो बाह्य एंजाइम (मैंगनीज पेरोक्सीडेज और लैकेस) का उत्पादन करती है जो लिग्निन डीपोलीमराइजेशन से जुड़े होते हैं। इसके विपरीत, वोल्वेरिएला वोल्वासिया उच्च सेल्युलोज-कम लिग्निन युक्त सब्सट्रेट पसंद करता है जैसे कि धान के पुआल और कपास के कचरे में अपेक्षाकृत कम लिग्निन सामग्री होती है, और कम से कम पांच एंडोग्लुकेनेस, पांच सेलोबिहाइड्रॉलिस और दो बी-ग्लूकोसिडेस सहित सेल्युलोलाइटिक एंजाइमों का एक परिवार पैदा करता है, लेकिन कोई भी मान्यता प्राप्त लिग्निन डीग्रेडिंग एंजाइमों नहीं है। प्लूरोटस सजोर-काजू तीन प्रजातियों में सबसे अधिक अनुकूलनीय है और इसे पॉलीसेकेराइड/लिग्निन राशन के संदर्भ में भिन्न संरचना के कृषि अपशिष्ट पदार्थों की एक विस्तृत विविधता पर उगाया जा सकता है, क्योंकि यह दोनों प्रकार के सेलूलोज और लिग्निन-डिग्रेडिंग एंजाइमों को निकालने में सक्षम है।

जिन कार्बनिक पदार्थों से मशरूम अपना पोषण प्राप्त करते हैं, उन्हें सब्सट्रेट कहा जाता है। मशरूम एक अनूठा बायोटा है जो अपचयी एंजाइमों को स्रावित करके अपने भोजन को इकट्ठा करता है और बायोमास में मौजूद जटिल खाद्य पदार्थों को विघटित करता है, जहां वे बढ़ते हैं, सरल यौगिक उत्पन्न करते हैं, जिसे वे अवशोषित करते हैं, और अपने स्वयं के विशिष्ट ऊतकों में बदल देते हैं। ये सब्सट्रेट सामग्री आमतौर पर उद्योग, घरों और कृषि से उप-उत्पाद होते हैं और आमतौर पर अपशिष्ट के रूप में माने जाते हैं। मशरूम में असली जड़ों की कमी होती है। यह उनके कसकर इंटरवॉवन धागे की तरह हाइपहे से प्रभावित होता है, जो सबस्ट्रेट्स का उपनिवेश भी करता है, उनके जैव रासायनिक घटकों को डिग्रेड करता है, और हाइड्रोलाइज्ड कार्बनिक विषाक्त पदार्थों को दूर करता है।

1.2. मशरूम की आकृति विज्ञान

आमतौर पर एक मशरूम फलने वाले शरीर को कैप या पाइलस, वेल, स्टेम या स्टाइप, एनलस या रिंग, वोल्वा और गिल्स, और अदृश्य भागों जैसे बेसिडिया, एस्कस और बीजाणुओं जैसे दृश्य भ. ागों में विभाजित किया जा सकता है। फलने वाले पिंडों के विभिन्न भागों का आकार और उपस्थिति या अनुपस्थिति उनकी पहचान के लिए महत्वपूर्ण है। हालांकि, मशरूम की विभिन्न प्रजातियों के फलने वाले शरीर की अपनी विशिष्ट आकृति होती है।

1.2.1. अगरिकस बिस्पोरस (बेसिडिओमाइकोटा)

जब वेल बंद होता है तो बटन मशरूम युवा फलों के शरीर के आकार से अपना नाम प्राप्त करते हैं। जैसे-जैसे फलने वाला शरीर परिपक्व होता है, वेल, जो एक झिल्ली जैसी संरचना होती है, जो बीजाणु धारण करने वाली संरचनाओं या गलफड़ों को ढकती है, गलफड़ों को नग्न बनाने के लिए खुलती है और खुद को वलय के रूप में तने या तने से जुड़ी रहती है। फलने वाले शरीर के विभिन्न भाग इस प्रकार हैं:

(क) स्टाइप या तनाः यह एक बेलनाकार केंद्रीय संरचना है जो इसके शीर्ष पर टोपी का समर्थन करती है। यह सफेद है, युवा होने पर ठोस, परिपक्व होने पर कुंडलाकार और वलय के नीचे खोखला, आधार पर थोड़ा मोटा और ऊपर की ओर पतला होता है।

(ख) पाइलस या टोपीः यह बीजाणु असर संरचना है जो केंद्रीय रूप से स्टिप से जुड़ी होती है, जिसे हल्का सा दबाव देकर स्टेपी से आसानी से अलग किया जा सकता है। यह 5-10 सेमी. चौड़ा, सफेद से मलाईदार-सफेद होता है, और केंद्र में चपटी सतह के साथ चोट लगने, मांसल और उत्तल होने पर भूरे रंग का हो जाता है। परिपक्वता के समय पाइलस सीधा होकर एक छतरी का आकार ले लेता है और इस अवस्था में पर्दा जो अपरिपक्व फलने वाले पिंडों में लैमेला या बीजाणु असर संरचनाओं को पूरी तरह से कवर करता है। लैमेला को प्रकट करने के लिए टूटना और खुद को रिंग या एन्यूल्स के रूप में स्टाइप से जुड़ा रहता है।

(ग) लैमेली या गलफड़ेः पाइलस की निचली सतह लैमेली से ढकी होती है। लैमेला युवा होने पर मुक्त भीड़, संकीर्ण, गुलाबी और उम्र के साथ गहरे भूरे रंग के होते हैं। लैमेली पर बेसिडिया पर बीजाणु पैदा होते हैं।

(घ) बेसिडियाः बेसिडियम में दो से चार बीजाणु होते हैं और नग्न आंखों के लिए अदृश्य होते हैं। हालांकि, फल निकायों द्वारा जारी बीजाणुओं का एक समूह काले-भूरे रंग के जमा के रूप में देखा जा सकता है।

(ङ) बीजाणुः वे 6.0–7.5 μm × 4.5–5.5 μm होते हैं, मोटे तौर पर मशरूम के साथ दीर्घवृत्ताकार होते हैं एवं ताजा होने पर सुखद गंध आती है।

1.2.2. प्लुरोटस एसपीपी (बेसिडिओमाइकोटा)

सब्सट्रेट की पार्श्व सतह से बढ़ने पर यह ज्यादातर हाथ के पंखे के आकार का होता है, लेकिन सब्सट्रेट की ऊपरी सतह से बढ़ने पर छतरी जैसा आकार प्राप्त कर सकता है। युवा फलने वाले शरीर के किनारे चिकने होते हैं लेकिन परिपक्वता के समय यह फूला हुआ या अनियमित हो जाता है। फलने वाले शरीर सफेद, मलाईदार, गुलाबी, नीले, भूरे या भूरे रंग के हो सकते हैं। उनके पास बहुत छोटा या कोई स्टिप नहीं है। गलफड़े नीचे की ओर निकलते हैं, पहले सफेद रंग के होते हैं और उम्र के साथ क्रीम बन जाते हैं। सुखद गंध के साथ यह सफेद रंग होता है।

1.2.3. कैलोसाइब इंडिका (बेसिडिओमाइकोटा)

दूधिया मशरूम का नाम उनके सुंदर दूधिया-सफेद रंग के लिए रखा गया है। सी. इंडिका के आधार पर एक बेलनाकार थोड़ा मोटा और ऊपर की ओर पतला, लंबा (5.0–20.0 सेमी) और ठोस स्टाइप होता है। पाइलस सामान्य रूप से छोटा होता है लेकिन व्यास में 5.0–20.0 सेमी. हो सकता है। गलफड़े संकरे, मलाईदार-सफेद होते हैं।

1.2.4. वोल्वरिएला एसपीपी (बेसिडिओमाइकोटा)

इसके फलने वाले शरीर आकार और उत्पत्ति में बटन मशरूम के लगभग समान होते हैं, लेकिन वे बटन मशरूम से बड़े होते हैं। इस प्रजाति की सबसे महत्वपूर्ण विशेषता स्टाइप के आधार पर वोल्वा की उपस्थिति है। रंग सफेद, ग्रे या गहरा भूरा होता है।

1.2.5. लेटिपोरस सल्फ्यूरस (बेसिडिओमाइकोटा)

ब्रैकेट 15–50 सेमी. के पार हो सकता है। अक्सर पंखे के आकार में, इसमें अर्ध-गोलाकार बढ़ने की आदत होती है और काफी अच्छे गोल किनारे होते हैं। रंग शानदार है, नींबू से नारंगी-पीला, हालांकि यह उम्र के साथ काला हो जाता है। कोष्ठक में लगभग मखमल जैसा रूप है। इसमें पीली नलिकाएं होती हैं। युवा नमूनों में मांस कोमल होता है और एक पीले रंग का रस निकलता है। गंध काफी तीखी और थोड़ी तीखी होती है।

1.2.6. कैल्वाटिया गिगेंटिया (बेसिडिओमाइकोटा)

फलने वाला शरीर 5–120 सेमी. के पार हो सकता है। जब युवा होता है तो इसका एक अच्छा सफेद रूप होता है, हालांकि बाहरी दीवार बीजाणु द्रव्यमान को उजागर करने के लिए टूट सकती है और पीली हो सकती है।

1.2.7. मोर्चेला एसपीपी (एस्कोमाइकोटा)

फलने वाले शरीर 15–20 सेमी ऊंचे होते हैं, हालांकि बहुत जटिल होते हैं, एक शहद कंघी प्रभाव के साथ, समग्र आकार इंगित किया जाता है। यह हल्के भूरे रंग का होता है और उम्र के साथ गहरा नारंगी पीला हो जाता है। बगल में खोखला है। मांस सफेद से क्रीम तक होता है।

1.3. मशरूम का वर्गीकरण

CLASSIFICATION OF MUSHROOM

Fungi (Kingdom) → **Eumycota (Division)** → **Subdivision**

Mushrooms belonging to Subdivision Basidiomycotina produce their spores on specilizd cells called Basidia, (Basidium)

Ascomycetes are mushrooms that produce their spores inside saclike cells called Asci, (Ascus)

Basidiomycotina or Basidiomycetes (Class)

Mushrooms belonging to Sub-division Bsidiomycotina produce their spores (specialized cells) called Basidia, (Basidium)

Hymenomycetes (Order)

In this class, the Basidia form an exposed layer called 'Hymenium' on the surface of the fruit bodies. The spores are discharged by force at maturity and thus a spore print is obtainable.

Agaricales

('The Gilled Mushrooms' means all have gill like structures, most familiar mushrooms like the Buttor Mushroom and Field or Horse Mushrooms)

- o **Agaricaceae** (Family)
- o **Amanitaceae**
  - • *Amanita muscaria (Fly agaric)*
- o **Bolbitoceae**
  - • *Agrocybeparasitica*
  - • *Agrocybe praecox (Spring agrocybe)*
- o **Boletaceae**
  - • *Boletus sp.* C
- o **Coprinaceae**
  - • Coprinus (ink caps)
    - • *Coprinusatramentarius*
    - • *Coprinuscomatus (Lawyers wig)*
    - • *Coprinusdisseminatus (Fairies' Bonnets*
    - • *Coprinus sp.*
- o **Russulaceae**
  - • Lactarius (Milk Caps)
    - • *Lactarius fragilis (Candy Cap)*
    - • *Russula sp.*
- o **Tricholomataceae**
  - • *Laccariatortilis*
  - • *Pleurotus* spp.

Aphyllophorales

This group lacks the spore bearing gills in the Agarics though some have gill like structures. They also lack the veil common in many of the Agarics. The spore bearing surface 'Hymenium' can be smooth, wrinkled, bearing teeth like structures (spine like) or a layer of tubes closely packed together.

- o **Cantharellaceae** (family)
- o **Clavariaceac**
  - • *Ramariopsis pulchella*
- o **Ganodcrmataceae**
  - • *Ganoderma sp.*
- o **Hydrace (Teeth Fungi)**
  - • *Hericium clathroides (Icicle fungus)*
  - • *Steccherinum rawakense*
  - • *Physalaria inflata*
- o **Polyporaceae**
  - • *Grifola sp.*
  - • *Polyporus floccipes*
  - • *Polyporus sp.*
  - • Trametes
    - • *Phcnoporus cunnabann*
    - • *Trametes hirsuta*
    - • *Trametes versicolor*
- o **Stereaceae (Crust Fungi)**
  - • *Hyphodontiasambuci*

Tremellales (Jelly fungi)

- o *Auricularia lactea*
- o *Auricularia polytrica*
- o *Pseudohydnum gelatinosum*
- o *Tremella fuciformis*

Gasteromycetes (Order)

The spores are produced inside what is known as a spore case therefore never been exposed to external conditions but rather relying on animals, insects or wind for dispersal. They are not forcibly discharged and thus a spore print is not obtainable.

Hymenogstrales

Lycoperdales (Puffballs and Earthstara)

- o *Lycoperdum compactum*

Nidulariales (Bird's Nest Fungi)

- *Crucibulum laeve (Common Bird's Nest Fungus)*

Phallales (Stink horns)

- o Clathraceae
- • *Aseroarubra (Flower fungus)*
- • *Inodictyon cibarium*
- o Phallaceae

Podaxales (Pouch fungi)

- o *Paurocoty lispita*
- o *Thaxterogaster porphyreum*
- o *Weraroaery throcephala*

Tulostomatales

- o *Calostomarodwayi*

Ascomycotina or Ascomycetes (Class)

Discomvcete

These are ascomycetes in which the hymenium, (spore carrying surface) lines an area on the fruiting body exposed to the elements. This is similar to the basidia in the agaries.

Order

Helotiales (Earth Tongues)

These mushrooms are either stalked or cup like in shape or both. The asci in this group all have pores at the tips through which the spores are released

- • *Bulgaria Inquinans*
- • *Geoglossum cookeianum*
- • *Trichoglossum hirsutum*

Pezizales

Mushrooms in this group are characterized by that their asci all have lids which open when the fruit body is disturbed releasing the spores

- • *Helvella leucomelaena* (White-Footed Elfin Cup)
- • *Morchella* spp.
- • *Plectania campylospora* (Black cup fungus)

Tuberales (Truffles)

This group of mushrooms are rarely seen because they grow underground like plant tubers. Some of them are considered a delicacy and specially trained dogs or pigs are used

- • *Terfezia claveryi*
- • *Terfezia boudieri*
- • *Phaeangium lefebvrei*

Pyrenomycetes (Flask Fungi)

In this group the spore bearing surface is carried within the fruit body and not exposed to the elements.

- • *Daldinia concemtrica*
- • *Xylaria hypoxylon*
- • *Xylaria polymorpha*

1.4. जीवन चक्र

बेसिडिओमाइसीटस मशरूम का जीवन चक्र एककोशिकीय अगुणित बेसिडियोस्पोर के अंकुरण और प्राथमिक माइसिलियम के विकास के साथ शुरू होता है। इसके बाद संगत एनास्टोमोसिस या ओडिया के संलयन के माध्यम से प्राथमिक मायसेलियम का डिकैरियोटाइजेशन होता है। बेसिडियोकार्प का निर्माण, प्रोबेसिडियम में कैरियोगैमी, मेटाबेसिडियम या बेसिडियोस्पोर इनिशियल्स में मेयोसिस और बेसिडियोस्पोर का निर्माण होता है।

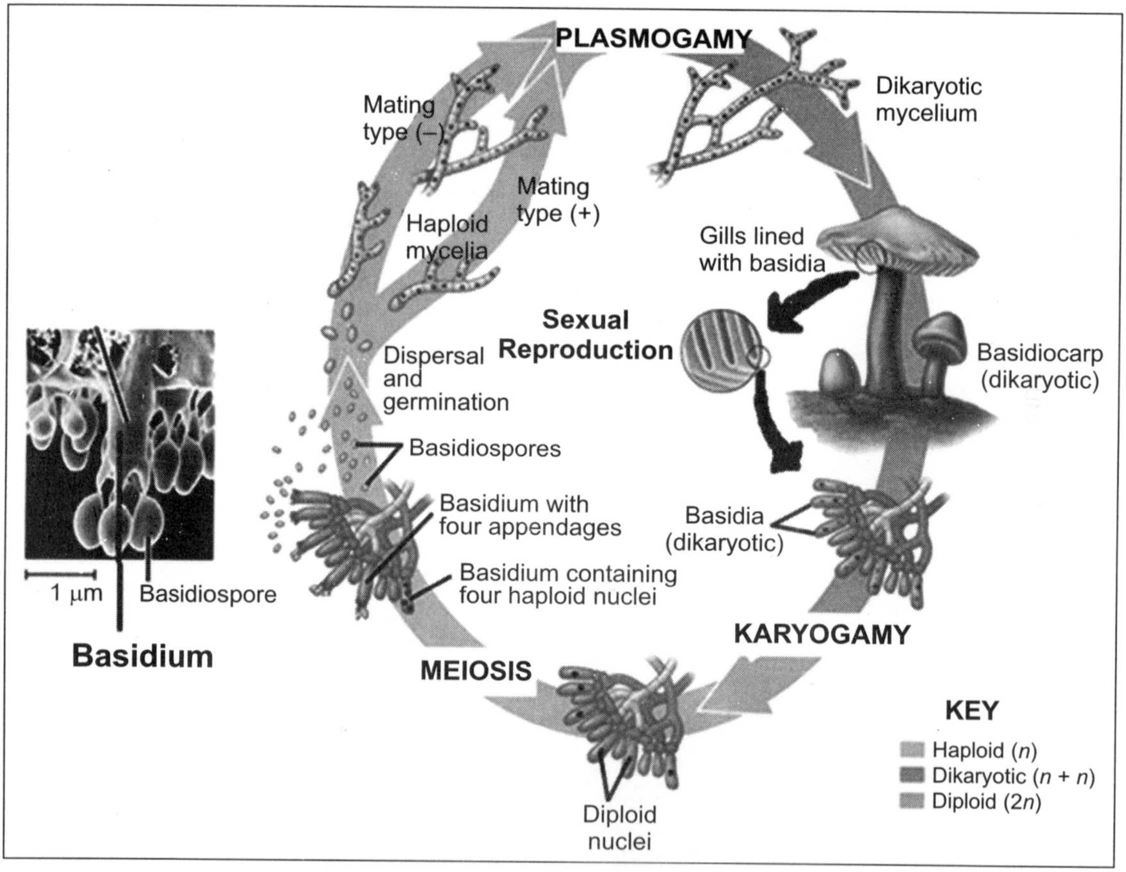

चित्र 1.3. बेसिडिओमाइसीट्स का जीवन चक्र

मशरूम की खेती मशरूम जीवन चक्र की संपूर्णता का निरीक्षण करने के सर्वोत्तम तरीकों में से एक है। जीवन चक्र सबसे पहले एक बीजाणु से शुरू होता है जो एक प्राथमिक मायसेलियम पैदा करता है। जब माइसेलियम दो बीजाणुओं से उत्पन्न होता है, तो एक द्वितीयक मायसेलियम का उत्पादन होता है। यह मायसेलियम वानस्पतिक रूप से बढ़ता रहता है जहाँ वानस्पतिक मायसेलियम परिपक्व हो गया है। इसकी कोशिकाएँ प्रजनन की अभूतपूर्व दर में सक्षम हैं जो मशरूम फल शरीर के निर्माण में परिणत होती है। यह अंतिम कार्यात्मक परिवर्तन का प्रतिनिधित्व करता है और यह, वास्तव में, तृतीयक मायसेलियम बन गया है। इस प्रकार के मायकोइस मशरूम जीवन चक्र की प्रगति में तीन प्रमुख चरणों का प्रतिनिधित्व करते हैं।

1.5. मशरूम चमत्कार

विदेशी कवक जैसे शिटेक, चागा, मैटेक, रीशी, कॉर्डिसेप्स, टर्की टेल, लायन्स माने, कॉर्डिसेप्स और ऑयस्टर मशरूम कैंसर के खिलाफ लड़ाई में एक शक्तिशाली नया हथियार प्रदान कर सकते हैं और रेडियोथेरेपी और कीमोथेरेपी से होने वाले दुष्प्रभावों को कम करने में भी मदद कर सकते हैं।

1.6. मशरूम का महत्व

1.6.1. बुढ़ापा रोधी गुण

- **पॉलीसेकेराइड के अर्कः** मुक्त कणों के सफाईकर्मी
- **एर्गोथायोनीनः** आंखें, त्वचा और अस्थि मज्जा
- **एंटीऑक्सीडेंट गतिविधिः** एस्कॉर्बिक एसिड, टोकोफेरोल, फेनोलिक यौगिक, कैरोटीनॉयड, फ्लेवोन आदि। **उदाहरणः** रीशी, एगारिकस ब्लेजी ऑयस्टर मशरूम, एगारिकस बिस्पोरस, शीटकेक, मैटेक।

1.6.2. एंटीऑक्सीडेंट

- वे अपने स्वयं के इलेक्ट्रॉनों में से एक को वितरित करके मुक्त कणों को बेअसर कर सकते हैं और शृंखला प्रतिक्रिया को समाप्त करें।
- एंजाइमेटिक सिस्टम जो मुक्त कणों को परिमार्जन कर सकते हैं वे एंटीऑक्सिडेंट हैं।
- विटामिन - ई. फ्लेवोन, बी-कैरोटीन और विटामिन सी, एसई, जेडएन, खनिज, ग्लूटाथियोन पेरोक्साइड, कैटेलेज।
- कॉपर (कार्डियो-प्रोटेक्टिव) और सेलेनियम (एंटी-कैंसर) जैसे खनिजों से भरपूर।
- बिना कोलेस्ट्रॉल, स्टार्च रहित कम कैलोरी वाला भोजनः मधुमेह रोगियों के लिए प्रसन्नता फ्लेवोनोइड्स की उपस्थिति, अत्यधिक एंटी-ऑक्सीडेंट।
- विटामिन बी कॉम्प्लेक्स और विटामिन-सी का अच्छा स्रोत; विटामिन-डी का एकमात्र स्रोत।
- उच्च फाइबर, कम सोडियम-उच्च पोटेशियम आहार (उच्च-रक्तचापरोधी)।

2

मशरूम जीवविज्ञान

यह एक सर्वविदित तथ्य है कि 20वीं शताब्दी कृषि सहित विभिन्न क्षेत्रों में ज्ञान के संचय के लिए एक विस्फोटक समय रहा है। मानव सभ्यता के लिए आधुनिक तकनीक का हर दिन विस्तार हो रहा है। हालाँकि, मनुष्य अभी भी तीन बुनियादी समस्याओं का सामना कर रहा है और आगे भी करता रहेगा : विश्व की जनसंख्या में निरंतर वृद्धि के कारण भोजन की कमी, पर्यावरण का प्रदूषण और मानव स्वास्थ्य की घटती गुणवत्ता। विश्व की बढ़ती जनसंख्या प्रति वर्ष लगभग 80 मिलियन लोगों की वृद्धि कर रही है। इस समय दुनिया में करीब 80 करोड़ लोग गरीबी में जी रहे हैं। दूसरी ओर, यह देखा गया है कि 70% से अधिक कृषि और वन उत्पादों को कुल उत्पादकता में नहीं डाला गया है, और प्रसंस्करण में बर्बाद कर दिया गया है। मशरूम न केवल इन विशाल लिग्नोसेल्यूलोसिक बायोमास कचरे को मानव भोजन में परिवर्तित कर सकते हैं, बल्कि उल्लेखनीय प्रतिरक्षा वर्धित उत्पादों का उत्पादन भी कर सकते हैं, जिनके कई स्वास्थ्य लाभ हैं। मशरूम की खेती का एक अन्य महत्वपूर्ण पहलू प्रदूषण मुक्त वातावरण बनाने में बायोटा का उपयोग करना है।

2.1. मशरूम जीव विज्ञान की अवधरणाएं

जैविक विज्ञान जो कवक से संबंधित है, उसे माइकोलॉजी कहा जाता है। मशरूम जीव विज्ञान माइकोलॉजी की वह शाखा है जो कई विषयों में मशरूम से संबंधित है। जब ज्ञान बढ़ता है और विशेषज्ञता के क्षेत्र अनुशासन के भीतर विकसित होते हैं, तो स्व-व्याख्यात्मक नाम के साथ विशेषज्ञता के उस क्षेत्र को इंगित करना सुविधाजनक होता है। जीव विज्ञान में, न्यूरोबायोलॉजी, बैक्टीरियोलॉजी, प्लांट पैथोलॉजी, पोमोलॉजी, मॉलिक्यूलर बायोलॉजी, वायरोलॉजी, फंगल फिजियोलॉजी, एम्ब्रियोलॉजी जैसी विशेषज्ञताएं हैं। ये नाम या तो जीवों के एक समूह (जैसे, बैक्टीरिया, शैवाल, और कीड़े) और/या अध्ययन के लिए एक दृष्टिकोण (जैसे रोग, विकास और शरीर विज्ञान) को इंगित करते हैं। यद्यपि मशरूम से संबंधित माइकोलॉजी की इस महत्वपूर्ण शाखा के लिए कई शब्दों का उपयोग किया गया है, और इनमें से प्रत्येक की अपनी योग्यता है। मशरूम जीव विज्ञान एक नया अनुशासन है जो मशरूम के वैज्ञानिक अध्ययन के किसी भी पहलू से संबंधित है, जैसे कि वर्गीकरण, शरीर विज्ञान और आनुवंशिकी।

2.2. एप्लाइड मशरूम बायोलॉजी

एप्लाइड मशरूम बायोलॉजी के अनुप्रयोग के सभी पहलुओं से संबंधित है। इसमें तीन मुख्य घटक होते हैं– मशरूम विज्ञान, मशरूम जैव प्रौद्योगिकीय, और मशरूम मायकोस्टोरेशन। जैसा कि पहले बताया गया है, मशरूम जीव विज्ञान मशरूम के वैज्ञानिक अध्ययन के किसी भी पहलू से संबंधित है, इसलिए यह लागू मशरूम जीव विज्ञान के तीन घटकों में से प्रत्येक में शामिल होगा।

मशरूम विज्ञान मशरूम की खेती और उत्पादन (स्वयं मशरूम) से संबंधित है और इसमें मशरूम जीव विज्ञान/सूक्ष्म जीव विज्ञान, जैव रूपांतरण/खाद प्रौद्योगिकी और पर्यावरण प्रौद्योगिकी के सिद्धांत शामिल हैं।

मशरूम जैव प्रौद्योगिकी मशरूम उत्पादों (मशरूम डेरिवेटिव) से संबंधित है और इसमें मशरूम जीव विज्ञान/सूक्ष्म जीव विज्ञान, किण्वन प्रौद्योगिकी और मशरूम जैव प्रौद्योगिकी के सिद्धांत शामिल हैं, दोनों एक प्रौद्योगिकी के रूप में और नए मशरूम उत्पादों के आधार के रूप में, औद्योगिक विकास की आवश्यकता है। यह, कई बायोसाइंस उद्योगों की तरह, विज्ञान के अत्याधुनिक रूप से संचालित होता है और इसमें कई नियामक मुद्दे शामिल होते हैं।

गणोडर्मा मशरूम को चीन में 2000 से अधिक वर्षों से उनके औषधीय गुणों के लिए महत्व दिया गया है। गैनोडर्मा एक मांसल, खाद्य मशरूम नहीं है, इसलिए इसका उपयोग औषधीय या टॉनिक प्रभावों के लिए सख्ती से किया गया था, और औषधीय प्रभाव इसके भोजन के रूप में सेवन के साथ संयोग नहीं थे, जैसा कि कुछ अन्य मशरूम के मामले में है, जैसे कि लेंटिनुला एडोड्स। इस प्रकार, हम जानते हैं कि 2000 से अधिक वर्षों से लोग अपने औषधीय और टॉनिक गुणों के एकमात्र उद्देश्य के लिए मशरूम से प्राप्त यौगिकों का उपयोग कर रहे हैं। वर्तमान में, मशरूम के मायसेलियम या फलने वाले शरीर से निकाले जाने वाले यौगिकों के एक उपन्यास वर्ग में गहन औद्योगिक रुचि है।

सभी औषधीय मशरूम उत्पादों में से 80 से 85% के बीच फलने वाले निकायों से प्राप्त होते हैं, जिन्हें या तो व्यावसायिक रूप से खेती की जाती है या जंगलों से एकत्र किया जाता है। सभी उत्पादों में से केवल 15% मायसेलिया के अर्क पर आधारित होते हैं या इसमें वास्तविक पाउडर मायसेलिया और बढ़ने के लिए उपयोग किए जाने वाले सब्सट्रेट होते हैं। हालांकि, गुणवत्ता नियंत्रण और साल भर के उत्पादन में वृद्धि के कारण, मायसेलिया–आधारित उत्पाद भविष्य की प्रवृत्ति हो सकते हैं। मशरूम के पोषक तत्व कहे जाने वाले ये यौगिक या तो औषधीय या टॉनिक गुण प्रदर्शित करते हैं और इनमें आहार पूरक के रूप में अपार संभावनाएं हैं, विभिन्न मानव रोगों की रोकथाम और उपचार में उपयोग के लिए।

एप्लाइड मशरूम बायोलॉजी का तीसरा घटक हाल के वर्षों में विकसित किया गया है। यह मशरूम बायोरेमेडिएशन है जो पर्यावरण पर मशरूम के लाभकारी प्रभावों से संबंधित है (मशरूम मायसेलिया से) और स्वास्थ्य के लिए मशरूम डेरिवेटिव के सिद्धांतों को शामिल करता है। इसलिए, एप्लाइड मशरूम बायोलॉजी के अनुशासन का उद्देश्य तीन बुनियादी समस्याओं से निपटना है: भोजन की कमी, मानव स्वास्थ्य की घटती गुणवत्ता और पर्यावरण का प्रदूषण, जिसका मनुष्य अभी भी सामना कर रहा है। एप्लाइड मशरूम बायोलॉजी के तीन घटक भलाई के तीन पहलुओं– भोजन, स्वास्थ्य और प्रदूषण के साथ निकटता से जुड़े हुए हैं।

2.3. जैविक अपशिष्ट और मशरूम जैव रसायन

किसी भी वैज्ञानिक प्रयास के व्यावहारिक पहलुओं में अंतिम उद्देश्य विज्ञान के विभिन्न विषयों के साथ-साथ तकनीकी प्रक्रियाओं को एकीकृत करना है ताकि इस तरह के प्रयासों से अधिकतम लाभ प्राप्त हो सके। ग्रामीण और शहरी जैविक कचरे से मशरूम, बायोगैस और जैव-उर्वरक का संयुक्त उत्पादन, ऐसी एकीकृत योजनाओं का एक उद्देश्य होना चाहिए जिसे अंततः लाभदायक संचालन में लाया जा सके। यद्यपि भोजन, उर्वरक और ईंधन के उत्पादन के लिए पारंपरिक और स्थापित दृष्टिकोण मौजूद हैं। जनसंख्या की विस्फोटक वृद्धि के साथ-साथ पारंपरिक ईंधन संसाधनों की तेजी से कमी मानव जाति को भोजन, उर्वरक और ईंधन के वैकल्पिक स्रोतों की तलाश करने के लिए प्रेरित करती है। भले ही मनुष्य अनादि काल से जंगली स्रोतों से भोजन के रूप में मशरूम की कटाई करता रहा है, लेकिन उनके पोषक मूल्य का आकलन नहीं किया गया था और नियंत्रित परिस्थितियों में उनका उत्पादन हाल के दशकों तक नहीं किया गया था। मशरूम उत्पादन के लिए इस्तेमाल किया जाने वाला लिग्नोसेल्यूलोसिक सब्सट्रेट और जो मशरूम की कटाई के बाद बचा है, उसे मिट्टी की कंडीशनिंग के लिए खाद के रूप में इस्तेमाल किया जा सकता है। यह ध्यान दिया जाना चाहिए कि इस खाद में नाइट्रोजनस सामग्री भरपूर होने के अलावा आंशिक रूप से अवक्रमित लिग्नोसेल्यूलोसिक घटक भी होते हैं, जो बायोगैस डाइजेस्ट में जानवरों के गोबर या मानव मल के साथ संयुक्त होने पर न केवल बायोगैस बल्कि कीचड़ के रूप में एक अच्छी गुणवत्ता वाले जैविक नाइट्रोजनयुक्त उर्वरक भी पैदा करते हैं। बायोगैस संयंत्र से नाइट्रोजन उर्वरक के रूप में कीचड़ उस खाद की तुलना में कहीं अधिक फायदेमंद है जिससे इसे प्राप्त किया गया है। मशरूम हाउस के आसपास के क्षेत्र में उत्पादित बायोगैस का हिस्सा भी आसानी से मशरूम बेड सामग्री के पाश्चराइजेशन और मशरूम में इष्टतम तापमान के रखरखाव के लिए उपयोग किया जा सकता है इसलिए यह सुझाव दिया जाता है कि मशरूम, जैव-उर्वरक और बायोगैस के उत्पादन में एक एकीकृत दृष्टिकोण को ग्रामीण और शहरी लिग्नोसेल्यूलोसिक अपशिष्ट उपयोग और निपटान के लिए एक व्यवहार्य दृष्टिकोण के रूप में माना जाना चाहिए। यह "शून्य उत्सर्जन या कुल उत्पादकता अवधारणा है कि पृथ्वी अधिक उत्पादन नहीं कर सकती है: मनुष्य को पृथ्वी से अधिक उत्पादन करना पड़ता है।"

मशरूम कवक की प्रजातियां न केवल ठोस किण्वन तकनीक के माध्यम से कृषि और वानिकी लिग्नोसेल्यूलोसिक कचरे को उच्च गुणवत्ता वाले प्रोटीन में परिवर्तित कर सकती हैं, जो सीधे मशरूम फलने वाले शरीर के रूप में खपत होती हैं, बल्कि खाद्य प्रसंस्करण बायोमास कचरे को भी परिवर्तित कर सकती हैं, जैसे गन्ना और प्रेस मिट्टी और सोयाबीन कचरे जैसे उत्पादों द्वारा खेत की फसल को मशरूम उत्पादन के लिए मुख्य सब्सट्रेट के रूप में माना जाता है; लकड़ी के टुकड़े भी जाइलन का एक अच्छा स्रोत हैं और लिग्निन पॉलीसेकेराइड्स संस्कृति के विकास को उत्तेजित करते हैं। सोयाबीन दूध और "टोफू" (बीन दही) के प्रसंस्करण के दौरान बड़ी मात्रा में सोयाबीन अपशिष्ट पदार्थ (स्लरी) उत्पन्न होते हैं, जो अब कई देशों में लोकप्रिय खाद्य पदार्थ हैं और कुछ जगहों पर बिना उपचार के छोड़ दिए जाते हैं जिससे पर्यावरण प्रदूषक बनता है। इसके अलावा, मशरूम और उनके मायसेलिया पोषक तत्व और दवा उत्पाद प्रदान कर सकते हैं। जैसा कि उपरोक्त अनुभागों में बताया गया है, बुनियादी जैविक ज्ञान में प्रगति को व्यावहारिक प्रौद्योगिकी के साथ मिलाकर, लिग्नोसेल्यूलोसिक अपशिष्ट पदार्थों के उपयोग पर आधारित मशरूम से संबंधित उद्योग जो ग्रामीण और शहरी क्षेत्रों में प्रचुर मात्रा में उपलब्ध हैं, लंबे समय तक सकारात्मक वैश्विक प्रभाव डाल सकते हैं- खाद्य पोषण, स्वास्थ्य, पर्यावरण संरक्षण और उत्थान, और आर्थिक और सामाजिक परिवर्तन। इसलिए, मानव

कल्याण पर मशरूम उत्पादन के महत्वपूर्ण प्रभाव को "गैर हरित क्रांति" का नाम दिया गया है। निम्नलिखित कथन गरीबी को कम करने, मानव स्वास्थ्य को बढ़ाने और पर्यावरणीय क्षरण को रोकने की दिशा में हमारे अभियान में मशरूम के महत्व को संक्षेप में प्रस्तुत करते हैं:

1. मशरूम लिग्नोसेल्यूलोसिक अपशिष्ट पदार्थों को उत्पादों की एक विस्तृत विविधता में परिवर्तित कर सकते हैं, जिनका मनुष्यों पर बहु-लाभकारी प्रभाव पड़ता है। उदाहरण के लिए, भोजन, स्वास्थ्य टॉनिक और दवा के रूप में, फीड के रूप में, उर्वरक के रूप में, और पर्यावरण की रक्षा और पुनः उत्पन्न करने के लिए। इसके अलावा, मशरूम की खेती सकारात्मक रूप से समान आर्थिक विकास उत्पन्न कर सकती है। उष्णकटिबंधीय क्षेत्रों में, विशेष रूप से, आर्द्र और गर्म जलवायु होती है और कृषि कचरे की प्रचुर आपूर्ति है। ये सामग्री प्राकृतिक जैविक क्षरण के लिए प्रतिरोधी हैं क्योंकि इनमें मुख्य रूप से सेल्युलोज, हेमिसेल्युलोज और लिग्निन होते हैं। मशरूम के माइसेलिया एंजाइम परिसरों को उत्सर्जित कर सकते हैं जो सीधे लिग्नोसेल्यूलोसिक सामग्री के इन घटकों पर हमला/गिरावट कर सकते हैं। इसलिए, मशरूम इन कचरे को अपने विकास के लिए पोषक तत्वों के रूप में उपयोग कर सकते हैं और इस प्रक्रिया में मानव उपभोग के लिए भोजन और दवा बन सकते हैं।
2. मशरूम अपेक्षाकृत तेजी से बढ़ने वाले जीव हैं। कुछ उष्णकटिबंधीय मशरूम को स्पॉनिंग के 10 दिनों के भीतर काटा और खाया जा सकता है। विभिन्न किस्मों के उपयोग से मशरूम की खेती साल भर की जा सकती है। ग्रामीण क्षेत्रों में आदिम कृषि तकनीकों का उपयोग करके या शहरी और पूर्व शहरी समुदायों में अत्यधिक औद्योगिक तकनीकों का उपयोग करके उनकी खेती की जा सकती है।
3. मशरूम की खेती श्रम प्रधान हो सकती है। इस प्रकार गतिविधि विशेष रूप से उष्णकटिबंधीय या कम विकसित देशों और क्षेत्रों में नई नौकरियां पैदा कर सकती है।
4. जबकि अधिकांश प्रकार के प्राथमिक उत्पादन में भूमि की उपलब्धता आमतौर पर एक सीमित कारक है, मशरूम की खेती के लिए अपेक्षाकृत कम जगह की आवश्यकता होती है। वास्तव में उन्हें शेल्फ जैसी संस्कृति प्रणालियों का उपयोग करके ढेर किया जा सकता है।
5. मशरूम को अनादि काल से मानव भोजन के रूप में स्वीकार किया गया है, और मानव भोजन को तुरंत अतिरिक्त प्रोटीन की आपूर्ति कर सकता है। खाद्य प्रोटीन के अन्य परिष्कृत और अपरंपरागत स्रोत, जैसे कि यीस्ट, यूनी-एल्गल कल्चर और सिंगल सेल प्रोटीन की अपेक्षाकृत अधिक जटिल आवश्यकताएं होती हैं, और इनका सेवन करने से पहले इन्हें संसाधित करने की आवश्यकता होती है।
6. खाद्य मशरूम को स्वस्थ सब्जियों के रूप में माना जाना चाहिए। खेती की तकनीक में सुधार के बाद, इनकी अन्य आम सब्जियों की तरह व्यापक और सस्ते में खेती की जानी चाहिए, जो इस प्रकार आम जनता के लिए फायदेमंद होगी।
7. उनके मनभावन स्वाद, उनके उच्च प्रोटीन, और टॉनिक और औषधीय मूल्यों को देखते हुए, मशरूम निस्संदेह गैर-हरित क्रांति के दुनिया के सबसे बड़े अप्रयुक्त संसाधनों में से एक का प्रतिनिधित्व करता है।

2.4. अनुप्रयुक्त मशरूम जीव विज्ञान का प्रभाव

गैर हरित क्रांति

विश्व की जनसंख्या अब 6 अरब से अधिक हो गई है। इक्कीसवीं सदी में इसके बढ़ने की उम्मीद है। प्रत्येक व्यक्ति, विशेष रूप से कम विकसित देशों में उपलब्ध भोजन की मात्रा और चिकित्सा देखभाल के स्तर में कमी आएगी। पर्यावरण प्रदूषण और ग्रीन हाउस गैस के प्रभाव भी एक गंभीर समस्या बन जाएंगे। हालांकि, दुनिया में लिग्नोसेल्यूलोसिक सामग्री संसाधन की एक बड़ी मात्रा है, जो सौर ऊर्जा की तरह टिकाऊ है। लिग्नोसेल्यूलोसिक सामग्री एक प्रकार का बायोमास है जिसका अनुमान है कि सालाना भूमि पर 1.09 × 10 टन शुष्क पदार्थ होता है, जिसमें मुख्य रूप से तीन घटक होते हैं: सेल्यूलोज, हेमिसेल्यूलोज और लिग्निन। लिग्नोसेल्यूलोज लकड़ी और अन्य पौधों की सामग्री का एक प्रमुख घटक है। 1999 में विश्व में अनाज के भूसे की वार्षिक उपज 3570 × 10 टन होने का अनुमान है। चूंकि इतनी बड़ी मात्रा में ऊर्जा लिग्नोसेल्यूलोसिक बायोमास (प्रति वर्ष बायोमास में निर्धारित 3020 ईजे सौर ऊर्जा) में है, यह मनुष्य की गतिविधियों द्वारा उपयोगी उत्पादों में रूपांतरण के लिए प्रमुख वस्तुओं का गठन कर सकती है।

हाल ही में, इस खोज के बाद शोषण के दूसरे क्षेत्र पर ध्यान केंद्रित किया गया है कि इनमें से कई मशरूम फार्मास्युटिकल/न्यूट्रीस्यूटिकल (जैसे एंटीट्यूमर, इम्यूनोमॉड्यूलेशन एजेंट, और हाइपो-कोलेस्ट्रोलेमिक एजेंट) और भोजन के लिए गहन रुचि के मेटाबोलाइट्स की एक श्रृंखला का उत्पादन करते हैं। (स्वाद यौगिक) उद्योग मशरूम में अन्य सभी कवक की तरह क्लोरोफिल की कमी होती है और गैर-हरे जीव होते हैं। वे हरे पौधे की तरह प्रकाश संश्लेषण की प्रक्रिया के माध्यम से सौर ऊर्जा को कार्बनिक पदार्थों में परिवर्तित नहीं कर सकते हैं, लेकिन वे व्यापक एंजाइम उत्पन्न कर सकते हैं जो विकास और फलने के लिए अपने स्वयं के पोषक तत्वों के लिए लिग्नोसेल्यूलोसिक सामग्री को नीचा दिखा सकते हैं। विभिन्न मशरूम में अलग-अलग लिगो-सेलुलोलिटिक एंजाइम प्रोफाइल होते हैं। ये सब्सट्रेट बायोकॉनवर्जन के लिए आवश्यक सेल्युलेस, लिग्निनेस जैसे प्रमुख एंजाइम निर्धारकों में गुणात्मक विविधताओं में परिलक्षित होते हैं। उदाहरण के लिए, लेंटिनुला एडोड्स, जिसकी खेती लकड़ी या चूरा जैसे अत्यधिक लिग्निफाइड सब्सट्रेट्स पर की जाती है, यह दो बाह्य एंजाइम पैदा करता है जो अन्य कवक (मैंगनीज पेरोक्सीडेज और लैकेस) में लिग्निन डीपोलीमराइजेशन से जुड़ा हुआ है।

3

पोषण और औषधीय गुण

खाद्य मशरूम प्रोटीन की उच्च गुणवत्ता प्रदान करते हैं, जिसे पशु प्रोटीन की तुलना में अधिक जैविक दक्षता के साथ उत्पादित किया जा सकता है। वे फाइबर, खनिज और विटामिन में समृद्ध हैं, और कम कच्चे वसा वाले पदार्थ हैं, जिसमें फैटी एसिड की कुल सामग्री के सापेक्ष पॉलीअनसेचुरेटेड फैटी एसिड (72 से 85%) का उच्च अनुपात होता है। स्वस्थ भोजन के रूप में मशरूम की पारंपरिक मान्यता के लिए ये गुण प्रमुख योगदान कारक हैं। मशरूम की बड़ी संख्या में प्रजातियां न केवल खाने योग्य और पौष्टिक होती हैं बल्कि उनमें टॉनिक और औषधीय गुण भी होते हैं। हालांकि, कुछ मशरूम घातक रूप से जहरीले भी होते हैं, और किसी को मशरूम तभी खाना चाहिए जब वह अतीत में उनके नाम और गुणों को काफी सटीकता के साथ जानता हो। मशरूम उद्योग मुख्य रूप से भोजन के लिए ताजा, डिब्बाबंद और सूखे मशरूम के उत्पादन पर केंद्रित है। इस प्रकार, उद्योग के पास केवल एक पैर था। वर्तमान युग में, उच्च दबाव वाली काम की मांग मानव शरीर पर बहुत अधिक तनाव पैदा कर रही है, और इसके परिणामस्वरूप मानव प्रतिरक्षा प्रणाली कमजोर हो रही है। मशरूम पोषक तत्वों और मशरूम फार्मास्यूटिकल्स पर आधारित विभिन्न प्रकार के उत्पादों का उत्पादन और विपणन पहले ही किया जा चुका है। व्यापक उपभोक्ता संतुष्टि और स्वीकार्यता के साथ इसे बढ़ाने की उम्मीद में है। यह उद्योग का दूसरा चरण है। मशरूम आधारित उद्योग के ये दो पैर/सेगमेंट प्रतिस्पर्धा करेंगे।

3.1. खाद्य मशरूम और उनका उत्पादन

मशरूम को अंतरराष्ट्रीय स्तर पर भोजन के रूप में प्रसिद्ध किया गया है, यह विभिन्न क्षेत्रों में योगदान प्रदान करता है। कई देशों के प्रोटीन कुपोषण में भी मशरूम द्वारा सुधार लाया गया है, जो आमतौर पर अब तक अनाज पर निर्भर हैं। मशरूम का उपयोग पोषण मूल्य के लिए भोजन के रूप में किया जाता है और औषधीय मूल्यों को आहार संबंधी वृद्धि के रूप में उपयोग किया जाता है, जो विश्व मशरूम बाजार में उच्च गुणवत्ता और आर्थिक मूल्य पैदा करता है। आमतौर पर, खाद्य मशरूम में अच्छे भोजन पोषण, स्वाद और शारीरिक कार्यों के लिए तीन आवश्यक मूल्य होते हैं। खाद्य मशरूम को एक गार्निश या स्वादिष्टता के रूप

में माना जाता है जिसे नियमित रूप से मानव आहार के हिस्से के रूप में स्वस्थ भोजन या कार्यात्मक खाद्य पदार्थों के रूप में लिया जा सकता है। मशरूम को पूरक के रूप में उपयोग किया जा सकता है। नियमित भोजन के रूप में ही नहीं, बल्कि स्वास्थ्य और फिटनेस को बढ़ाने के लिए जिसे आहार पूरक/मशरूम पोषक तत्वों के समूह में भी वर्गीकृत किया जा सकता है। मशरूम अधिकांश आहार पूरक के घटकों का एक प्रमुख हिस्सा है जो आज बाजार में उपलब्ध हैं।

3.1.1. स्वाद

मशरूम स्वादिष्ट खाद्य सामग्री के रूप में काम करते हैं और अब यह अपने अद्वितीय स्वाद के कारण खाद्य स्वाद सामग्री के रूप में लोकप्रिय रूप से उपयोग किया जाता है। ये स्वाद मुख्य रूप से पानी में घुलनशील स्वाद घटकों जैसे घुलनशील शर्करा, पॉलीओल्स, कार्बनिक अम्ल मुक्त अमीनो एसिड आदि के कारण होते हैं।

3.1.2. शारीरिक गुण

उनके पास कई शारीरिक रूप से सक्रिय पदार्थ हैं जैसे कि आर-डी ग्लूकेन्स, हेटेरोग्लुकन, काइटनस पदार्थ, पेप्टिकोग्लुकन, प्रोटीओग्लुकन, लेक्टिन, आहार फायर और कार्बनिक पदार्थ (कम आणविक भार) जैसे टेरपेनोइड्स, स्टेरॉयड और फिनोल।

3.2. मशरूम पोषक तत्व

न केवल स्वस्थ सब्जियों (भोजन) के रूप में, बल्कि औषधीय मूल्य के जैविक सक्रिय यौगिकों के स्रोत के रूप में भी मशरूम में रुचि में हाल ही में सुधार हुआ है, जिसमें एंटीकैंसर के लिए पूरक दवा/आहार पूरक के रूप में उपयोग, एंटीवायरल इम्यूनोपोटेंशिएटिंग हाइपोकोलेस्ट्रोलेमिक और हेपेटोप्रोटेक्टिव भी शामिल हैं। यौगिकों के इस नए वर्ग में 'मशरूम न्यूट्रिस्यूटिकल्स' में पोषण और औषधीय गुण दोनों हो सकते हैं, जो कि फंगल मायसेलियम या फलने वाले शरीर से निकाले जा सकते हैं। दुनिया में तथाकथित मशरूम की 14,000 से 15,000 प्रजातियों के विस्तारित मशरूम जैव प्रौद्योगिकी उद्योग के एक महत्वपूर्ण घटक का प्रतिनिधित्व करते हैं। लगभग 400 प्रजातियों में औषधीय गुण ज्ञात हैं। हालांकि, यह अनुमान लगाया गया है कि औषधीय गुणों की क्षमता वाले मशरूम की लगभग 1,800 प्रजातियां हैं। ये दोनों मशरूम और उनकी जड़ जैसी संरचना (मायसेलियम) कई औषधीय या पोषक तत्व (प्रतिरक्षा बढ़ाने वाले) यौगिकों का उत्पादन करते हैं, जिनमें से केंद्रीय पॉलीसेकेराइड (शर्करा के उच्च आणविक भार), ट्राइटरपेन और इम्यूनोमॉड्यूलेटरी प्रोटीन हैं। यद्यपि लगभग सभी मशरूम में उनकी कोशिका भित्ति में पॉलीसेकेराइड होते हैं, कुछ मशरूम प्रजातियों में पॉलीसेकेराइड पाए गए हैं जो कि विशेष रूप से विभिन्न कैंसर और अन्य बीमारियों की प्रगति को धीमा करने और कीमोथेरेपी और विकिरण उपचार के दुष्प्रभावों को कम करने में प्रभावी हैं। सेल-स्तरीय पुनर्योजी प्रभावों के माध्यम से, अब एशिया में विशेष रूप से चीन और जापान में कई अध्ययन किए गए हैं, जो पारंपरिक कैंसर उपचार से गुजरने वाले कैंसर रोगियों के जीवन काल में वृद्धि का दस्तावेजीकरण करते हैं।

प्रतिरक्षा प्रणाली की वृद्धि के कारण, यह लोगों को अन्य बीमारियों से संक्रमित होने की संभावना को कम करने में मदद कर सकता है। सभी औषधीय मशरूम उत्पादों के 80%-85% के बीच फलने वाले निकायों से प्राप्त होते हैं, जिन्हें या तो व्यावसायिक रूप से खेती की जाती है या जंगलों से एकत्र किया जाता है, उदाहरण के लिए, लेंटिनन; एक उच्च आणविक भार (1-3) -ओ-डी-ग्लूकन, लेंटिनुला से एडोड्स सभी उत्पादों में से केवल 15% ही मायसेलिया के अर्क पर आधारित हैं। कल्चर फिल्ट्रेट्स से मशरूम उत्पादों का एक छोटा प्रतिशत प्राप्त किया जाता है। उदाहरण के लिए, स्किजोफिलर, एक उच्च आणविक भार (13), (16) ओ डी ग्लूकेन, जो स्किजोफिलम कम्यून फ्र से तैयार किया गया है और ट्राइकोलोमा लोबायेंस हेन से PSPC (एक प्रोटीन बाध्य पॉलीसेकेराइड कॉम्प्लेक्स) हालांकि, गुणवत्ता नियंत्रण और साल भर के उत्पादन में वृद्धि के कारण, मायसेलियल उत्पाद भविष्य की लहर हैं। औषधीय मशरूम और उनके डेरिवेटिव की कुल बिक्री का 99% एशिया और यूरोप में हुआ, जबकि उत्तरी अमेरिका में 0.1% से कम था। हालांकि, हाल के वर्षों में, प्रजातियों के आधार पर उत्तरी अमेरिकी की मांग सालाना 20-40% के बीच बढ़ रही है।

3.3. मशरूम के न्यूट्रास्युटिकल मेटाबोलाइट्स

यह समझा जाता है कि मनुष्य लगातार नए पदार्थों की तलाश में रहा है जो जैविक कार्यों में सुधार कर सकते हैं और लोगों को फिट और स्वस्थ बना सकते हैं। हाल ही में, समाज ने पौधों, जड़ी-बूटियों और भोजन को इन बढ़ाने वाले स्रोतों के रूप में बदल दिया है। इन उत्पादों को विभिन्न रूप से विटामिन, आहार पूरक, कार्यात्मक खाद्य पदार्थ, पोषक तत्व, न्यूट्रास्यूटिकल, और बहुत कुछ कहा गया है। इस संबंध में, मशरूम अब अपने वास्तविक स्वास्थ्य देने वाले गुणों के लिए बहुत अधिक ध्यान देने लगे हैं। यह उनका स्वाद और बनावट है जिसके लिए वे लंबे समय से मानव जाति द्वारा खाए गए हैं। उनके पोषण और औषधीय गुणों की वैज्ञानिक प्रशंसा एक हालिया घटना है। मशरूम शायद एकमात्र मैक्रो कवक हैं जो मानव द्वारा उपभोग किए जाते हैं और वे मानव आहार के पूरक होते हैं जो कि पौधों और पशु मूल के खाद्य पदार्थों में नहीं पाए जाते हैं या कम उपस्थित होते हैं। इसके अलावा, अद्वितीय रासायनिक संरचना उन्हें कुछ शारीरिक विकारों या बीमारियों से पीड़ित विशिष्ट समूहों के लिए उपयुक्त बनाती है। यह मशरूम को एक परम स्वस्थ भोजन बनाता है।

"न्यूट्रास्युटिकल" शब्द को 1979 में क्रैनफोर्ड, न्यू जर्सी में स्थित फाउंडेशन फॉर इनोवेशन इन मेडिसिन के संस्थापक और अध्यक्ष स्टीफन डिफ्लिस द्वारा गढ़ा गया था। पोषण से व्युत्पन्न "न्यूट्रा" और फार्मास्युटिकल से "स्यूटिकल" शब्द उन पदार्थों को संदर्भित करता है जिन्हें भोजन माना जा सकता है और स्वास्थ्य लाभ भी प्रदान कर सकता है। इसे ऐसे भोजन या भोजन के हिस्से के रूप में परिभाषित किया गया था जो बीमारियों की रोकथाम और उपचार सहित चिकित्सा या स्वास्थ्य लाभ प्रदान करता है। न्यूट्रास्युटिकल अलग-अलग पोषक तत्वों, हर्बल उत्पादों, आहार पूरक न्यूट्रास्यूटिकल, और आहार से लेकर आनुवंशिक रूप से खाद्य पदार्थ और प्रसंस्कृत उत्पादों तक हो सकता है। अनाज, सूप और पेय पदार्थों के रूप में इनमें से कई उत्पादों में प्रासंगिक शारीरिक कार्य और मूल्यवान जैविक गतिविधियाँ होती हैं।

एक नियमित सेवन मानव शरीर की प्रतिरक्षा प्रतिक्रिया को बढ़ा सकता है जिससे रोग प्रतिरोधक क्षमता बढ़ जाती है और कुछ मामलों में रोग की स्थिति के प्रतिगमन का कारण बनता है। आहार अनुपूरक स्वास्थ्य और शिक्षा अधिनियम 1994 ने पोषक तत्वों की परिभाषा का विस्तार करते हुए विटामिन, खनिज, जड़ी-बूटियों, वनस्पति, अमीनो एसिड, और मनुष्यों द्वारा उपयोग किए जाने वाले किसी भी आहार पदार्थ को कुल आहार सेवन में वृद्धि करके आहार को मजबूत करने के लिए उपयोग किया। शब्द "मशरूम न्यूट्रास्युटिकल" चांग और बसवेल द्वारा उन यौगिकों का वर्णन करने के लिए गढ़ा गया है जिनमें आहार की खुराक के रूप में काफी संभावनाएं हैं, जिनका उपयोग स्वास्थ्य को बढ़ाने और विभिन्न मानव रोगों की रोकथाम के लिए किया जाता है। उल्लेखनीय पोषक तत्वों के गुणों वाले महत्वपूर्ण खाद्य मशरूम में लेंटिनस (लेंटिनुला), औरिकुलरिया, हेरिकियम, ग्रिफोल्स "लेमुलिना प्लुरोटस लैक्टैरियस, पिसोलिथस ट्रेमेला रसुला, अगरिकस, कॉर्डिसेप्स इत्यादि की प्रजातियां शामिल हैं, एक मशरूम न्यूट्रास्यूटिकल या तो मायसेलियम या फलने वाले पिंडों से रेटिनेड/आंशिक रूप से परिभाषित अर्क होता है, जिसका सेवन कैप्सूल या टैबलेट के रूप में आहार पूरक (नियमित भोजन के रूप में नहीं) के रूप में किया जाता है। मशरूम को अब पोषक तत्व संतुलन, मानव प्रतिरक्षा प्रणाली को मजबूत करने, प्राकृतिक शरीर प्रतिरोध को बढ़ाने, और रोग की संभावना को कम करने में न्यूट्रास्यूटिकल के स्रोत के रूप में पहचाना जाता है चूंकि अधिकांश पोषक तत्व खाद्य मशरूम प्रजातियों से निकाले जाते हैं इसलिए विषाक्तता और अधिक मात्रा में थोड़ी सी गुंजाइश है। मशरूम का पोषण मूल्य जितना सोचा जा सकता है, उससे कहीं अधिक है। सलाद के लिए सिर्फ एक मसाले से ज्यादा, वे वास्तव में स्वस्थ खाद्य पदार्थों में से एक हैं, जिन्हें कोई भी खा सकता है। मशरूम पाक व्यंजनों के अलावा अपने पोषण और औषधीय मूल्यों के लिए भी जाना जाता है। यह एक तथ्य है जिसे हाल के कई अध्ययनों से भी समर्थन मिला है। इस प्रकार, मशरूम ने अपने वास्तविक न्यूट्रास्युटिकल मूल्यों के लिए बहुत अधिक ध्यान आकर्षित करना शुरू कर दिया है। मशरूम का सेवन उनकी स्वादिष्टता और/या पोषण मूल्य के लिए किया जाता है। स्वादिष्टता को रंग, बनावट और स्वाद से आंका जा सकता है, लेकिन पोषण मूल्य के निर्धारण के लिए वैज्ञानिक कार्य की आवश्यकता होती है। इसमें आसन्न संरचना का विश्लेषण और अमीनो एसिड, फैटी एसिड, विटामिन, खनिज, न्यूक्लिक एसिड, आदि के स्पेक्ट्रम का अध्ययन शामिल है। यह ध्यान दिया जाना चाहिए कि किसी प्रजाति की संरचना उसकी विविधता से प्रभावित होती है। मशरूम में अच्छा स्वाद, बनावट और मनुष्यों के लिए सभी आवश्यक अमीनो एसिड होते हैं, जिसमें लाइसिन और मेथियोनीन भी शामिल होते हैं जो आमतौर पर पौधों में कम होते हैं। खाने योग्य मशरूम का पोषण मूल्य लगभग दूध और मांस के बराबर होता है। इनमें उच्च मात्रा में आवश्यक अमीनो एसिड (लाइसिन, वेलिन और ल्यूसीन), प्रोटीन, कार्बोहाइड्रेट, विटामिन, असंतृप्त फैटी एसिड, फाइबर और खनिज होते हैं। मशरूम में कैलोरी, वसा और सोडियम बहुत कम होते हैं।

मशरूम भी कोलेस्ट्रॉल मुक्त होते हैं। अधिकांश मशरूम में उच्च प्रोटीन सामग्री होती है, आमतौर पर सूखे वजन से लगभग 20-30%। यह शाकाहारियों या अपने आहार में प्रोटीन की मात्रा बढ़ाने के इच्छुक किसी भी व्यक्ति के लिए उपयोगी हो सकता है। फाइबर कोलेस्ट्रॉल को कम करने में मदद करता है और पाचन तंत्र के लिए महत्वपूर्ण है। नियासिन और अन्य महत्वपूर्ण विटामिन बी भी कई खाद्य मशरूम में पाए जाते हैं। चूंकि कुछ विटामिन बी जानवरों के ऊतकों में पाए जाते हैं लेकिन पौधों में नहीं, यह शाकाहारियों के लिए

एक और अच्छा पूरक हो सकता है इसमें विटामिन डी भी मौजूद है, जो कैल्शियम के अवशोषण के लिए आवश्यक है। फलने वाले शरीर, सामान्य रूप से, सूखे वजन के आधार पर, लगभग 55% कार्बोहाइड्रेट, 32% प्रोटीन और 2% वसा होते हैं और शेष खनिजों का निर्माण करती है। इसलिए, मानव स्वास्थ्य के लिए अपने चयापचय उत्पादों का दोहन करने के लिए इन मशरूम की व्यावसायिक खेती लगातार बढ़ रही है। मशरूम को विभिन्न प्रकार के हाइड्रोलाइजिंग और ऑक्सीकरण एंजाइमों से भी नवाजा गया है।

3.3.1. कार्बोहाइड्रेट

मशरूम कार्बोहाइड्रेट के घटकों में पेंटोस, मिथाइलपेंटोस, हेक्सोज, डाइ-सैकराइड अमीनो एसिड, शर्करा, अल्कोहल और एसिड होते हैं। प्लूरोटस प्रजातियों में शुष्क वजन के आधार पर ए बिस्पोरस में 60% की तुलना में 46.6 से 81.8% तक कार्बोहाइड्रेट होते हैं। फाइबर सामग्री प्लूरोटस प्रजातियों में 7.4 से 27.6% तक होती है, जबकि ए बिस्पोरस में 10.4% और वी वोल्वेसिया में 4 से 20% होती है।

3.3.2. प्रोटीन

चार लोकप्रिय खाद्य मशरूम की प्रोटीन सामग्री, एगारिकस बिस्पोरस, लेंटिनस एडोड्स, प्लूरोटस एसपीपी और वोल्वेरिएला वोल्वासिया, जिनकी खेती विभिन्न देशों में की जाती है, उनके ताजे वजन का 1.75% से 3.63% तक होती है। मान 5.9% जितना अधिक हो सकता है, हालांकि, 3.5 से 4% का औसत मूल्य प्रतिनिधि प्रतीत होता है। इससे पता चलता है कि खाद्य मशरूम की प्रोटीन सामग्री, सामान्य रूप से शतावरी और गोभी की तुलना में लगभग दोगुनी और संतरे और सेब की तुलना में क्रमशः 4 गुना और 12 गुना है। सूखे वजन के आधार पर, मशरूम में आम तौर पर 19 से 35% प्रोटीन होता है, जबकि चावल में 7.3%, गेहूं में 13.2%, सोयाबीन में 39.1% और दूध में 25.2% होता है। इसलिए, कच्चे प्रोटीन की मात्रा में, मशरूम अधिकांश जानवरों के मांस से नीचे है, लेकिन दूध सहित अधिकांश अन्य खाद्य पदार्थों से ऊपर है। यह वनस्पतियों या अपने आहार में प्रोटीन सामग्री को बढ़ाने के इच्छुक किसी भी व्यक्ति के लिए उपयोगी हो सकता है। प्लुरोटस सैलून काजू (1.60 ग्राम/100 ग्राम), मार्चेला एस्कुलेंटा (1.62 ग्राम/100 ग्राम), प्लुरोटस ओस्ट्रेस्टस (1.68 ग्राम/100 ग्राम), अगरिकस बिस्पोरस (1.80 ग्राम/100 ग्राम), और बोलेटस एडुलिस (2.20 ग्राम/100 ग्राम) भी प्रोटीन के एक अच्छे स्रोत हैं।

3.3.3. आवश्यक अमीनो एसिड

इसके बाद प्रोटीन 20 अमीनो एसिड से अलग-अलग मात्रा में बनते हैं। वे मात्रात्मक रूप से भिन्न होते हैं। नौ अमीनो एसिड होते हैं जो शरीर के भीतर संश्लेषित नहीं होते हैं। इन्हें आवश्यक अमीनो एसिड (लाइसिन, मेथियोनीन, ट्रिप्टोफैन, थ्रेओनीन, वेलिन, ल्यूसीन, आइसोल्यूसीन, हिस्टिडाइन और फेनिलएलनिन) कहा जाता है। आमतौर पर उगाए जाने वाले मशरूम के प्रोटीन में मनुष्य के लिए आवश्यक सभी नौ अमीनो एसिड होते हैं। सबसे प्रचुर मात्रा में आवश्यक अमीनो एसिड लाइसिन पाया जाता है और आवश्यक अमीनो एसिड के बीच निम्नतम स्तर पर ट्रिप्टोफैन और मेथियोनीन हैं जैसा कि तालिका 3.1 में वर्णित है।

तालिका 3.1. कुछ महत्वपूर्ण खाद्य मशरूम में उपस्थित आवश्यक अमीनो एसिड (ईएए) की संरचना

क्रमांक	मशरूम का नाम	वेलिन	ल्यूसीन	आइसोल्यूसीन	थ्रेओनाइन	मेथियोनीन	लाइसिन	फेनिलएलनिन	ट्रिप्टोफैन
1.	*एगारिकस बिस्पोरस*	2.5	7.5	4.5	5.5	0.9	9.1	4.2	2
2.	*लेंटिनस एडोड्स*	3.7	7.9	4.9	5.9	1.9	3.9	5.9	एन डी
3.	*प्लुरोटस फ्लोरिडा*	6.9	7.5	5.2	6.1	3	9.9	3.5	1.1
4.	*वोल्वरिएला डिप्लासिया*	9.7	5	7.8	6	1.2	6.1	7	1.5
5.	*वोल्वरिएला वोल्वासिया*	5.4	4.5	3.4	3.5	1.1	7.1	2.6	1.5
6.	*कैंथेरेलस सिबेरियस*	3.5	16.3	3.3	4.2	1	4.3	3.2	1.7
7.	*ट्राइकोलोमा पोर्टेन्टोसम*	7.8	9.4	3.7	9.5	3	8.6	4.4	1
8.	*ट्राइकोलोमा टेरियम*	8.9	8.2	3.6	9.1	3.5	7.6	6.6	1.1
9.	*प्लुरोटस ओस्ट्रिएटस*	0.91	1.13	0.62	1.1	0.28	0.71	0.73	0.15
10.	*प्लुरोटस सजोर-काजू*	0.98	1.3	0.75	0.98	0.34	0.78	0.86	0.09

नोटः डेटा प्रति 100 ग्राम नमूने में अमीनो एसिड को ग्राम के रूप में प्रस्तुत किया गया है।
एन डी–निर्धारित नहीं है।

3.3.4. वसा

मशरूम की विभिन्न प्रजातियों में वसा की मात्रा सूखे वजन के आधार पर 11 से 8.3% के बीच होती है। इस प्रकार, 4% का औसत मूल्य प्रतिनिधि प्रतीत होता है (तालिका 3.2)। सामान्य रूप में, मशरूम की कच्ची वसा मुक्त फैटी एसिड, मोनोग्लिसराइड्स, डाइग्लिसराइड्स, ट्राइग्लिसराइड्स, स्टेरोल्स, स्टेरोल एस्टर और फॉस्फोलिपिड सहित लिपिड यौगिकों के सभी वर्गों का प्रतिनिधित्व करती है। इनमें से प्रत्येक मशरूम में कुल फैटी एसिड का कम से कम 72% असंतृप्त पाया गया, इस प्रकार मशरूम को एक स्वस्थ्य भोजन बनाया गया है क्योंकि वे हमारे आहार में आवश्यक हैं, जबकि संतृप्त फैटी एसिड हमारे स्वास्थ्य के लिए हानिकारक हो सकते हैं।

तालिका 3.2. कुछ महत्वपूर्ण खाद्य मशरूम में कुल लिपिड

मशरूम का नाम	शुष्क भार में लिपिड का प्रतिशत
वोल्वरिएला वोल्वेसिया	3.2
लेंटिनस एडोड्स	2.1
एगारिकस बिस्पोरस	3.1
प्लुरोटस साजोर-काजू	1.6
औरिकुलरिया ऑरिक्युलर	1.3
ट्रेमेला फ्यूसीफॉर्मिस	0.6
मोर्चेला एस्कुलेंटा	1.96 (*ग्राम*/100 *मिलीग्राम*)
प्लुरोटस ओस्ट्रेस्टस	2.2 (*ग्राम*/100 *मिलीग्राम*)
बोलेटस एडुलिस	3.6 (*ग्राम*/100 *मिलीग्राम*)

3.3.5. विटामिन

मशरूम को कई विटामिनों का अच्छा स्रोत बताया गया है। बी-समूह विटामिन प्रचुर मात्रा में हैं मुख्य रूप से थायमिन (विटामिन $बी_1$), राइबोफ्लेविन (विटामिन $बी_2$), नियासिन, बायोटिन, और अन्य विटामिन जैसे एस्कॉर्बिक एसिड (विटामिन सी)। थायमिन सामग्री *वोल्वरिएला वोल्वेसिया* में 0.35 मिलीग्राम, *एगारिकस बिस्पोरस* में 114 मिलीग्राम, प्लुरोटस में 4.80 मिलीग्राम, और लेंटिनस एडोड्स में 7.8 मिलीग्राम प्रति 100 ग्राम मशरूम के सूखे वजन) तक होती है। नियासिन सामग्री भिन्न होती है एल एडोड्स में 54.9 मिलीग्राम, ए बिस्पारस में 55.7 मिलीग्राम, *वी. वॉयवेसिया* में 64.88 मिलीग्राम और प्लुरोटस एसपीपी में 46.0 और 108.7 मिलीग्राम तक। राइबोफ्लेविन की मात्रा *वी. वॉल्वेसिया* (1.63 से 2.98 मिलीग्राम) की तुलना में *ए. बिस्पोरस* (5.0 मिलीग्राम) और एल एडेड्स (4.9 मिलीग्राम) में अधिक होती है। लेडोड्स (9.4 मिलीग्राम/100 ग्राम सूखा नमूना) में विटामिन सी की मात्रा सबसे अधिक बताई गई है, इसके बाद पी. साजोर-काजू, *ए. बिस्पोरस* और *वी वोल्वासिया* 7.4 मिलीग्राम, 1.8 मिलीग्राम और 1.4 मिलीग्राम के साथ बताई गई है।

ये कई विटामिनों के भी अच्छे स्रोत हैं, विशेष रूप से थायमिन, राइबोफ्लेविन (बी), नियासिन, बायोलिन और एस्कॉर्बिक एसिड। यहां तक कि, उन्हें विटामिन ए और डी भी प्रदान करना चाहिए, क्योंकि *एगैरिकस बिस्पोरस* विटामिन के और एफ में पराबैंगनी विकिरण के तहत एर्गोस्टेरॉल को विटामिन-डी में परिवर्तित करते हैं। इन सभी गुणों के आधार पर अन्य खाद्य पदार्थों की तुलना में मशरूम का पोषण मूल्य काफी अधिक प्रतीत होता है। कार्बोहाइड्रेट मुक्त शर्करा की मात्रा लगभग 11%, महत्वपूर्ण विटामिन थायमिन, राइबोफ्लेविन, पाइरिडोक्सिन, पैंटोटिन एसिड, निकोटिनिक एसिड, निकोटीनैमाइड, फोलिक एसिड और कोबालिन के साथ-साथ अन्य विटामिन, जैसे एर्गोस्टेरॉल, बायोटिन, फाइटोचिनोन और टोकोफेरोल हैं। खाद्य मशरूम की सबसे लोकप्रिय प्रजातियों की तुलना से पता चलता है कि बोलेटस एडल्ट्स समूह बी के विटामिन की सबसे बड़ी सामग्री वाली प्रजाति है, जबकि लेंटिनुला एडोड्स में अधिक फोलासीन, विटामिन बी होता है लेकिन एगरिकस बिस्पोरस और लेंटिनुला एडोड्स की तुलना में कम विटामिन बी होता है। यह भी दर्शाता है कि लेंटिनुला एडोड्स और बोलेटस एडुलिस में विटामिन डी की सबसे बड़ी सामग्री पाई जा सकती है।

3.3.6. फाइबर

फाइबर को संतुलित आहार में एक महत्वपूर्ण घटक माना जाता है। उच्च फाइबर आहार के साथ मधुमेह रोगियों को खिलाने से उनकी दैनिक इंसुलिन की आवश्यकता कम हो जाती है और उनके रक्त ग्लूकोज प्रोफाइल को स्थिर करता है, संभवतः ग्लूकोज अवशोषण की दर को कम करके। मनुष्यों द्वारा पाचन और अवशोषण के बिना उत्सर्जित उच्च आणविक भार सामग्री को आहार फाइबर कहा जाता है। मशरूम से अलग अधिकांश सक्रिय पॉलीसेकेराइड, पानी में घुलनशील या अघुलनशील आहार फाइबर के रूप में वर्गीकृत किया जा सकता है। मशरूम में सूखे पदार्थ में 10-50% आहार फाइबर होते हैं।

3.3.7. खनिज

मशरूम खनिजों का एक अच्छा स्रोत है। यह गणना की जाती है कि K, P, Na, Ca और Mg की सांद्रता कुल राख सामग्री का लगभग 56 से 70% है। पोटेशियम विशेष रूप से प्रचुर मात्रा में है और कुल राख सामग्री का लगभग 45% है। यह एक अत्यंत महत्वपूर्ण खनिज है जो रक्तचाप को नियंत्रित करता है और कोशिकाओं को कार्यशील रखता है। कहा जाता है कि एक बड़े पोर्टोबेलो मशरूम में केले की तुलना में अधिक पोटेशियम होता है। सोडियम और कैल्शियम सभी मशरूम में लगभग समान मात्रा में मौजूद होते हैं, *लेंटिनस एडोड्स* को छोड़कर जिसमें कैल्शियम अत्यधिक मात्रा में मौजूद होता है। प्लुरोटस की सभी प्रजातियों में तांबा अधिक होता है और 12.2 से 21.9 पीपीएम से भिन्न होता है। प्लूरोटस की सभी प्रजातियों में कैल्शियम और सीसा सामग्री क्रमशः 0.3 से 0.5 पीपीएम और 1.5 से 3.2 तक भिन्न होती है। सभी भारी धातुओं में, जस्ता सामग्री आमतौर पर प्लूरोटस की सभी प्रजातियों में सबसे अधिक होती है। कॉपर शरीर को ऑक्सीजन को अवशोषित करने और लाल रक्त कोशिकाओं के गठन में भाग लेने में मदद करता है। सेलेनियम एक एंटीऑक्सिडेंट है जो मुक्त कणों को बेअसर करने में मदद करता है, इसी प्रकार से कोशिका क्षति को रोकता है और कैंसर और अन्य बीमारियों के जोखिम को कम करता है।

मशरूम में किसी भी अन्य प्रकार की उपज की तुलना में अधिक सेलेनियम होता है। पोटेशियम एक अत्यंत महत्वपूर्ण खनिज है जो रक्तचाप को नियंत्रित करता है और कोशिकाओं को ठीक रखता है। मशरूम में फास्फोरस, जिंक और मैग्नीशियम जैसे अन्य महत्वपूर्ण खनिज भी पाए जाते हैं।

3.4. मशरूम से चिकित्सीय मेटाबोलाइट्स का निष्कर्षण

सैकड़ों औषधीय मशरूम की पहचान की गई है और विभिन्न रोगों के उपचार के लिए उनके बायोएक्टिव मेटाबोलाइट्स का सफलतापूर्वक उपयोग किया गया है। ये मशरूम अपने औद्योगिक और औषधीय अनुप्रयोगों के लिए प्रसिद्ध हैं और विभिन्न श्रमिकों द्वारा इन पहलुओं पर बहुत काम किया गया है (पॉल, 1958; ज्यूर एट अल, 2015)। भारत में प्रचलित जलवायु परिस्थितियों ने इसे बड़ी संख्या में विविध मशरूम वनस्पतियों और उनके चयापचयों का प्राकृतिक आवास बना दिया है। कैल्वेटिया गिगेंटिया (विशाल फबॉल) और सी. कोएलाटा को उनके संवेदनाहारी गतिविधि के कारण जले हुए मामलों में दवा के रूप में मशरूम के रूप में उपयोग किया जाता है। इनका उपयोग घावों से रक्तस्राव को रोकने के लिए भी किया जाता है। उपयोग में एक अच्छी तरह से प्रलेखित इतिहास के साथ उल्लेखनीय औषधीय मशरूम में एगनकस सबरुटेसेंस, गैनोडर्मा ल्यूसिडम और ओफियोकॉर्डिसेप्स साइनेंसिस शामिल हैं। विशिष्ट मेटाबोलाइट्स, जैसे पॉलीसेकेराइड-के, एर्गोटामाइन और लैक्टम एंटीबायोटिक्स, नियमित रूप से नैदानिक चिकित्सा में उपयोग किए जाते हैं। शीटकेक मशरूम लेंटिनन का एक स्रोत है, जो कई देशों में कैंसर के उपचार में उपयोग के लिए स्वीकृत एक नैदानिक दवा है। यूरोप और जापान में, पॉलीसेकेराइड-के (ब्रांड नाम, क्रेस्टिन), ट्रैमेट्स वर्सिकलर से प्राप्त एक रसायन, कैंसर चिकित्सा के लिए एक स्वीकृत सहायक है। लकड़ी सड़ाने वाला कवक गैनोडर्मा ल्यूसिडम एक उदाहरण है जिसकी खेती आज इसके प्रतिष्ठित औषधीय लाभों के लिए की जाती है, जिसके मेटाबोलाइट्स जैसे न्यूक्लियोटाइड्स, न्यूक्लियोसाइड्स, प्रोटीन, अमीनो एसिड, विटामिन, पॉलीसेकेराइड्स, और ट्राइटरपेनोइड्स को एंटीट्यूमर, एंटीएलर्जिक एंटीवायरल, एंटी-भड़काऊ गतिविधियां, बुढ़ापा रोधी प्रभाव, हेपेटोप्रोटेक्टिव प्रभाव, हाइपोग्लाइसेमिक गतिविधि और हृदय संबंधी बीमारियों पर प्रभावित देखा गया। उनका उपयोग क्रोनिक हेपेटाइटिस के इलाज के लिए किया जाता है। वे महत्वपूर्ण ऊर्जा बढ़ाने, सोच बढ़ाने के लिए उपयोगी हैं एवं क्षमता, और भूलने की बीमारी को रोकने में भी उपयोगी है। ल्यूसिडम से प्राप्त अर्क और पाउडर को कैप्सूल या चीनी-लेपित गोलियों के रूप में कई बीमारियों के इलाज के रूप में विपणन किया जा रहा है। लेंटिनस एडेड्स से पॉलीसेकेराइड, प्रोटीन, लिपिड, एंजाइम, विटामिन और खनिज को चक्कर आना और सिरदर्द का इलाज करने के लिए सूचित किया जाता है और एक स्वस्थ टॉनिक के रूप में उपयोग किया जाता है। लेंटिनन को लेंटिनस एडोड्स से अलग किया जाता है जिसमें एंटीट्यूमर गतिविधि होती है। सक्रिय सिद्धांतों को स्वास्थ्य और प्रतिरक्षा को मजबूत करने वाले प्रतिरक्षा उत्तेजक पॉलीसेकेराइड कहा जाता है। एगारिकस बिस्पोरस को इसकी 2 2-डाइफेनिल-1-पिक्रिल हाइड्राजिल हाइड्रेट (DPPH) रेडिकल मैला ढोने और कुल एंटीऑक्सीडेंट क्षमता के लिए जाना जाता है। प्लूरोटस ओस्ट्रिएटस को इसके हाइपोकोलेस्ट्रोलेमिक, हाइपोग्लाइसेमिक और हाइपोलिपिडेमिक गुणों के लिए भी सूचित किया गया

है। मशरूम में महत्वपूर्ण औषधीय प्रभाव या शारीरिक गुण होते हैं, जैसे कि बायोरेग्यूलेशन (इम्यूनोलॉजिकल एन्हांसमेंट), होमियोस्टेसिस का रखरखाव, बायोरिदम का नियमन, विभिन्न रोगों का इलाज, कैंसर, सेरेब्रल स्ट्रोक, हृदय रोग, और प्रतिरक्षा की कमी वाली बीमारियों (एड्स सहित), या उपचार के दौरान इम्यूनोसप्रेशन की पीढ़ी जैसी जानलेवा बीमारियों की रोकथाम और सुधार करना। विभिन्न मशरूम और उनमें से महत्वपूर्ण यौगिकों की एक विशाल रसायन विविधता की सूचना दी गई है। (तालिका 3.4)।

3.4.1. पॉलीसेकेराइड्स

पॉलीसेकेराइड मशरूम में मौजूद सबसे प्रसिद्ध मेटाबोलाइट हैं, जिनमें एंटीट्यूमर और इम्युनोमोड्यूलेटिंग गुण होते हैं। टी-डी-ग्लूकेन्स मशरूम में पाए जाने वाले एक प्रकार के पॉलीसेकेराइड हैं जो उन्हें कुछ औषधीय गुण देते हैं। डी ग्लूकेन्स मैक्रोफेज और अन्य सफेद रक्त कोशिकाओं की सतह पर कुछ रिसेप्टर्स को बांधते हैं। -डी-ग्लुकन कुछ साइटोकिन्स के उत्पादन को प्रोत्साहित करने के लिए दिखाया गया है। ये अस्थमा की रोकथाम में भी मदद करते हैं। जैविक रूप से सक्रिय पॉलीसेकेराइड उच्च बेसिडिओमाइसीटस मशरूम के बीच व्यापक हैं, और उनमें से अधिकांश प्रजातियों में अद्वितीय संरचनाएं हैं: इन पॉलीसेकेराइड में अलग-अलग रचनाएं हैं, अधिकांश -डी-ग्लूकेन्स के समूह से संबंधित हैं, इनमें 8-(1-3) लिंकेज हैं एवं ग्लूकेन की मुख्य श्रृंखला और अतिरिक्त (1-6) शाखा बिंदु हैं। उच्च आणविक भार वाले ग्लूकोन कम आणविक भार वाले ग्लूकोन की तुलना में अधिक प्रभावी प्रतीत होते हैं। इसके अलावा, विभिन्न उपभेद विभिन्न गुणों वाले पॉलीसेकेराइड का उत्पादन कर सकते हैं। उदाहरण के लिए, प्रोटीओग्लिकैन क्रेस्टिन को जापान में स्ट्रेन ट्रैमेट्स (कोरिओलस) वर्सिकलर सीएम-101 से विकसित किया गया था, जबकि चीन में पॉलीसेकेराइड पेप्टाइड (पीएसपी) को स्ट्रेन कोव-1 से जलमग्न संस्कृति में विकसित किया गया था। **तालिका 3.3** कुछ महत्त्वपूर्ण मशरूमों के पॉलीसेकेराइड की जैव सक्रियता को दर्शाती है।

3.4.2. टरपीनोइड्स

टरपीन्स को प्राकृतिक रूप से पाए जाने वाले बायोएक्टिव मेटाबोलाइट्स की एक महत्वपूर्ण किस्म के रूप में जाना जाता है, जो कई उच्च कवक द्वारा निर्मित होते हैं। डाइटरपेनोइड्स, ट्राइटरपीनोइड्स और सेसक्विटरपेनॉइड दिलचस्प जैविक गतिविधियों के साथ टेरपेन्स के विशिष्ट प्रतिनिधि हैं। टेरपीनोइड्स संक्रामक विरोधी और विरोधी गतिविधियों को दिखाने के लिए जाने जाते हैं। ट्राइटरपीनोइड मुख्य रूप से फंगल मेटाबोलाइट्स के बीच आम हैं। टेरपेनोइड यौगिक विशेष रूप से अद्वितीय संरचना के सेस्क्यूटरपेनोइड्स, कई बेसिडिओमाइसीट्स की विशेषता रखते हैं और जबकि वे अन्य रोगाणुओं में नहीं पाए जाते हैं, उनमें से कुछ में प्लांट टेरपेनोइड के साथ समरूपता होती है। गैनोडर्मा ल्यूसिडम से पृथक ट्राइटरपेनोइड्स प्राकृतिक रूप से पाए जाने वाले यौगिकों का एक वर्ग है और संरचनात्मक रूप से अत्यधिक ऑक्सीकृत लैनोस्टेन्स संचित डेटा दिखाते हैं कि ट्राइटरपीनोइड्स एंटीप्रोलिफेरेटिव एंटीमैस्टेटिक और एंटीजेनोजेनिक गतिविधियों सहित एंटीकैंसर गुणों का एक व्यापक स्पेक्ट्रम प्रदर्शित करते हैं।

तालिका 3.3. कुछ मशरूम पॉलीसेकेराइड्स के स्रोत, प्रकार और जैव-सक्रियता

मशरूम का नाम	पॉलीसेकेराइड स्रोत	पॉलीसेकेराइड का प्रकार	जैव सक्रियता
प्लूरोटस कंद-रेजियम	स्क्लेरोटियम, मायसेलियम	β-डी-ग्लूकन	हेपेटोप्रोटेक्टिव, एंटी-ब्रेस्ट कैंसर
गनोडेर्मा लुसीडम	फ्रूटिंग बॉडी कल्चर, संस्कृति शोरबा	हेटरोग्लाइकन, मननोग्लूकन, ग्लाइकोपेप्टाइड	हाइपरग्लाइसीमिया, इम्यूनोमोड्यूलेटिंग, एंटीट्यूमर, एंटीऑक्सीडेटिव, एंटीडेक्रेपिट्यूड
औरिकुलरिया औरिक्युलर	फ्रूटिंग बॉडी	ग्लूकन	हाइपरग्लाइसीमिया, इम्यूनोमोड्यूलेटिंग, एंटीट्यूमर, एंटी-इंफ्लेमेटरी, एंटीरेडिएटिव
स्किज़ोफिलम कम्यून	माइसेलियम	ग्लूकन, स्किज़ोफिलन	एंटीट्यूमर
हेरिसियम एरिनेसियस	फ्रूटिंग बॉडी, माइसेलियम	हेटरोग्लाइकन, हेटरोग्लाइकन पेप्टाइड	हाइपरग्लाइसीमिया, इम्यूनोमोड्यूलेटिंग, एंटीट्यूमर
लेंटिनस एडोड्स	संस्कृति शोरबा, फलने शरीर	मनोग्लूकन, पॉलीसेकेराइड-प्रोटीन कॉम्प्लेक्स, ग्लूकन, लेंटिनान	इम्यूनोमोड्यूलेटिंग, एंटीट्यूमर, एंटीवायरल
स्क्लेरोटिनिया स्क्लेरोटियोरम	स्क्लेरोटियम	ग्लूकन, स्क्लेरोग्लूकन (एसएसजी)	एंटीट्यूमर
पॉलीस्टिकस वर्सीकलर	फ्रूटिंग बॉडी, मायसेलियम , संस्कृति शोरबा	हेटरोग्लाइकन, ग्लाइकोपेप्टाइड, क्रेस्टिन (पीएसके)	इम्यूनोमोड्यूलेटिंग, एंटीट्यूमर, एंटीरेडिएटिव, हाइपरग्लाइसीमिया, एंटी-इंफ्लेमेटरी
ग्रिफोला फ्रोंडोसा	फ्रूटिंग बॉडी	प्रोटियोग्लाइकन, ग्लूकन, गैलाटोमैनन, हेटरोग. लाइकन और ग्रिफोलन	इम्यूनोमोड्यूलेटिंग, एंटीट्यूमर, एंटीवायरल, हेपेटोप्रोटेक्टिव
इनोनोटस	फ्रूटिंग बॉडी, माइसेलियम	ग्लूकन	एंटीट्यूमर, इम्यूनोमोड्यूलेटिंग
अगरिकस ब्लेज़ी	फ्रूटिंग बॉडी, माइसेलियम	ग्लूकन, हेटरोग्लाइकन, ग्लूकन प्रोटीन, ग्लूकोमानन-प्रोटीन कॉम्प्लेक्स	एंटीट्यूमर
फ्लेमुलिना वेल्यूटिप्स	फ्रूटिंग बॉडी, माइसेलियम	ग्लूकन-प्रोटीन कॉम्प्लेक्स, ग्लाइकोप्रोटीन	एंटीट्यूमर, एंटी-इंफ्लेमेटरी, एंटीवायरल, इम्यूनोमोड्यूलेटिंग
गनोडर्मा एप्लानेटम	फ्रूटिंग बॉडी	ग्लूकन	एंटीट्यूमर

पॉलीपोरस अम्बेलेटस	माइसेलियम	ग्लूकन	एंटीट्यूमर, इम्यूनोमोड्यूलेटिंग
क्लिटोपिलस सीस्पिटोसस	फ्रूटिंग बॉडी	ग्लूकन	एंटीट्यूमर
प्लूरोटस सिट्रिनोपिलेटस	फ्रूटिंग बॉडी	गैलेक्टोमैनन	एंटीट्यूमर
ट्रेमेट्स रॉबिनियोफिला	माइसेलियम	प्रोटियोग्लाइकन	इम्यूनोमोड्यूलेटिंग, हेपेटोप्रोटेक्टिव, एंटीकैंसर
ट्रेमेला फ्यूसीफोर्मिस	फ्रूटिंग बॉडी, माइसेलियम, संस्कृति शोरबा	हेटरोग्लाइकन	हाइपरलिपिडिमिया, हाइपरग्लाइसीमिया, इम्यूनोमोड्यूलेटिंग, एंटीट्यूमर, एंटीडिक्रेपिट्यूड, एंटीथ्रोम्बस
ट्रेमेला औरंटियलबा	फ्रूटिंग बॉडी, माइसेलियम	हेटरोग्लाइकन	इम्यूनोमॉड्यूलेटिंग, हाइपरग्लाइसीमिया
प्लूरोटस ओस्ट्रिएटस	फ्रूटिंग बॉडी	ग्लाइकोप्रोटीन	एंटीट्यूमर, हाइपरग्लाइसीमिया, एंटीऑक्सिडेंट
मोर्चेला एस्कुलेंटा	फ्रूटिंग बॉडी	हेटरोग्लाइकन	हाइपरग्लाइसीमिया, एंटीट्यूमर
ओम्फालिया लैपिडेसेंस	फ्रूटिंग बॉडी	ग्लूकन	एंटी–इंफ्लेमेटरी, इम्यूनोमॉड्यूलेटिंग
फेलिनस लिंटियस	फ्रूटिंग बॉडी	ग्लूकन	एंटीट्यूमर
आर्मिलेरिएला टैबेसेंस	माइसेलियम	हेटरोग्लाइकन	एंटीट्यूमर
डिक्टियोफोरा इंडसियाटा	फ्रूटिंग बॉडी	हेटरोग्लाइकन, मन्नान, ग्लूकन	एंटीट्यूमर, हाइपरलिपिडिमिया
ट्राइकोलोमा मोंगोलियम	फ्रूटिंग बॉडी	ग्लूकन	एंटीट्यूमर

गैनोडेरिक एसिड डेरिवेटिव सहित लगभग 80 टेरपेनोइड्स को फल निकायों और जी ल्यूसिडम के मायसेलिया से अलग किया गया है। उनमें से कुछ ने इन विट्रो (गैनोडेरिक एसिड यू, वी, डब्ल्यू, एक्स और वाई) में हेपेटोमा कोशिकाओं के खिलाफ साइटोटॉक्सिसिटी दिखाई है, चूहे मस्तूल कोशिकाओं (गैनोडेरिक एसिड सी और डी) में एंटीहिस्टामाइन जारी गतिविधि, एंजियोटेंसिन परिवर्तित एंजाइम (गैनोडेरिक एसिड एफ), हेपेटोप्रोटेक्टिव गतिविधि (गैनोडेरिक एसिड ए) के खिलाफ निरोधात्मक गतिविधि, और फार्नेसिल प्रोटीन ट्रांसफरेज (गैनोडेरिक एसिड ए) पर एक निरोधात्मक प्रभाव दिखाया है। मेरिलियस ट्रेमेलोसस ने मेरिलिडियल 1 नामक एक सेस्क्विटरपीन डायलडिहाइड का उत्पादन किया जिसमें उच्च एंटिफंगल गतिविधि थी। इसी तरह, मारास्मियस एलियासियस असंतृप्त सेस्क्विटरपीन का स्रोत रहा है जो उच्च विषाक्त गुणों को दिखाता है और कार्सिनोमा कोशिकाओं में न्यूक्लिक एसिड संश्लेषण को रोकता है।

लेंटिनेलस ओम्फालोड्स से प्राप्त लेंटिनेलिक एसिड ने ग्राम पॉजिटिव के साथ-साथ नकारात्मक बैक्टीरिया जैसे बेसिलस सबटिलिस और एयरोबैक्टर एयरोजेनेस की ओर मजबूत जीवाणुरोधी गतिविधि का प्रदर्शन किया और एर्लिच तपस्वी कार्सिनोमा कोशिकाओं में डीएनए, आरएनए और प्रोटीन संश्लेषण को भी काफी हद तक बाधित किया। क्लिटोसाइब इल्यूडेंस से निकाले गए टेरपेनोइड्स, अर्थात् इलुदिन-एम और इलुडिन-एस, प्लाज्मोडियम गैलिनेशियम के खिलाफ बहुत प्रभावी हैं।

3.4.3. स्टेरॉयड

स्टेरॉयड एक प्रकार का कार्बनिक यौगिक है जिसमें चार साइक्लोएल्केन के छल्ले की एक विशिष्ट व्यवस्था होती है जो एक दूसरे से जुड़ जाते हैं। स्टेरॉयड के उदाहरणों में आहार वसा कोलेस्ट्रॉल, सेक्स हार्मोन एस्ट्राडियोल और टेस्टोस्टेरोन और विरोधी दवा डेक्सामेथासोन शामिल हैं। हाल ही में, नए साइक्लोऑक्सीजिनेज (सीओएक्स) निरोधात्मक और एंटीऑक्सिडेंट गतिविधियों के साथ दो ज्ञात स्टेरोल्स को एग्रोसाइब एजेरिटा के फलने वाले निकायों से अलग किया गया था जो एक खाद्य मशरूम है।

3.4.4. ग्लाइकोप्रोटीन

ग्लाइकोप्रोटीन प्रोटीन होते हैं जिनमें ओलिगोसेकेराइड चेन (ग्लाइकन) होते हैं जो कि ग्लाइकोसिलेशन नामक प्रक्रिया द्वारा पॉलीपेप्टाइड साइड-चेन से सहसंयोजक रूप से जुड़े होते हैं। फालोलिसिन अमनिता फालोइड्स से प्राप्त एक ग्लाइकोप्रोटीन है जो कई स्तनधारी कोशिकाओं के साइटोलिसिस का कारण बनता है। दो अलग-अलग लेक्टिन, टीएमएल-1 और टीएमएल-2, हेमग्लूटिनेटिंग और एंटीप्रोलिफेरेटिव गतिविधि के साथ खाद्य मशरूम ट्राइकोलोमा मंगोलिकम के सुसंस्कृत मायसेलियम से अलग किए गए हैं।

3.4.5. पॉलीकेटाइड्स

उच्च कवक को अतीत के साथ-साथ वर्तमान में पॉलीकेटाइड्स के प्रोफाइल उत्पादकों के रूप में मान्यता दी गई है। पॉलीकेटाइड्स लगभग सभी जीवित जीवों द्वारा उत्पादित माध्यमिक चयापचयों का एक वर्ग है। ये संरचनात्मक रूप से जटिल कार्बनिक यौगिक हैं जो अक्सर जैविक रूप से अत्यधिक सक्रिय होते हैं। कई फार्मास्यूटिकल्स पॉलीकेटाइड्स से प्राप्त या प्रेरित होते हैं। पॉलीकेटाइड्स संरचनात्मक रूप से विविध जैविक गतिविधियों और औषधीय गुणों के साथ प्राकृतिक उत्पादों का एक बहुत ही विविध परिवार है। पॉलीकेटाइड्स

सबसे प्रचुर मात्रा में औषधीय स्रोत हैं जिन्हें एंटीबायोटिक, एंटीकैंसर, एंटिफंगल, हाइपोलिपिडेमिक और इम्यूनोसप्रेसिव गुणों जैसे संभावित उपयोगी चिकित्सीय मूल्यों की एक विस्तृत शृंखला प्रदर्शित करने के लिए दिखाया गया है।

3.5. अन्य

चिकित्सीय मेटाबोलाइट्स जिनमें एल्कलॉइड, फ्लेवोनोइड्स, सैपोनिन, टैनिन, एन्थ्राक्विनोन और स्टेरॉयड शामिल हैं। उनकी उपस्थिति इन मशरूम को अच्छे खाद्य स्रोतों के रूप में उपयोग करने के लिए लोकप्रिय बनाती है और दवा विकास में भी मूल्यवान है (तालिका 3.3)। सैपोनिन को कोशिकाओं में एकाग्रता के प्रवाह को अवरुद्ध करके Na^+ (efflux) एफ्लक्स को बाधित करने के लिए जाना जाता है। यह Na को सक्रिय करता है एवं Ca हृदय की मांसपेशियों में एंटीपोर्टर की तरह कार्य करता है। इस एंटीपोर्टर के माध्यम से Ca प्रवाह में वृद्धि हृदय की मांसपेशियों के संकुचन को मजबूत करती है। एल्कलॉइड को एड्स, कैंसर और फेफड़ों के रोगों जैसे कई घातक मानव रोगों के इलाज में सूचित किया गया है। अल्कलॉइड माइक्रोबियल गतिविधि को नियंत्रित करते हैं, उत्तेजक गुण रखते हैं, और इम्यूनोजेनिक सेल को प्रेरित करते हैं।

एल्कलॉइड को एंजियोजेनेसिस पर निरोधात्मक प्रभाव के लिए भी जाना जाता है और इसलिए ये कैंसर कोशिकाओं के विकास को रोकने में उपयोगी होते हैं। उच्च फ्लेवोनोइड्स स्तर मानव शरीर की कुल एंटीऑक्सीडेंट रक्षा प्रणाली में अन्य एंटीऑक्सिडेंट विटामिन और एंजाइमों के साथ योगदान करके ऑक्सीडेटिव तनाव प्रेरित रोगों से सुरक्षा प्रदान करने में मदद कर सकता है। कई अध्ययनों में ठहराया गया है कि एंटीऑक्सिडेंट गुण फ्लेवोनोइड्स की उपस्थिति के कारण होते हैं। इसलिए, यह अध्ययन किए गए कि मशरूम की कुछ प्रजातियों में पाए जाने वाले उच्च लिपिड पेरोक्सीडेशन अवरोध का एक कारण हो सकता है। कुछ अध्ययनों में एंथ्राक्विनोन को रेचक के रूप में पाचन में मदद करने, गठिया रोगियों में सूजन को कम करने और कैंसर के विकास को रोकने के लिए भी दिखाया गया है।

ट्राइटरपीन ग्लाइकोसाइड जठरांत्र संबंधी मार्ग की गतिविधि को प्रभावित करता है; साइनोजेनिक ग्लाइकोसाइड आयोडीन ऑर्गेनिफिकेशन में हस्तक्षेप करते हैं और इस प्रकार गण्डमाला और हाइपोथायरायडिज्म का कारण या बढ़ावा दे सकते हैं। ग्लाइकोसिडिक यौगिकों की एक सारणी वर्तमान में चिकित्सा में उपयोग की जाती है। इसमें विटामिन के ग्लाइकोसाइड, पॉलीफेनोलिक ग्लाइकोसाइड्स (फ्लेवोनोइड्स), अल्कलॉइड ग्लाइकोसाइड्स, एंटीबायोटिक दवाओं के समूह में ग्लाइकोसाइड्स, ग्लाइकोपेप्टाइड्स, कार्डियक ग्लाइकोसाइड्स, स्टेरॉयड और टेरपेनोइड ग्लाइकोसाइड आदि शामिल हैं।

कई टैनिन अणुओं को कई उत्परिवर्ती गतिविधि को कम करने के लिए भी दिखाया गया है। कई कार्सिनोजेन्स और/या उत्परिवर्तजन सेलुलर मैक्रोमोलेक्यूल्स के साथ बातचीत के लिए ऑक्सीजन मुक्त कणों का उत्पादन करते हैं। टैनिन की एंटीकार्सिनोजेनिक और एंटीम्यूटाजेनिक क्षमता उनकी एंटीऑक्सीडेटिव संपत्ति से संबंधित हो सकती है, जो लिपिड पेरोक्सीडेशन सहित सेलुलर ऑक्सीडेटिव क्षति की रक्षा करने में महत्वपूर्ण है।

तालिका 3.4. मशरूम के विविध चिकित्सीय मेटाबोलाइट्स और उनकी जैव-सक्रियता

क्रम संख्या	मशरूम का नाम	सक्रिय सिद्धांत	सक्रिय
1.	*गनोडर्मा ल्यूसिडम आम नाम: रीशी*	ट्राइटरपेन्स, गैनोडेरियोल एफ, गैनोडेरिक एसिड बी गैनोडरमैनॉन्ट्रिओल। गैनोडर्माडियोल पॉलीसेकेराइड (गैनोपा. ली) ट्राइटरपीन्स पॉलीसेकेराइड्स गैनोड्रॉन ए, गैनोड्रॉन बी, गैनोड्रॉन सी, β-डी-ग्लूकन, ग्लाइकोप्रोटीन	एचआईवी -1 के खिलाफ सक्रिय, हेपेटोमा कोशिकाओं के लिए साइटोटॉक्सिक, दाद सिंप्लेक्स वायरस -1 के खिलाफ सक्रिय, कैंसर से संबंधित लक्षणों और हेपेटाइटिस बी उप. चार पर उपशामक प्रभाव पैदा करना, एथेरोस्क्लेरोसिस के खिलाफ सुरक्षा, टाइप 2 मधुमेह के उपचार के दौरान हाइपा. ग्लाइसेमिक प्रभाव, इम्यूनोस्टिम्यूलेटिव एंटीट्यूमर गतिविधि एंटीट्यूमर गतिविधि।
2.	*गनोडर्मा एप्लानेटम*	स्टेरॉयड, एप्लानॉक्सिडिक एसिड जी	ग्राम पॉजिटिव और ग्राम नकारात्मक बैक्टीरिया दोनों के विरोधी, इन्फ्लूएंजा वायरस प्रकार ए के खिलाफ सक्रिय, माउस त्वचा ट्यूमर प्रमोटरों के खिलाफ सक्रिय, दर्द के उपचार में उपयोगी
3.	*लेंटिनुला एडोड्स आम नाम: शिटेक*	कैप्स पॉलीसेकेराइड लेंटिनन एमिटानिन घुलनशील लिग्निन एरिटाडेनिन (एक न्यूक्लियोटाइड व्युत्पन्न) पर मौजूद आ. क्सालिक एसिड	जीवाणुरोधी गतिविधि, सारकोमा 180 और एचआईवी प्रेरित साइटोपैथिक प्रभाव को रोकता है, ट्यूमर/कीमो/रेडियोथेरेपी/सर्जरी, एंटी-एचआईवी गतिविधियों, एंटीलिपिडेमिक गति. विधि में उपयोग किया जाता है और एथेरोस्क्लेरोसिस के जोखिम को कम करता है
4.	*फ्लेमुलिना वेल्यूटिप्स*	सेस्क्विटरपीन, प्रोटीन और पॉलीसेकेराइड, एनोकिपोडिंस, वेलुटिन प्रोटीन, इसके स्पोरोफोरस के अल्कोहल और गर्म पानी के अर्क	एंटीट्यूमर, एंटिफंगल और जीवाणुरोधी, राइबोसोम को निष्क्रिय करना और एचआईवी -1 रिवर्स ट्रांसक्रिपटेस को रोकना, ट्यूमर कोशिकाओं के खिलाफ साइटोस्टैटिक प्रभाव, एंटीएलर्जिक और एंटीकॉम्प्लिमेंटरी प्रभाव
5.	*ऑरिकुलरिया-ऑरिकुला यहूदी*	अम्लीय हेटरोग्लाइकेन्स	एंटीट्यूमर
6.	*ऑरिकुलरिया पॉलीट्रिचा*	एंटीप्लेटलेट यौगिक एडेनोसिन	आर्टेरोस्क्लेरोटिक गतिविधि
7.	*प्लूरोटस ओस्ट्रिएटस*	लोवास्टैटिन	आर्टेरोस्क्लेरोटिक गतिविधि

8.	*ग्रिफोला फ्रोंडोसा*	पॉलीसेकेराइड β-डी-ग्लूकन, मेटके डी-अंश, β-डी-ग्लूकन (ग्रिफोलन), जाइलोग्लूकन, फुकोमानोग्लुकन, हेटेरोग्लूकन प्रोटीन, मन्नोगलैक्टोफुकन, हेटेरोक्सिलन, गैलेक्टोमैनोग. लाइकन के साथ प्रोटीन	एंटीवायरल गतिविधि और इम्यूनोस्टिमुलेटरी प्रभाव, एचआईवी-एंटीट्यूमर गतिविधि, एंटीट्यूमर गतिविधि
9.	*लेटीपोरस सल्फ्यूरियस*	डीहाइड्रोट्रामेटेनोलिक एसिड	हाइपोग्लाइसेमिक गतिविधि, इंसुलिन संवेदक और हाइपरग्लाइसीमिया को कम करना
10.	*लेनजाइट्स बेटुलिना*	बेटुलिनम ए	कट्टरपंथी मेहतर
11.	*कॉर्डिसेप्स मिलिटरी*	पॉलीसेकेराइड (कॉर्डिसेपिक एसिड और β-डी-ग्लूकन), ट्राइटरपेनोइड्स, न्यूक्लियोसाइड्स (कॉर्डिसेपिन, 3-डीऑक्स. ीडेनोसिन), प्रोटीन, अमीनो एसिड विटामिन (बी-कॉम्प्लेक्स और एस्कॉर्बिक एसिड), खनिज (ट्रेस तत्व)	कैंसर, थकान, श्वसन और फुफ्फुसीय रोग, यकृत और गुर्दे के विकार, पुरुष और महिला यौन रोग, हृदय रोग
12.	*कॉर्डिसेप्स साइनेंसिस*	एडेनोसिन, कॉर्डिसेपिन और एर्गोस्टेरॉल	एंटीऑक्सीडेटिव गुण
13.	*मोर्चेला एस्कुलेंटा*	पॉलीसेकेराइड, प्रोटीन, एंजाइम, विटामिन, खनिज, और अमीनो एसिड कोई कोलेस्ट्रॉल नहीं	निमोनिया, बुखार, खांसी, सर्दी और पेट-दर्द का इलाज करता है, गर्भवती और स्तनपान कराने वाले खनिजों के लिए बीमारियों को ठीक करता है, सांस की बीमारियों के लिए
14.	*प्लेयूरोट्स सजोर-काजू*	पॉलीसेकेराइड जाइलोग्लूकन, जाइलोप्रोटीन वाले प्रोटीन	एंटीट्यूमर
15.	*अगरिकस कैंपेस्ट्रिस*	ग्लाइकोप्रोटीन	एंटीट्यूमर
16.	*कालवटिया गिगेंटिया*	कैल्वासिन	एंटीट्यूमर
17.	*सायथस स्टरकोरस*	पॉलीकेटाइड, सायथुसल ए, बी, और सी, पुल्विनैटल एंटी. ऑक्सीडेंट प्रभाव	एंटीट्यूमर
18.	*ट्राइकोलोमॉप्सिस रुटिलन्स*	पॉलीसेकेराइड, फिनोल फॉस्मिसिन बी, स्टेरोल्स	एंटीट्यूमर, विरोधी भड़काऊ, और एंटीऑक्सिडेंट
19.	*औदेमंसिएला रेडिकाटा*	ई-बी मेथॉक्सी एक्रिलेट	एंटीबायोटिक प्रभाव
20.	*कोलिबिया वेलुटिप्स*	एरिटाडेनिन	कोलेस्ट्रॉल को कम करना

4

मशरूम उगाने की तकनीक

मशरूम का उत्पादन हरे पौधों को उगाने से बिल्कुल अलग है और उनके भोजन के लिए अन्य पौधों की सामग्री (सब्सट्रेट) पर निर्भर करता है। अनदेखी मायसेलियम छोटे धागे हैं जो पूरे सब्सट्रेट में बढ़ते हैं और कार्बनिक पदार्थों को तोड़कर पोषक तत्व एकत्र करते हैं, इसलिए यह मशरूम का मुख्य शरीर है। आमतौर पर, प्रत्येक मशरूम प्रजाति एक विशेष बढ़ते माध्यम को पसंद करती है, हालांकि कुछ प्रजातियां सामग्री की एक विस्तृत शृंखला पर विकसित हो सकती हैं। मशरूम उत्पादन पर विचार करने के लिए, कवक के जीवन चक्र से भली-भांति परिचित हो जाएं। एक बहुत ही सामान्य विवरण नीचे शामिल है।

4.1. कृषि-जलवायु आवश्यकताएँ

भारत में, उत्पादक खेती की जाने वाली किस्मों के आधार पर एक वर्ष में विभिन्न प्रकार के मशरूम की औसतन 3-4 फसल ले सकते हैं। गुणवत्ता और मात्रा दोनों के मामले में फसल की उपज को प्रभावित करने वाले कारक कीट/रोगजनकों की घटना और स्पॉन की शुद्ध गुणवत्ता की अनुपलब्धता हैं।

आमतौर पर मशरूम को मौसम के अनुसार और पर्यावरण नियंत्रित फसल घरों में उगाया जाता है। इसे फसल के दौरान 80-90% की सापेक्ष आर्द्रता और पर्याप्त वेंटिलेशन की आवश्यकता होती है। मौसमी रूप से, यह चयनित प्रजातियों के आधार पर भारत के तीनों मौसमों में उगाया जाता है। हालाँकि, आधुनिक खेती की तकनीक के आगमन के साथ अब इस मशरूम की खेती भारत में कहीं भी करना संभव है।

4.2. बढ़ती और संभावित बेल्ट

भले ही दुनिया के बाकी हिस्सों में मशरूम का उत्पादन और खपत बढ़ रही है परन्तु भारत में इसके विकास में कमजोर प्रतिक्रिया देखी जा रही है। भारत में मशरूम उद्योग अत्यधिक रूप से सफेद बटन वाले मशरूम पर केंद्रित है जो एक अत्यधिक परिष्कृत और पूंजी-गहन गतिविधि है। मशरूम अनुसंधान निदेशालय, सोलन द्वारा हाल ही में प्रस्तुत बटन मशरूम के उत्पादन के संबंध में डेटा ने संकेत दिया कि भारत में बटन मशरूम की हिस्सेदारी अधिकतम 73% है, इसके बाद सीप मशरूम का योगदान लगभग 16% है। भारत में दो मुख्य प्रकार के मशरूम उत्पादक हैं, जो नियंत्रित परिस्थितियों में साल भर सफेद बटन मशरूम उगा रहे हैं और मौसमी उत्पादक जो भारत के उत्तर पश्चिमी भाग में सर्दियों के मौसम में बटन मशरूम उगा रहे हैं।

भारत में मौसमी और दोनों से उत्पादित कुल सफेद बटन मशरूम उच्च तकनीक की खेती इकाइयों का अनुमान 94,676 मीट्रिक टन है। इसमें से लगभग 8500 मीट्रिक टन बटन मशरूम का उत्पादन हरियाणा और पंजाब में स्थित मौसमी उगाने वाली इकाइयों से किया गया था, जो कुल बटन मशरूम उत्पादन का 9% था। मौसमी विविधताओं का प्रभावी ढंग से उपयोग करके, पंजाब और हरियाणा क्षेत्र के किसानों ने बहुत कम इनपुट के साथ मौसमी खेती की प्रक्रिया में क्रांति ला दी है। कई उत्पादकों ने सफेद बटन मशरूम की मौसमी खेती को आजीविका और आय पैदा करने वाली गतिविधि के रूप में अपनाना शुरू कर दिया (पॉल और चिल्टन, 1998)। बाजार से निकटता, सस्ते मूल्य पर कच्चे माल की उपलब्धता के साथ-साथ अच्छी गुणवत्ता वाले स्पॉन की उपलब्धता जैसे लाभ मशरूम उत्पादन को गति प्रदान करते हैं।

प्रारंभ में, सफेद बटन मशरूम का उत्पादन भारत के समशीतोष्ण पहाड़ी क्षेत्रों तक ही सीमित था। हालांकि, शीतलन प्रणाली का उपयोग करके फलने की स्थिति के अनुकूलन और अनुकूलन की संक्षिप्त विधि के विकास के साथ, इसके उत्पादन परिदृश्य में उल्लेखनीय बदलाव आया है और देश के सभी कोनों में फैल गया है। वर्तमान में, बटन मशरूम का सबसे अधिक उत्पादन पंजाब से होता है जिसके बाद हरियाणा और महाराष्ट्र का स्थान आता है (चित्र 4.1)। ये तीन राज्य भारत में उत्पादित कुल सफेद बटन मशरूम का 43% उत्पादन करते हैं। कुछ बड़ी मशरूम इकाइयां जैसे मैसर्स एग्रो डच इंडस्ट्रीज लिमिटेड, (6000 टन प्रति वर्ष), मेसर्स तिरुपति बालाजी एग्रो प्रोडक्ट्स प्राइवेट लिमिटेड (4000 टीपीए), मेसर्स फ्लेक्स फूड्स प्रा. लिमिटेड (2600 टीपीए), मेसर्स वीकफील्ड फूड्स प्रा. लिमिटेड, मेसर्स हिमालय इंटरनेशनल लिमिटेड, इन क्षेत्रों में स्थित है और सफेद बटन मशरूम उत्पादन (मार्शल और टैनर 2009; सिंह *एट अल* 2011) में अत्यधिक योगदान देता है। मौसमी खेती हरियाणा और पंजाब क्षेत्र में अधिक लोकप्रिय हो गई, जिससे प्रति वर्ष 8000-8500 टन से अधिक सफेद बटन मशरूम का उत्पादन हुआ। कई माध्यम से छोटे पैमाने की इकाइयां हिमाचल प्रदेश, गुजरात, तमिलनाडु, उत्तराखंड, उत्तर प्रदेश और गोवा राज्यों में स्थित हैं।

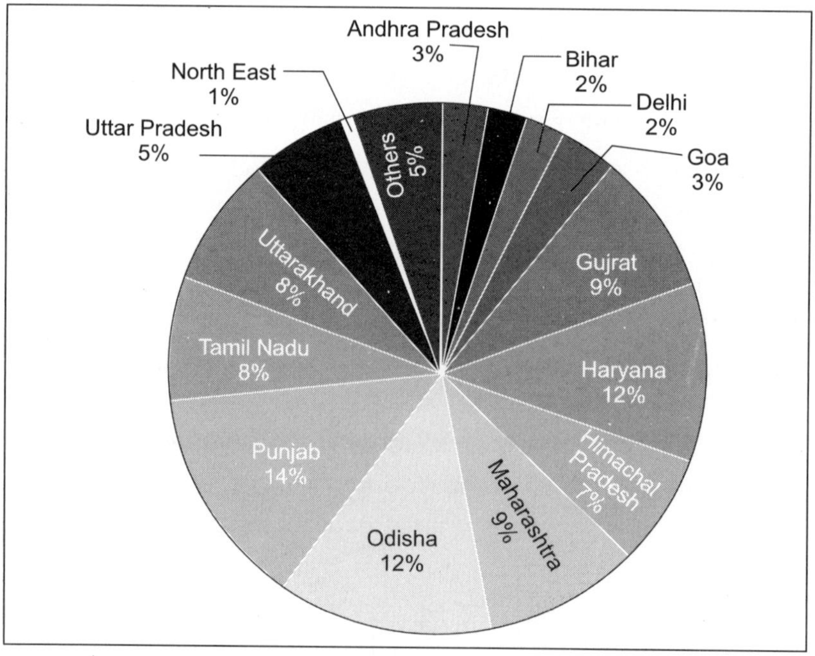

चित्र 4.1. भारत के प्रमुख मशरूम उत्पादक राज्य

4.3. मशरूम उत्पादन पैटर्न में अंतर

दुनिया में मशरूम उद्योग मुख्य रूप से एक मुख्य मशरूम प्रजाति *एगारिकस बिस्पोरस* पर केंद्रित है। इन उद्योगों में ए. बिस्पोरस का लगभग 100% वर्चस्व है। हालांकि, यह ध्यान दिया जाना चाहिए कि *ए. बिस्पोरस* केवल विश्व स्तर पर खेती की जाने वाली कई खाद्य कवक में से एक है, दूसरी ओर, पूर्वी एशियाई देशों में विशेष मशरूम ए. बिस्पोरस की तुलना में कहीं अधिक लोकप्रिय हैं। जबकि शीटकेक मशरूम वैश्विक स्तर पर दूसरे स्थान पर है जो कि भारतीय राज्यों में ज्यादा लोकप्रिय नहीं है। मशरूम उद्योग के इन क्षेत्रों में से प्रत्येक के लिए निकाय/मंच विकसित किया गया है जिसने इन्हें अंतरराष्ट्रीय ध्यान में सबसे आगे लाने में मदद की है:

1. इंग्लैंड में 1950 में स्थापित खाद्य मशरूम के लिए इंटरनेशनल सोसाइटी ऑफ मशरूम साइंस (आईएसएमएस);
2. हांगकांग में 1993 में गठित मशरूम जीव विज्ञान और औषधीय मशरूम उत्पादों के लिए वर्ल्ड सोसाइटी फॉर मशरूम बायोलॉजी एंड मशरूम प्रोडक्ट्स (WSMBMP);
3. इंडियन फाइटोपैथोलॉजी सोसायटी, इंडियन फाइटोपैथोलॉजिकल सोसाइटी (आईपीएस), फाइटोपैथोलॉजी के विज्ञान के कारण को बढ़ावा देने के लिए एक पेशेवर मंच है। यह विश्व में पादप रोगविज्ञानियों का तीसरा सबसे बड़ा समाज है। सोसाइटी की स्थापना 28 फरवरी, 1947 को भारतीय कृषि अनुसंधान संस्थान, नई दिल्ली में डॉ. बी.बी. मुंडकुर द्वारा की गई थी।

इन निकायों/मंचों ने अपने संबंधित क्षेत्रों में से प्रत्येक को बढ़ावा देने के लिए बहुत कुछ किया है, जिनमें से कम से कम उपयोगी चर्चाओं के लिए वैज्ञानिकों को एक साथ लाया जा रहा है, एवं अनुसंधान को प्रोत्साहित किया जा रहा है और मूल्यवान अनुसंधान और वाणिज्यिक जानकारी का प्रसार कर रहा है। ज्ञात मशरूम प्रजातियों में से कई के लिए दृष्टिकोण उज्ज्वल है।

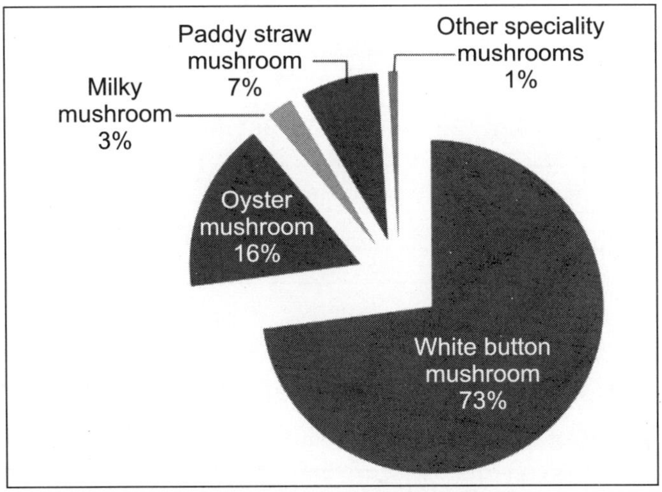

चित्र 4.2. कुल उत्पादन में विभिन्न मशरूम प्रजातियों का सापेक्ष योगदान

दुनिया भर में मशरूम का उत्पादन लगातार बढ़ रहा है, मुख्य रूप से विकासशील देशों के योगदान के कारण जैसे भारत, चीन, पोलैंड, हंगरी और वियतनाम (काशनगुरार *एट अल.*, 2004)। मशरूम के पोषण और औषधीय लाभों के संबंध में सदियों की टिप्पणियों का समर्थन करने के लिए प्रयोगात्मक रूप से आधारित

साक्ष्य भी बढ़ रहे हैं। हाल ही में अफ्रीका में एचआईवी/एड्स रोगियों के लिए किए गए औषधीय मशरूम परीक्षणों के साथ मशरूम के मूल्य को जबरदस्त स्तर पर बढ़ावा दिया गया है, जिससे उत्साहजनक परिणाम सामने आए हैं। इसने जंगली मशरूम की बेहतर खेती के लिए विधियों को तैयार करने में अनुसंधान को गति दी है। यह आशा की जाती है कि इस क्षेत्र में और भी अधिक शोध होंगे, ताकि कृत्रिम खेती या अर्ध-कृषि विधियों के माध्यम से बड़ी मात्रा में जंगली मशरूम का बड़े पैमाने पर उत्पादन किया जा सके। सामान्य रूप से मशरूम उद्योग में तकनीकी विकास ने उत्पादन क्षमता में वृद्धि, खेती की प्रौद्योगिकियों में नवाचारों, अंतिम मशरूम वस्तुओं में सुधार, मशरूम के पोषण और औषधीय गुणों पर पूंजीकरण और पर्यावरणीय लाभों के लिए मशरूम के प्राकृतिक गुणों का उपयोग करते हुए देखा है।

4.4. कई चयनित मशरूम की खेती

खाद्य मशरूम की खेती को दो प्रमुख चरणों में विभाजित किया जा सकता है। पहले चरण (वनस्पति) में फ्रूटिंग कल्चर, स्टॉक कल्चर, मदर स्पॉन और प्लांटिंग स्पॉन की तैयारी शामिल है, जबकि दूसरे चरण (प्रजनन) में मशरूम की खेती के लिए ग्रोथ सब्सट्रेट तैयार करना शामिल है। कुछ चयनित मशरूम प्रजातियों के लिए खेती की स्थितियों का संक्षेप में निम्नलिखित अनुभागों में वर्णन किया गया है। निम्नलिखित अनुभागों में सूत्रों के उदाहरण केवल संदर्भ के लिए हैं। उन्हें स्थानीय उपलब्ध सामग्रियों और जलवायु परिस्थितियों के अनुसार संशोधित किया जाना चाहिए (पुगर, 1995)।

4.5. स्वीकार्य मशरूम प्रजातियाँ/प्रजातियों का चयन

किसी विशेष मशरूम की खेती करने का कोई भी निर्णय लेने से पहले, यह निर्धारित करना महत्वपूर्ण है कि क्या उस प्रजाति में स्वदेशी आबादी या अंतरराष्ट्रीय बाजार के लिए स्वीकार्य ऑर्गेनोलेप्टिक गुण हैं। यदि खेती के लिए उपयुक्त सब्सट्रेट बहुतायत से हैं, और यदि विकास और फलने के लिए पर्यावरणीय आवश्यकताएं हो सकती हैं। यांत्रिक नियंत्रण की अत्यधिक महंगी प्रणालियों के बिना पूरा किया जा सकता है।

4.6. संस्कृतियों के स्रोत

4.6.1. ऊतक संवर्धन

एक बड़े स्वस्थ मशरूम को या तो बाद के बटन या अंडे की अवस्था में चुना जाना चाहिए। इसे 75% अल्कोहल से साफ करना चाहिए। मशरूम को हाथ से आधे हिस्से में अनुदैर्ध्य रूप से विभाजित किया जाना चाहिए और कुछ अंदर के ऊतक को पट्टी के ऊपरी भाग से लिया जाना चाहिए। इसे एक निष्फल सुई के साथ माध्यम की सतह पर केंद्र में रखा जाना चाहिए। यह जितनी जल्दी किया जाए उतना अच्छा है। जैसे ही ऊतक को स्थानांतरित किया जाता है, टेस्ट ट्यूब को बंद कर दिया जाना चाहिए और उपयोग किए गए मशरूम के आधार पर इसे 25°C और 34°C के बीच इनक्यूबेटर में वापस रखने से पहले दिनांकित किया जाना चाहिए। दो या तीन दिनों के भीतर ऊतक के छोटे टुकड़े से कुछ सफेद मायसेलिया का उत्पादन किया जाएगा। वे परखनली की भीतरी दीवार को घेरते हुए ऊपर की ओर बढ़ते हैं। लगभग दस दिनों के बाद मायसेलियम

तेजी से बढ़ेगा और अगार माध्यम की सतह को कवर करेगा। फिर यह स्पॉन बनाने के लिए स्पॉन सब्सट्रेट में स्थानांतरित करने के लिए तैयार है।

4.6.2. बीजाणु संवर्धन

अलग-अलग बीजाणुओं को ठीक से एकत्र करके एक परखनली या पेट्री डिश में अकेले स्थानांतरित किया जा सकता है और विकसित होने और मायसेलियम में अंकुरित होने की अनुमति दी जा सकती है। कुछ एकल-बीजाणु होमोथैलिक मशरूम से अलग होते हैं, जैसे– वोल्वरिएला वोल्वेसिया (प्राथमिक होमोथैलिज्म) या एगारिकस बिस्पोरस (सेकेंडरी होमोथैलिज्म) को स्पॉन बनाने के लिए फ्रूटिंग कल्चर के रूप में इस्तेमाल किया जा सकता है। हालाँकि यदि एकल-बीजाणु आइसोलेट्स हेटरोथैलिक मशरूम से हैं, उदा. लेंटिनुला एडोड्स, प्लुरोटस साजोर-काजू, ये फलने वाली संस्कृतियों का निर्माण नहीं कर सकते हैं और इस प्रकार स्पॉन नहीं बना सकते हैं। उन्हें एक संगत एकल-बीजाणु पृथक के साथ जोड़ा जाना चाहिए। कुछ समय बाद वे एक डिकैरियोन/फलने वाली संस्कृति बनाते हैं जिसका उपयोग स्पॉन बनाने के लिए किया जा सकता है।

4.6.3. अन्य प्रयोगशालाओं से शुद्ध कल्चर

प्रयोगशाला में संवर्धन के विकल्प के रूप में, जैसा कि उल्लिखित है, एक शोध प्रयोगशाला से टेस्ट ट्यूब कल्चर प्राप्त किया जा सकता है। इसका लाभ यह है कि प्रतिष्ठित संस्कृति संग्रहों में रखी गई संस्कृतियों को पहले से ही उनकी उत्पादन विशेषताओं के लिए परीक्षण किया गया है और उन्हें शुद्ध होने की गारंटी दी जाती है।

4.6.4. किसी अन्य स्रोत से संस्कृतियाँ

संस्कृतियों को किसी अन्य स्रोत से प्राप्त स्पॉन से भी उगाया जा सकता है। स्पॉन का एक टुकड़ा असमान रूप से अगार स्लान्ट में स्थानांतरित किया जाता है। हालाँकि, यह जोखिम भरा है क्योंकि स्पॉन कल्चर में जितने स्थानान्तरण हुए हैं, उसकी संख्या शायद ही ज्ञात हो। यदि इस प्रक्रिया का पालन किया जाता है, तो यह सलाह दी जा सकती है कि पहले स्पॉन को फलने वाले शरीर में विकसित करें, और फिर फलने वाले शरीर से आवश्यक अलगाव करें।

4.7. संस्कृति मीडिया

मशरूम विभिन्न प्रकार के संस्कृति माध्यमों और विभिन्न अगार सूत्रों पर, प्राकृतिक और सिंथेटिक दोनों तरीकों से उगते हैं, जो कि खेती के उद्देश्य पर निर्भर करता है। सिंथेटिक मीडिया अक्सर महंगा होता है और तैयारी में समय लगता है इसलिए आमतौर पर मशरूम में नियमित उद्देश्यों के लिए इनका उपयोग नहीं किया जाता है।

4.7.1. पीडीए (आलू डेक्सट्रोज अगर)

यह माध्यम सबसे अधिक खेती वाले मशरूम के मायसेलिया उगाने का सबसे सरल और सबसे लोकप्रिय माध्यम है। इसे व्यावसायिक रूप से तैयार मिश्रित पाउडर के रूप में खरीदा जा सकता है जिसका उपयोग प्रयोगशाला में माध्यम बनाने के लिए सीधे 20 ग्राम/प्रति लीटर आसुत जल की सांद्रता के साथ किया जा

सकता है। वैकल्पिक रूप से, इसे निम्नलिखित सामग्री के साथ प्रयोगशाला में तैयार किया जा सकता है: आलू कटा हुआ - 200 ग्राम; डेक्सट्रोज 20 ग्राम; पाउडर अगार या अगार बार - 20 ग्राम; पानी - 1 लीटर।

प्रक्रिया: छिले हुए आलू को धोया जाता है, तौला जाता है और क्यूब्स में काट दिया जाता है। उन्हें एक भगोने में कम से कम एक लीटर पानी के साथ नरम होने तक (लगभग 15 मिनट) उबाला जाता है। आलू को हटा दिया जाता है और डेक्सट्रोज और अगार मिलाया जाता है, फिर मिक्स्चर में पानी डाला जाता है ताकि ठीक 1 लीटर हो सके। मिक्स्चर भगोने में लौटा दिया जाता है। घोल को गरम किया जाता है और तब तक हिलाया जाता है जब तक कि अगार पिघल न जाए। फिर गर्म घोल को नीचे से लगभग 2.5 सेमी तक भरने वाली साफ सपाट बोतलों में डाला जाता है। स्टॉक संस्कृतियों के लिए टेस्ट ट्यूब का उपयोग करते समय, वे तरल अगार कम से कम 10 मिलीलीटर से भरे होते हैं। बोतलों या टेस्ट ट्यूब को कॉटन प्लग से प्लग किया जाता है। जब पेट्री डिश उपलब्ध होती है और माइसेलियल कॉलोनियों के उत्पादन के लिए उपयोग की जाती है, तो घोल को तल पर एक परत बनाने के लिए डाला जा सकता है।

4.7.2. एक रेडीमेड MEA (माल्ट एक्सट्रेक्ट एगर) पाउडर

पाउडर भी व्यावसायिक रूप से उपलब्ध है। अनुशंसित मात्रा में पाउडर (20 ग्राम) को 1 लीटर पानी में मिलाया जाता है, फिर पिघलाया जाता है और निष्फल किया जाता है। पीडीए और एमईए दोनों के लिए तेजी से मायसेलियल विकास के लिए एक प्रतिशत पेप्टोन या 0.5% खमीर मिलाया जा सकता है।

4.7.3. माल्ट का अर्क

अगर पानी 1000 मिली, माल्ट का अर्क 25 ग्राम, पेप्टोन 5 ग्राम, अगार 20 ग्राम, पीएच 7.0–7.5 होना चाहिए। 1000 मिलीलीटर आसुत जल में प्रत्येक घटक की तौली हुई मात्रा का मिश्रण। अगार के पूर्ण मिश्रण तक रुक-रुक कर हिलाते हुए लगातार गर्म करें। ट्यूबों में माध्यम डालना या Erlenmeyer फ्लास्क के बाद गैर-शोषक कपास के साथ प्लगिंग करना। 15-20 मिनट के लिए 121°C या 15 p.s.i पर बंध्याकरण करना। ट्यूबों वाले स्थिर गर्म माध्यम को तिरछा करना। निष्फल पेट्रीडिश में तिरछी तैयारी या माध्यम डालने की स्थिति का पालन करना कमरे के तापमान पर ठंडा करके।

4.8. मजबूत स्पॉन का विकास

एक माध्यम जिसके माध्यम से एक फलने वाली संस्कृति का माइसेलियम विकसित हुआ है और जो मशरूम की खेती में सब्सट्रेट के लिए बीज के इनोकुलम के रूप में कार्य करता है उसे मशरूम स्पॉन कहा जाता है। संतोषजनक फसल प्राप्त करने में विफलता का पता अक्सर उपयोग किए गए असंतोषजनक स्पॉन से लगाया जा सकता है। स्पॉन सब्सट्रेट की प्रकृति पर भी विचार किया जाना चाहिए क्योंकि यह स्पॉन माध्यम में वृद्धि की गति के साथ-साथ माइसेलियल वृद्धि की दर और इनोक्यूलेशन के बाद बेड भरने को प्रभावित करता है।

4.9. मशरूम स्पॉन तैयारी

स्पॉन शब्द एक पुरानी फ्रांसीसी क्रिया, एस्पैन्ड्रे से लिया गया है, जिसका अर्थ है फैलाना या विस्तार करना। यह लैटिन से भी लिया गया था, विस्तारक, जिसका अर्थ है फैलाना। मशरूम उद्योग में, स्पॉन एक सब्सट्रेट

है जिसमें एक मशरूम माइसेलियम संसेचित और विकसित होता है, और जिसका उपयोग मशरूम उत्पादन के लिए प्रसार में बीज के रूप में किया जाएगा। स्पॉन बनाने में प्रगति के साथ-साथ, स्पॉनिंग के तरीकों को भी लगातार विकसित और सुधार किया गया है, जिससे मशरूम माइसेलियम को खाद के माध्यम से और अधिक तेजी से विकसित करना संभव हो गया है।

4.9.1. स्पॉन सबस्ट्रेट्स

उपलब्ध कचरे का प्रकार एक क्षेत्र से दूसरे क्षेत्र में भिन्न होता है। इनमें से कुछ कचरे में कटा हुआ चावल का भूसा, चूरा, जलकुंभी के पत्ते, इस्तेमाल की गई चाय की पत्तियां, कपास के कचरे और कमल के बीज की भूसी हैं। अधिकांश प्रयोगशालाओं में, अनाज (गेहूँ, राई या ज्वार) का उपयोग मदर स्पॉन के रूप में किया जाता है, और कृषि अपशिष्ट को रोपण स्पॉन सब्सट्रेट के रूप में उपयोग किया जाता है। मदर स्पॉन का उपयोग अंतिम स्पॉन कंटेनर को टीका लगाने के लिए किया जाता है जिसमें रोपण स्पॉन का उत्पादन किया जाएगा। रोपण स्पॉन का उपयोग मशरूम की खेती के खाद/सब्सट्रेट को फलने/मशरूम उत्पादन के लिए टीका लगाने के लिए किया जाता है।

4.9.2. मदर स्पॉन तैयार करना

यहां गेहूँ के दानों को उदाहरण के तौर पर इस्तेमाल करते हुए 2 घंटे या रात भर के लिए पानी में भिगोया जाता है। मृत बीज या जो बीज पानी पर तैरते हैं उन्हें सावधानीपूर्वक हटा देना चाहिए। फिर अनाज को फिर से धोया जाता है और पानी में कम से कम 10 से 15 मिनट तक उबाला जाता है जब तक कि वे फैल न जाएं लेकिन पूरी तरह से टूट न जाएं। अनाज को सूखा कर ठंडा होने दिया जाता है। अवक्षेपित चाक (गीले आधार 121 पर 1.5%) अनाज में मिलाया जाता है। फिर अनाज को 2/3 भरी हुई बोतलों में शिथिल रूप से पैक किया जाता है। इन्हें रूई से प्लग किया जाता है या डबल-लेयर्ड एल्युमिनियम फॉयल से ढका जाता है। अनाज को प्रेशर कुकर में कम से कम एक घंटे के लिए 121°C पर वैकल्पिक रूप से निष्फल कर दिया जाता है; उन्हें एक बड़े कास्ट-आयरन पुलाव में 3 से 4 घंटे तक स्टीम किया जाता है। फिर इनोक्यूलेशन से पहले बोतलों को ठंडा किया जाता है।

4.9.3. स्पॉन रोपण की तैयारी

यहां हम प्लुरोटस साजोर-काजू रोपण स्पॉन के लिए एक उदाहरण के रूप में चावल के भूसे या जलकुंभी के पत्तों का उपयोग करेंगे। चावल के भूसे (या जलकुंभी के पत्ते) को लगभग 2 से 3 सेमी (1 इंच) लंबे टुकड़ों में काटा जाता है, फिर 4-12 घंटे के लिए पानी में भिगोया जाता है। अतिरिक्त पानी को निकाल दिया जाता है और पुआल के टुकड़ों को पानी में 1% सुक्रोज, 1.5% चाक और 2% गेहूँ/चावल की भूसी के घोल में मिलाया जाता है। अंतिम नमी सामग्री को लगभग 60% तक समायोजित किया जाना है। फिर मिश्रण को कांच की बोतलों या प्लास्टिक की थैलियों में डाल दिया जाता है और मदर स्पॉन के साथ टीका लगाने से पहले 121°C पर कम से कम एक घंटे के लिए निष्फल कर दिया जाता है। शुद्ध कल्चर (स्टार्टर) की एक टेस्ट ट्यूब स्टॉक कल्चर के चरणों के माध्यम से 1,200 वाणिज्यिक रोपण स्पॉन तैयार कर सकती है। इस प्रक्रिया को संस्कृतियों का गुणन कहा जाता है।

4.9.4. स्पॉन बनाने के लिए टिप्पणियां

ऑटोक्लेव्ड सब्सट्रेट को स्पॉन उत्पादन के लिए तभी उचित ठहराया जा सकता है जब इसे ठीक से किया जाए। अन्यथा प्रदूषण से होने वाले नुकसान से ऊर्जा और धन की बर्बादी होगी। आरा धूल, पुआल, कपास के बीज के पतवार आदि जैसे सब्सट्रेट गीले नहीं होने चाहिए (यदि पानी तल पर खड़ा है, तो मायसेलिया प्रवेश नहीं करेगा)। पानी जो कोशिका बलों द्वारा धारण किया जाता है, वाष्प के दबाव को उतनी आसानी से उत्पन्न नहीं करेगा, जितना कि खड़े पानी में होता है। यदि स्पॉन के कंटेनर को कसकर सील कर दिया जाता है, तो हवा बाहर नहीं निकल सकती है, और भाप ठीक से प्रवेश नहीं कर सकती है। इस प्रकार ऑटोक्लेविंग अपूर्ण है। उचित बंध्याकरण के बाद अंदर के सभी कीटाणु मर जाते हैं। बहुत साफ कॉटन स्टॉपर्स का उपयोग करके बाहर से मोल्ड्स के प्रवेश को रोके, कॉटन स्टॉपर और सब्सट्रेट की निचली सतह के बीच कम से कम 3-4 सेंटीमीटर खाली जगह छोड़ दें। स्टॉपर के चारों ओर कंटेनर की दीवारों को खराब होने से बचाना, और स्टॉपर और सब्सट्रेट के बीच सतह; ऑटोक्लेविंग के दौरान कॉटन प्लग को गीला होने से रोकना (एल्यूमीनियम-फॉइल के साथ ढीले ढंग से कवर करें, ताकि कंटेनर के बाहर कम से कम 3 सेमी गहराई से सुरक्षित रहे); और कंटेनरों के बाहर को साफ रखते हुए, जहां एल्युमिनियम-फॉयल पहुंचता है। बिना हवा के (दरवाजे और खिड़कियां बंद) कमरे में साफ परिस्थितियों में इन्ओकुलेट करें। एक कीटाणुनाशक से मेज को साफ करें, अपने हाथों को साबुन से अच्छी तरह धोएं, एक साफ तौलिये से सुखाएं और उन्हें कीटाणुरहित करें। कंटेनर को आटोक्लेव से सीधे साफ कमरे में स्थानांतरित करें। यदि आटोक्लेव से टीका लगाने के स्थान तक का सफर लंबा है, तो उन्हें ताजे धुले और लोहे के तौलिये से ढक दें; टीकाकरण के दौरान कंटेनरों को ऐसी स्थिति में रखें जो संदूषण के जोखिम को कम करे; केवल टीकाकरण के लिए शुद्ध कल्चर स्पॉन का उपयोग करें (यह किसी अन्य स्पॉन बैच से हो सकता है); और टीका लगाने के बाद छेद को एल्युमिनियम फॉयल से ढक दें और कन्टेनर में रख दें। स्पॉन को पहले दिनों में इष्टतम विकास स्थितियों के तहत रखें। स्पॉन जिसकी जरूरत नहीं है, इनोक्यूलेशन के लिए उपयुक्त परिस्थितियों में फलों के शरीर के उत्पादन के लिए इस्तेमाल किया जा सकता है।

4.10. मशरूम स्पॉन हैंडलिंग

4.10.1. स्पॉन गुणवत्ता का रखरखाव

मशरूम स्पॉन, चाहे वह एक पारिवारिक घरेलू परियोजना के रूप में तैयार किया गया हो या आधुनिक उपकरणों का उपयोग करके औद्योगिक पैमाने पर, उत्पादकों को वितरित करते समय उत्कृष्ट स्थिति में होना चाहिए। अधिकांश मशरूम के स्पॉन को रेफ्रिजरेट किया जा सकता है, लेकिन इसे इनोकुलम के रूप में या रोपण स्पॉन के रूप में उपयोग करने से पहले इसे सामान्य कमरे के तापमान तक गर्म किया जाना चाहिए। रोपण स्पॉन की जोरदार वृद्धि अच्छी वृद्धि और उपज के लिए एक पूर्वापेक्षा है। यदि स्पॉन जोरदार नहीं है, तो प्रतिस्पर्धी जीवों द्वारा मशरूम मायसेलियम को उखाड़ फेंका जाएगा। यदि यह जोरदार है तो यह कई प्रतिस्पर्धी जीवों को मात देगा और अधिक मशरूम का उत्पादन करेगा। स्पॉन खरीदते समय, स्पॉन निर्माता से पूछें कि बोने से पहले स्पॉन को कितने समय तक रखा जा सकता है। पुराना स्पॉन स्वीकार्य नहीं है क्योंकि इसकी ताकत कम हो गई होगी। खरीदारों या उपयोगकर्ताओं को स्पॉन की समाप्ति तिथि पता होनी चाहिए।

4.10.2. स्पॉन मात्रा

उपयोग किए गए स्पॉन की मात्रा सीधे उपज को प्रभावित नहीं करती है। हालांकि, अधिक स्पॉन का उपयोग रोपण सब्सट्रेट में मौजूद प्रतिस्पर्धी जीवों के प्रभाव को कम कर सकता है। जितनी अधिक मात्रा में स्पॉन का उपयोग किया जाएगा, उतनी ही तेजी से यह सब्सट्रेट को उपनिवेशित करेगा। नतीजतन, प्रतिस्पर्धियों की वृद्धि बाधित होती है, और उपज नियमित होगी और इस प्रतियोगिता से प्रभावित नहीं होगी। 2–4% स्पॉन को स्पॉनिंग सब्सट्रेट में टीका लगाने का सुझाव दिया गया है। एक बार कंटेनर खोलने के बाद, स्पॉन का पूरी तरह से उपयोग किया जाना चाहिए। हालांकि, अप्रयुक्त और खोली गई बोतलों या स्पॉन के बैग को 2 से 6 दिनों के लिए रेफ्रिजरेटर में रखा जा सकता है, जब तक कि भंडारण के दौरान वे दूषित न हों (यानी, सतह पर कोई अवांछित कवक नहीं बढ़ रहे हों)।

4.10.3. व्यावसायिक स्पॉन आपूर्ति पर नोट्स

जब छोटे पैमाने पर मशरूम उगाते हैं, तो स्पॉन तैयार करना आवश्यक नहीं होता है। छोटे उत्पादकों को सामग्री प्रदान करने वाले स्पॉन के वाणिज्यिक आपूर्तिकर्ता आमतौर पर उपलब्ध होते हैं। स्पॉन समय से पहले मंगवाना चाहिए ताकि वह सही उम्र का हो। दूषित, पुराने या बिना विकास वाले स्पॉन को कभी भी उत्पादकों को नहीं बेचा जाना चाहिए। स्पॉन निर्माताओं को एक परीक्षण सुविधा बनाए रखनी चाहिए जहां वे उत्पादन विशेषताओं के लिए स्पॉन के प्रत्येक बैच का परीक्षण कर सकें। बिक्री कर्मियों को अपने अंडे का उपयोग करके उत्पादकों का दौरा करना चाहिए ताकि वे पहली बार समस्याओं का निरीक्षण कर सकें। स्पॉन उत्पादन से संबंधित समस्याओं को शीघ्र ठीक किया जाना चाहिए।

4.11. चयनात्मक सब्सट्रेट/खाद तैयार करना

जबकि सभी प्रतिस्पर्धी सूक्ष्म जीवों से मुक्त एक बंध्याकरण हुआ सब्सट्रेट खाद्य मशरूम की खेती के लिए आदर्श माध्यम है, इस तरह की सख्त स्वच्छता वाली प्रणालियां आमतौर पर बड़े पैमाने पर संचालित करने के लिए बहुत महंगी और अव्यवहारिक होती हैं। अन्य सूक्ष्म जीवों के व्यवहारिक बहिष्कार के लिए मशरूम मायसेलियम के विकास को बढ़ावा देने के लिए खाद्य मशरूम की खेती के लिए सब्सट्रेट को सामान्य रूप से पूर्व-उपचार की अलग-अलग डिग्री की आवश्यकता होती है। सब्सट्रेट आवश्यक पोषक तत्वों से भरपूर होना चाहिए जो कि मशरूम के लिए आसानी से उपलब्ध हों, और जहरीले पदार्थों से मुक्त हों जो स्पॉन के विकास को रोकते हैं। नमी सामग्री, पीएच और सब्सट्रेट और आसपास के वातावरण के बीच अच्छा गैसीय आदान-प्रदान महत्वपूर्ण भौतिक कारक हैं, जिन पर विचार किया जाना चाहिए।

4.11.1. मशरूम सब्सट्रेट

मशरूम सब्सट्रेट को केवल एक प्रकार के लिग्नोसेल्यूलोसिक सामग्री के रूप में परिभाषित किया जा सकता है जो मशरूम मायसेलियम के विकास, विकास और फलने का समर्थन करता है। सब्सट्रेट की तैयारी की प्रक्रिया को मोटे तौर पर "कम्पोस्टिंग" कहा जाता है और अंतिम उत्पाद को "कम्पोस्ट" या तैयार सब्सट्रेट कहा जाता है। सब्सट्रेट तैयार करने की प्रक्रिया पिछले दो दशकों में काफी वैज्ञानिक और व्यावहारिक रुचि का विषय रही है। यह ध्यान दिया जाना चाहिए कि विभिन्न प्रकार के मशरूम के लिए अलग-अलग प्रकार या सब्सट्रेट/खाद की आवश्यकता होती है। एगारिकस बिस्पोरस किण्वित खाद पर बढ़ता है, जो परंपरागत

रूप से घोड़े की खाद के साथ मिश्रित गेहूँ के भूसे से विकसित होता है, और इसके लिए उच्च नाइट्रोजन सामग्री की आवश्यकता होती है। गेहूँ के भूसे में लगभग 0.62% नाइट्रोजन होता है, और घोड़े की खाद में लगभग 1.5 से 1.8% नाइट्रोजन होता है। माइसेलियम रनिंग के लिए मशरूम के लिए इष्टतम C : N (कार्बनः नाइट्रोजन) अनुपात लगभग 17 : 1 है। वोल्वेरिएला वोल्वासिया, धान का पुआल मशरूम, लगभग कच्चे या कम खाद वाले पौधों के अवशेषों, जैसे चावल के भूसे और कपास के अपशिष्ट पदार्थों पर उगाया जाता है। इनमें नाइट्रोजन की अलग-अलग मात्रा होती हैः चावल का भूसा 0.58%, कपास का कचरा 0.65 से 1%, और केले के पत्ते 1.71%। यह समझा जाना चाहिए कि वी. वोल्वेसिया कम नाइट्रोजन सामग्री वाले पौधों की सामग्री पर बढ़ने में सक्षम है। इष्टतम C : N अनुपात लगभग 75 से 80:1 है, लेकिन C : N अनुपात 32 से 150:1 तक लगभग उतना ही प्रभावी है। लेंटिनुला एडोड्स और प्लुरोटस एसपीपी ऐसे कवक हैं जो लकड़ी पर उग सकते हैं। इसकी उच्च लिग्निन सामग्री द्वारा प्रतिष्ठित होने के अलावा, लकड़ी को अन्य पौधों की सामग्री से इसकी बहुत कम नाइट्रोजन सामग्री से भी अलग किया जा सकता है। लकड़ी के ऊतकों में 0.03 से 1.0% नाइट्रोजन होता है, जबकि जड़ी-बूटियों के अवशेषों में 0.85 से 1.71% नाइट्रोजन होता है। अधिकांश लकड़ी के ऊतकों में C : N अनुपात 350 से 500:1 के क्रम में होता है।

4.11.2. खाद बनाना

खाद बनाने की प्रक्रिया की जैविक प्रकृति के बारे में कुछ शुरुआती खाद जांचकर्ताओं की अच्छी सराहना हुई। खर्च की गई खाद आगे की जैविक गतिविधियों का समर्थन करने में सक्षम होनी चाहिए, उदाहरण के लिए, खाद्य मशरूम की अन्य प्रजातियों की वृद्धि पशुओं के चारे के रूप में, मिट्टी के कंडीशनर और उर्वरक के रूप में उपयोग करें और बायोरेमेडिएशन में भी।

चित्र 4.3. कम्पोस्टिंग यूनिट

4.11.3. चल रहे मायसेलिया (स्पॉन) की देखभाल

कंपोस्टिंग के बाद, सब्सट्रेट को बिस्तरों में रखा जाता है जहां संभावित प्रतिस्पर्धी सूक्ष्मजीवों को मारने के लिए इसे आमतौर पर भाप द्वारा पास्चुरीकृत किया जाता है। खाद के ठंडा होने के बाद, स्पॉन को बिस्तर की सतह पर प्रसारित किया जा सकता है और फिर अच्छे संपर्क को सुनिश्चित करने के लिए सब्सट्रेट के खिलाफ मजबूती से दबाया जा सकता है, या सब्सट्रेट में 2 से 2.5 सेमी गहरा डाला जा सकता है। स्पॉन रनिंग

वह चरण है जिसके दौरान माइसेलियम स्पॉन से बढ़ता है और सब्सट्रेट में प्रवेश करता है। मशरूम उत्पादन के लिए अच्छी माइसेलियल वृद्धि आवश्यक है।

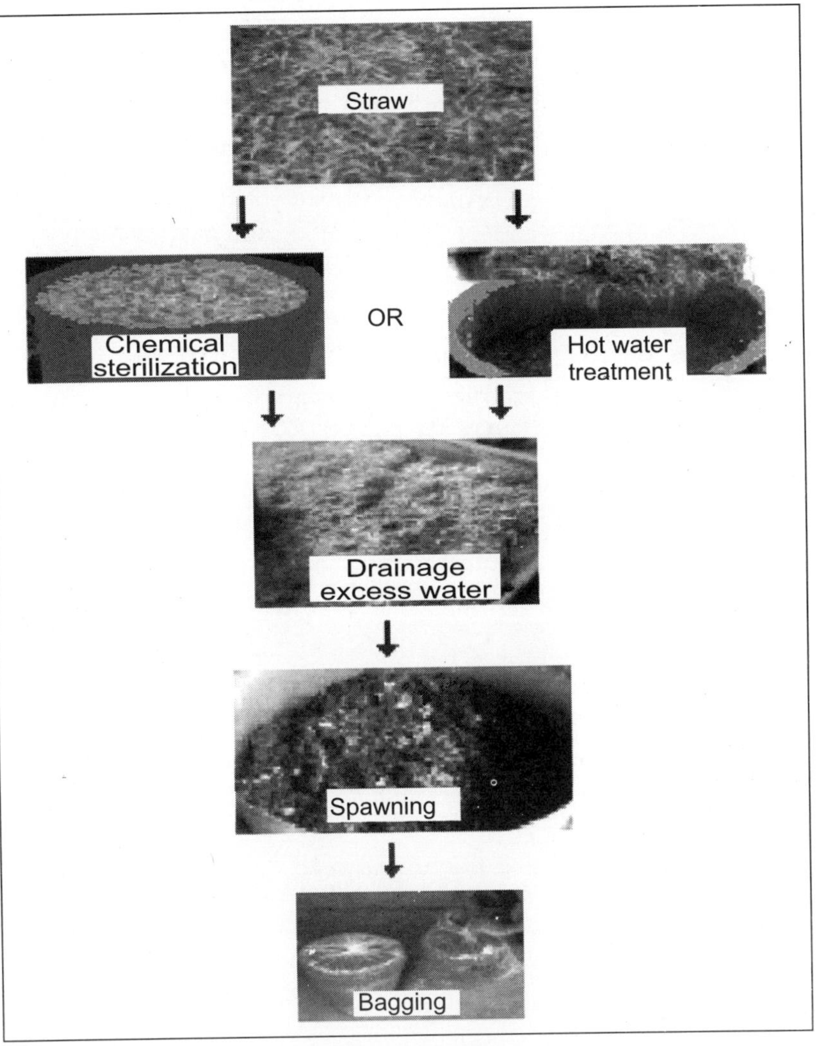

चित्र 4.4. स्पॉन चलाने की प्रक्रिया की देखभाल

4.12. बटन मशरूम

सफेद बटन मशरूम जिसे अगरिकस बिस्पोरस के नाम से जाना जाता है, दुनिया में सबसे लोकप्रिय मशरूम है। मशरूम के विश्व उत्पादन का लगभग 30% केवल बटन मशरूम द्वारा योगदान दिया जाता है। इस मशरूम की खेती के लिए विशेष रूप से तैयार खाद का उपयोग किया जाता है। किण्वन प्रक्रिया के कारण थर्मोफिलिक जीवों द्वारा विघटित कृषि और अन्य कार्बनिक और अकार्बनिक अपशिष्ट रोगाणुओं की परिवर्तन प्रक्रिया के कारण भूसे और अन्य पूरक की खाद से पोषक तत्व मुक्त होते हैं, इन पोषक तत्वों का उपयोग

मशरूम द्वारा सूक्ष्म और मैक्रोन्यूट्रिएंट्स के रूप में किया जाता है। सामग्री में मौजूद नाइट्रोजन सूक्ष्मजीवों द्वारा प्रोटीन में परिवर्तित हो जाता है और यह खाद बनाने की प्रक्रिया के दौरान एक लिग्निन ह्यूमस कॉम्प्लेक्स बनाता है और बाद में इसे मशरूम मायसेलियम द्वारा भोजन के रूप में उपयोग किया जाता है। सब्सट्रेट के कंपोस्टिंग के दौरान विभिन्न रासायनिक और जैविक प्रक्रियाएं पूरी होती हैं। ठीक से तैयार की गई खाद प्रकृति में बहुत ही चयनात्मक है और अन्य प्रतिस्पर्धी जीवों के व्यावहारिक बहिष्कार पर केवल *ए. बिस्पोरस* मायसेलियम ही उस पर उत्पादक रूप से विकसित हो सकता है। फ्रांस में 1650 के आसपास, इस मशरूम की पहली उत्पत्ति और खेती की गई थी, जहां खरबूजे उत्पादकों ने *ए. बिस्पोरस* के इस्तेमाल किए गए खरबूजे की फसल खाद पर सहज उपस्थिति देखी है। विशेष रूप से खाद के क्षेत्र में इस मशरूम की खेती की तकनीक में जबरदस्त प्रगति हुई है। भारत में मशरूम के सफेद बटन की खेती के लिए खाद बनाने की लंबी विधि के रूप में की जाने वाली पारंपरिक विधि का उपयोग किया जाता है। एक त्वरित विधि जिसे रैपिड कम्पोस्टिंग विधि (इनडोर कम्पोस्ट) के रूप में भी जाना जाता है, खाद बनाने की छोटी विधि है। इन विधियों का उपयोग तुलनात्मक रूप से तालिका 4.1 में दर्शाया गया है। इस अध्याय में तीनों प्रक्रियाओं के बारे में विस्तार से बताया गया है। इस सफेद बटन मशरूम (एगरिकस एसपीपी) की सबसे लोकप्रिय प्रजातियों में स्वाद, और उच्च पोषक मूल्य होता है। एक समशीतोष्ण दुनिया भर में इस मशरूम की खेती 10 से 25 डिग्री सेल्सियस तापमान और बीस मिलियन मीट्रिक टन से अधिक के वार्षिक उत्पादन में होती है। इन प्रजातियों की खेती के लिए कंपोस्टिंग जैसे विभिन्न कार्यों के लिए अत्यधिक स्थिर अवसंरचनात्मक सुविधाओं की आवश्यकता होती है; बड़ी दक्षता के साथ स्पॉन बनाने, फसल काटने और कटाई के बाद के तरीके।

4.12.1. प्रजातियां

एगारिकस बिस्पोरस बटन मशरूम की सबसे लोकप्रिय प्रजाति है, क्योंकि पूरी दुनिया में खेती की जाती है। अन्य प्रजातियों में, ए. बिटोरक्विस और ए. ब्रुनेसेंस की खेती भी की जाती है।

4.12.2. आवश्यकताएँ

कंपोस्टिंग यूनिट, पास्चराइजिंग यूनिट, कई स्तरों से सुसज्जित खेती कक्ष रैक, विशेष रूप से तैयार खाद, पॉलीथीन शीट, लोहे के कांटे, गुलाब के डिब्बे, पाइप, अच्छी पानी की आपूर्ति, ड्रम, रसायन और ताजा स्पॉन आदि।

4.12.3. सब्सट्रेट तैयार करना

इसकी खेती विशेष रूप से तैयार कम्पोस्ट पर की जाती है।

4.12.3.1. खाद बनाने की विधियाँ

कंपोस्ट या तो पारंपरिक लंबी विधि से तैयार किया जा सकता है जिसमें आमतौर पर 30 दिन लगते हैं या छोटी विधि से जो 16-20 दिनों में पूरी हो जाती है।

4.12.3.1. (i) खाद बनाने की लंबी विधि

कंपोस्टिंग यार्ड में साफ सीमेंटेड फर्श पर खाद तैयार की जानी चाहिए। कम्पोस्टिंग यार्ड को साफ किया जाना चाहिए और फर्श को 2% फॉर्मेलिन के घोल से धोना चाहिए। गेहूँ का भूसा या उपयोग की जाने वाली कोई अन्य आधार सामग्री फर्श पर 30 सेमी की ऊँचाई तक फैला दी जाती है। पानी का छिड़काव करके

और लोहे के कांटे की मदद से इसे मोड़कर भूसे को अच्छी तरह से गीला कर लें। पूरी तरह से गीले भूसे को 24 घंटे तक ऐसे ही रखा जाता है। चिकन खाद और गेहूँ की भूसी सहित सभी उर्वरकों को एक साथ मिलाया जाता है और उन पर पानी छिड़का जाता है ताकि वे नम हो जाएं। यह मिश्रण नम बोरियों से ढका हुआ है। गेहूँ के भूसे और उर्वरकों को गीला करने की प्रक्रिया को दिन (–) 1 के रूप में जाना जाता है।

दिन 0

इस दिन खाद के मिश्रण को भीगे हुए गेहूँ के भूसे पर फैलाकर कांटे की सहायता से अच्छी तरह मिलाया जाता है। इस मिश्रण को लोहे/लकड़ी के बोर्ड की सहायता से ढेर में बनाया जाता है। ढेर के सूखे बाहरी हिस्सों को गीला करने के लिए नियमित रूप से थोड़ी मात्रा में पानी छिड़का जाता है। ढेर का आयाम 1.5 मीटर × 1.5 मीटर चौड़ाई × लंबाई होनी चाहिए। ढेर की ऊंचाई और चौड़ाई 1.5 मीटर से अधिक नहीं होनी चाहिए अन्यथा उच्च तापमान के कारण ढेर बहुत गर्म हो सकता है, लंबाई की कोई सीमा नहीं है।

तालिका 4.1. खाद बनाने की प्रक्रिया और उनकी विशेषताएं

गुण	लंबी विधि	लघु विधि	इंडोर विधि
खाद तैयार करने के लिए आवश्यक दिन	28–30	16–20	10–12
चयनात्मकता	आंशिक	पूरा	पूरा
औसत उपज (किलो/100 10–15 किलो खाद)	10–15	18–25	20–30
पर्यावरण पर प्रभाव	प्रदूषणकारी	कम प्रदूषणकारी	गैर-प्रदूषणकारी
औसत खाद उत्पादन/टन पुआल	1.75–2.0 टन	2.0–2.5 टन	3.0–3.5 टन
खाद में औसत अंतिम एन%	1.75–2.0	2.0–2.2	2.2–2.5
20 टन आउटपुट कम्पोस्ट के लिए प्रीवेटिंग एरिया	–	60 × 40 फीट	60 × 40 फीट
20 टन उत्पादन कम्पोस्ट के लिए आवश्यक आधारभूत संरचना	घर के बाहर कम्पोस्टिंग यार्ड (60 × 40 फीट)	ढका हुआ कम्पोस्टिंग यार्ड (60 × 40 फीट) + 1 टनल (36 × 9 × 12 फीट)	2 चरण-I बंकर (45 × 10 × 10 फीट + एक चरण-I सुरंग (36 × 9 × 12 फीट)
20 टन कम्पोस्ट आउट के लिए मानव दिवस की आवश्यकता	30–35	20–25	15–20
20 टन उत्पादन खाद के लिए बिजली की आवश्यकता	शून्य	700–900 किलोवाट	800–1000 किलोवाट
आवश्यक कम्पोस्ट हैंडलिंग उपकरण (बड़ा खेत) (> 500TPA)	शून्य	टर्नर, भरना लाइन, हॉपर रेगुलेटर, बॉबकैट्स	भरने की रेखा, हॉपर नियामक, बॉबकैट

दिन 1-5

तापमान की निगरानी शुरू करें। यह 24-48 घंटों के बाद उठना शुरू कर देना चाहिए। स्टैकिंग और केंद्रीय कोर में 65-70 डिग्री सेल्सियस तक पहुंचना चाहिए। यदि मिश्रण की नमी कम हो तो टीन के कैन या रबर के पाइप से पानी का छिड़काव किया जा सकता है। ढेर के नीचे से लीचिंग शुरू होते ही पानी देना बंद कर देना चाहिए। निक्षालित जल को एकत्र कर अगले छिड़काव के लिए उपयोग करना चाहिए।

दिन 6: पहला मोड़

इस दिन स्टैक को पहला मोड़ दिया जाता है। मोड़ने का उद्देश्य यह है कि ढेर के हर हिस्से को आधार सामग्री के उचित अपघटन के लिए समान वातन और पानी मिले। टर्निंग इस तरह से दी जाती है कि स्टैक के प्रत्येक भाग में फेरबदल किया जाता है और ठीक से मिलाया जाता है। ऊपर से लगभग 30 सेमी कम्पोस्ट को हटाकर टर्निंग की जाती है और ढेर के किनारों को अच्छी तरह से मिलाकर हवा में अच्छी तरह से खुला रखना है, इस हिस्से को एक तरफ रख दें। स्टैक के सभी बाहरी किनारों (मध्य भाग) से अगले 30 सेमी खाद को फिर से हटा दिया जाता है और उचित मिश्रण के बाद अलग रखा जाता है। अब ढेर के बचे हुए निचले हिस्से को हटा दें, इन्हें काँटों के साथ मिलाएँ और अलग से रख दें। अब मध्य भाग को नीचे रखते हुए ऊपर बताए गए बोर्डों की सहायता से एक नया ढेर बनाया जाता है। ऊपर और साइड वाले हिस्से को बीच में रखना चाहिए जबकि नीचे का हिस्सा ऊपर और साइड में। ढेर बनाने के दौरान यदि आवश्यक हो तो पानी पिलाया जाता है।

दिन 10: दूसरा मोड़

स्टैक को तोड़ें, पहले मोड़ के लिए संकेत के अनुसार इसे फिर से बनाएं, यदि आवश्यक हो तो पानी डाला जा सकता है। ढेर को तोड़ें और पहले बताए अनुसार मोड़ें। ढेर आगे सिकुड़न दिखाएगा और उच्च तापमान प्रदर्शित करेगा जबकि सामग्री का रंग और गहरा होगा। अमोनिया का उत्पादन अधिक होगा। इसके अलावा, सफेद फ्लेक्स/पाउडरी द्रव्यमान, जिसे आग के नुकीले (एक्टिनोमाइसेट्स) के रूप में जाना जाता है, खाद (अच्छी खाद का संकेतक) में भी दिखाई देगा।

दिन 13: 3डी मोड़

मशरूम पोषण के लिए आवश्यक मात्रा में जिप्सम को फिर से स्थापित करें और जोड़ें।

दिन 16 (चौथा मोड़), दिन 19 (5वां मोड़), दिन 22 (6वां मोड़)

नेमाटोड की जांच के लिए 400 ग्राम कार्बोफ्यूरन (3 जी)/टन पुआल डालें।

दिन 25: 7वां मोड़

कीटनाशक (लिंडेन धूल 5% @ 800 ग्राम/टन पुआल) और फॉर्मेलिन @ 0.5% मिलाएं।

दिन 28: भरने का दिन

ढेर खोलो, अमोनिया की गंध की जांच करो। यदि खाद में अमोनिया की गंध नहीं है और इसके बजाय एक मीठी गंध महसूस होती है, तो खाद स्पॉनिंग के लिए तैयार है। यदि अमोनिया की गंध बनी रहती है तो 2-3 दिनों के बाद अतिरिक्त मोड़ देने की आवश्यकता होती है। आमतौर पर स्पॉनिंग के समय अमोनिया की सांद्रता 8-10 पीपीएम से अधिक नहीं होनी चाहिए। खाद में मौजूद अमोनिया की सही मात्रा को बाजार में उपलब्ध ड्रैगर ट्यूब की मदद से मापा जा सकता है। केवल महक वाली खाद काफी अच्छी होती है, क्योंकि आमतौर पर हम 10 पीपीएम से नीचे अमोनिया की मात्रा को नहीं सूंघ सकते हैं।

अच्छी खाद के गुण

इसका रंग गहरा भूरा होना चाहिए और यह चिकना या चिपचिपा नहीं होना चाहिए। इसमें विशिष्ट मीठी अहानिकर गंध होनी चाहिए। अमोनिया की गंध नहीं होनी चाहिए। इसमें 68–70% नमी होनी चाहिए। कम्पोस्ट का पीएच 7.2–7.8 के बीच होना चाहिए। अन्य अवांछित जीवों की कोई दृश्य वृद्धि नहीं होनी चाहिए। यह कीड़ों और नेमाटोड से मुक्त होना चाहिए। अंतिम खाद में नाइट्रोजन की मात्रा 1.50 से 1.75% के बीच होनी चाहिए।

फॉर्मूलेशन

योगों की रचना का उद्देश्य कार्बन और नाइट्रोजन यौगिकों के बीच संतुलन प्राप्त करना है। स्टेकिंग पर सी : एन अनुपात 25 : 30 : 1 होना चाहिए, जो कंपोस्टिंग खत्म होने के बाद 16 : 1 हो जाना चाहिए। विभिन्न योगों की रचना की जाती है, जिनका प्रयोग कच्चे माल और अनुभवों की उपलब्धता के अनुसार भिन्न-भिन्न स्थानों पर किया जा रहा है।

तालिका 4.2. खाद सामग्री की नाइट्रोजन सामग्री की गणना

सामग्री	ताजा वजन (किलो)	नमी (%)	सूखा भार (किलो)	नाइट्रोजन %	किलो नाइट्रोजन
गेहूँ का भूसा	300	10	270.0	0.40	1.08
गेहूँ का चोकर	15	10	13.5	2.00	0.27
मुर्गी खाद	125	10	112.5	2.60	2.94
यूरिया	5.50	–	5.5	46.00	2.53
कुल			421.5		6.80
					नाइट्रोजन % = 1.61

खाद के सूत्र

क्र.सं.	रचित प्रकार	रचित घटक का नाम	अवयव
1.	गेहूँ का भूसा	गेहूँ के भूसे	1000 किग्रा
		गेहूँ की खाद	50 किलो
		यूरिया	10 किलो
		जिप्सम	100 किलो
		कैल्शियम अमोनियम नाइट्रेट	30 किलो
		सुपर फॉस्फेट	10 किलो
		पोटाश का मुरिएट	10 किलो
		गुड़	16 किलो
2.	घोड़े की खाद	घोड़े की खाद	1000 किग्रा
		गेहूँ के भूसे	350 किग्रा
		यूरिया	40 किग्रा
		जिप्सम	40 किग्रा

3.	गेहूँ के भूसे	गेहूँ के भूसे	1000 किग्रा
		गेहूँ की खाद	50 किग्रा
		पोल्ट्री कूड़े	200 किग्रा
		कैल्शियम अमोनियम नाइट्रेट	20 किग्रा
		सुपर फॉस्फेट	10 किग्रा
		जिप्सम	100 किग्रा
4.	गेहूँ और धान के भूसे की खाद	गेहूँ और धान का भूसा (1:1)	1000 किग्रा
		कैल्शियम अमोनियम नाइट्रेट	20 किग्रा
		गेहूँ का भूसा	80 किग्रा
		जिप्सम	65 किग्रा
5.	गेहूँ या धान के भूसे की खाद	गेहूँ के भूसे	1000 किग्रा
		या धान की भूसी	1325 किग्रा
		कैल्शियम अमोनियम नाइट्रेट	30 किग्रा
		सुपर फॉस्फेट	30 किग्रा
		यूरिया	15 किग्रा
		गेहूँ का भूसा	100 किग्रा
		जिप्सम	40 किग्रा
6.	चिकन खाद	धान की भूसी	1000 किग्रा
		चिकन खाद	500 किग्रा
		भूसे की खाद	40 किग्रा
		गेहूँ की भूसी	30 किग्रा
7.	गेहूँ के भूसे की खाद	गेहूँ का भूसा	1000 किग्रा
		गेहूँ की भूसी	165 किग्रा
		यूरिया	15 किग्रा
		गुड़	40 किग्रा
		जिप्सम	50 किग्रा
		पोटाश का म्यूरेट	7 किग्रा
		कपास बीज भोजन	16 किग्रा
8.	गेहूँ के भूसे की खाद	गेहूँ का भूसा	1000 किग्रा
		गेहूँ की भूसी	165 किग्रा
		यूरिया	20 किग्रा
		गुड़	40 किग्रा
		जिप्सम	50 किग्रा
		पोटाश का म्यूरेट	7 किग्रा
		कपास बीज भोजन	16 किग्रा

9.	गेहूँ के भूसे की खाद	गेहूँ का भूसा	1000 किग्रा
		गेहूँ की भूसी	100 किग्रा
		यूरिया	20 किग्रा
		डाई-अमोनियम फॉस्फेट	20 किग्रा
		पोटाश का मुरिएट	20 किग्रा
		जिप्सम	100 किग्रा
		नीम केक	10 किग्रा
		कैल्शियम कार्बोनेट	10 किग्रा

उपरोक्त सामग्रियों के अलावा, थर्मोफिलिक कवक और/या बैक्टीरिया युक्त स्टार्टर मिक्सर को भी तेजी से अपघटन की सुविधा के लिए 0 दिन पर लागू किया जा सकता है।

4.12.3.1. (ii) खाद बनाने की संक्षिप्त विधि

खाद बनाने की लंबी विधि में कुछ कमियां हैं। इसे बाहरी परिस्थितियों में तैयार किया जाता है जहां स्वच्छता की स्थिति बनाए रखना मुश्किल होता है। लंबी विधि वाली खाद विभिन्न कीटों और रोगों से प्रभावित होने के लिए उत्तरदायी होती है जो अंततः उपज को कम कर देती है। इस पर काबू पाने के लिए कम्पोस्टिंग की लघु विधि विकसित की जाती है जिसमें लगभग 16-20 दिनों में कम्पोस्ट तैयार हो जाता है। खाद बनाने की लघु विधि में मुख्य रूप से दो भाग होते हैं; 10-12 दिनों के लिए बाहरी खाद (चरण-I) के बाद निश्चित परिस्थितियों (चरण-II) के तहत भाप और हवा के मुक्त संचलन द्वारा एक अछूता कमरे के अंदर खाद का पाश्चराइजेशन और कंडीशनिंग (चरण-II)।

कंडीशनिंग/पाश्चराइजेशन का उद्देश्य

यह खाद को तापमान के एक निश्चित सेट पर समान रूप से कंडीशन करता है जिससे यह *ए. बिस्पोरस* के विकास के लिए अधिक चयनात्मक हो जाता है। यह कीड़ों, कीटों और अन्य प्रतिस्पर्धियों को मारता है या निष्क्रिय करता है, जो मौजूद होने पर स्पॉन रन में बाधा उत्पन्न कर सकता है और उपज को कम कर सकता है। यह अमोनिया को माइक्रोबियल प्रोटीन में परिवर्तित कर देता है, जिनमें से अधिकांश अन्यथा खाद बनाने की लंबी विधि में अनुपयोगी हो जाते हैं। यह खाद बनाने के समय को कम करता है। पुआल के प्रति इकाई भार से अधिक खाद का उत्पादन होता है। इससे मशरूम की पैदावार बढ़ती है।

विधि: भारत में कंपोस्टिंग की लघु विधि वर्ष 1977 में शुरू की गई थी। इसे दो चरणों में पूरा किया जाता है।

प्रथम चरण

इस चरण में सभी अवयवों को बाहरी परिस्थितियों में 10-12 दिनों के लिए किण्वन की अनुमति दी जाती है। इससे पुआल का आंशिक अपघटन होता है। मध्य क्षेत्र में गर्मी 70-80 डिग्री सेल्सियस तक उत्पन्न होती है जिसके परिणामस्वरूप कार्बन यौगिकों का कारमेलाइजेशन होता है जो खाद को अलग भूरा रंग देते हैं। बाहरी क्षेत्र में तापमान 50-60 डिग्री सेल्सियस के बीच रहता है जहां थर्मोफिलिक वनस्पतियों की विशाल आबादी विकसित होती है। यह गैर-अपघटित खाद के लिए इनोकुलम के रूप में कार्य करता है।

प्रक्रिया

दिन 4: इस दिन अच्छी तरह से भीगे हुए गेहूँ के भूसे चिकन खाद और शराब बनाने वाले के दाने के साथ प्रारंभिक कम हिस्सेदारी तैयार की जाती है, जिसे अवायवीय बनाने के लिए कड़ी मेहनत से रौंदा जाता है।

दूसरा दिन: स्टैक को तोड़ दिया जाता है और विशेष रूप से सूखे पैच में पर्याप्त पानी डाला जाता है और फिर से एनारोबिक स्टैक बनाया जाता है।

दिन 0: ढेर फिर से टूट गया है। सभी उर्वरक डाले जाते हैं, पानी डाला जाता है भागों को सुखाने के लिए और लकड़ी या लोहे की मदद से एक एरोबिक स्टैक बनाया जाता है लंबी विधि के अनुसार बोर्ड।

दिन 2: 1″ मोड़ दिया जाता है।

दिन 4: दूसरा मोड़।

दिन 6: तीसरा मोड़, जिप्सम डालें।

दिन 8: चौथा मोड़।

दिन 10: पांचवा मोड़।

दिन 12: खाद पाश्चुरीकरण (द्वितीय चरण) के लिए तैयार है। कम्पोस्ट को तोड़ा जाता है और बल्क चेंबर में स्थानांतरित कर दिया जाता है।

दूसरा चरण

इस चरण में खाद को थोक कक्ष में 2.0–2.2 मीटर की ऊंचाई तक भर दिया जाता है और विशेष रूप से निर्मित सुरंग के अंदर थोक में इलाज किया जाता है। तापमान मापने के लिए सुरंग के विभिन्न बिंदुओं पर कई तापमान सेंसर लगाए गए हैं। एक सेंसर को ग्रेटेड फ्लोर के नीचे वेंटिलेशन डक्ट में प्लेनम के नीचे रखा जाता है, दो या तीन को कम्पोस्ट मास के अंदर और दो को हवा के तापमान के लिए कम्पोस्ट के ऊपर रखा जाता है। भरने के तुरंत बाद, सभी दरवाजे बंद कर दिए जाते हैं और 45 डिग्री सेल्सियस के समान तापमान पर खाद को नीचे लाने के लिए ब्लोअर चालू कर दिया जाता है। जब खाद का तापमान 45 डिग्री सेल्सियस तक पहुंच जाता है तो ताजी हवा का परिचय बंद कर दिया जाता है। खाद का तापमान 1.0–2.0 डिग्री सेल्सियस/घंटा बढ़ने लगता है और खाद के पास्चुरीकरण के लिए आवश्यक तापमान (57–58 डिग्री सेल्सियस) 10–12 घंटों में पहुंच सकता है। इस प्रयोजन के लिए कुछ मात्रा में भाप का भी उपयोग किया जा सकता है। पाश्चराइजेशन की यह प्रक्रिया खाद से हानिकारक कीड़े, नेमाटोड और प्रतियोगी मोल्ड को समाप्त करती है और साथ ही साथ खाद में पोषक तत्वों को संरक्षित करती है। पाश्चुरीकरण के बाद ताजी हवा को अपनी 10–20% क्षमता पर खोलकर तापमान को धीरे-धीरे 48–52 डिग्री सेल्सियस तक लाया जाता है। यह तापमान आमतौर पर तब तक बनाए रखा जाता है जब तक कि खाद में अमोनिया (10 पीपीएम से कम) की गंध का पता न चल जाए। इसे चरण के रूप में जाना जाता है। खाद की कंडीशनिंग जो आमतौर पर 3–4 दिनों में पूरी हो जाती है। इस प्रक्रिया के दौरान बहुत सारे थर्मोफिलिक जीव विकसित होते हैं जो खाद की चयनात्मकता के लिए बहुत आवश्यक होते हैं। कंडीशन के बाद सुरंग में ताजी हवा डालकर खाद का तापमान धीरे-धीरे 25–30 डिग्री सेल्सियस तक लाया जाता है और जब यह तापमान पहुंच जाता है तो खाद स्पॉनिंग के लिए तैयार हो जाती है।

4.12.3.2. स्पॉनिंग

स्पॉनिंग की प्रक्रिया या तो 45–50 सेंटीमीटर चौड़ी और 60 सेंटीमीटर लंबी 10 किलोग्राम खाद के साथ या 1.5 से 2.0 मीटर चौड़ाई और उपयुक्त लंबाई 15 से 20 सेंटीमीटर गहराई वाली ट्रे में की जा सकती है। स्पॉन को खाद के 0.7 से 0.8% (w/w) की दर से या तो परतों के रूप में या खाद में मिलाकर लगाया जाता है। बैग में, स्पॉन को दो परतों में लगाया जाता है, जबकि ट्रे में पूरे स्पॉन को एक परत में लगाया जाता है या इसे शीर्ष 5 सेमी खाद में मिलाया जा सकता है। स्पॉनिंग के बाद, बेड को एक समान सतह के लिए धीरे से दबाया जाता है। खाद की पूरी सतह को पेपर शीट से ढक दिया जाता है और फॉर्मेलिन (0.5–1.0%) घोल के साथ हल्का स्प्रे किया जाता है। बाद में चादरों और खाद की सतह को नम रखने के लिए इन चादरों पर नियमित रूप से दिन में 2–3 बार पानी का छिड़काव किया जाता है।

4.12.3.3. स्पॉन रन

स्पॉन रन के दौरान आर्द्रता लगभग 90% और तापमान 23 + 2 डिग्री सेल्सियस के आसपास बनाए रखा जाता है। वांछित आर्द्रता और तापमान को वांछित के रूप में वाटर कूलर या स्टीम एप्लिकेशन के उपयोग से बनाए रखा जा सकता है। कार्बन डाइऑक्साइड सांद्रता को सीमित और एकसमान सूक्ष्म जलवायु के तहत रखने के लिए कमरों में उचित वेंटिलेशन और हवा का संचलन आवश्यक है। स्पॉनिंग के 4 से 5 दिनों के भीतर खाद में माइसेलियम की वृद्धि सफेद रेशमी मायसेलियम के रूप में देखी जा सकती है। अनुकूलतम परिस्थितियों में, स्पॉन रन 12–15 दिनों के भीतर पूरा हो जाता है।

4.12.3.4. फसल प्रबंधन

4.12.3.4.1. आवरण: फलों के शरीर के गठन को शुरू करने के लिए, खाद की सतह को मिट्टी की दोमट से रेतीली मिट्टी की दोमट मिट्टी और अच्छी तरह से सड़ी हुई गोबर की खाद के मिश्रण से ढक दिया जाता है। आवरण मिश्रण में उच्च जल धारण क्षमता, पीएच 7.0 के आसपास, अच्छा सरंध्रता और पोषक तत्व की थोड़ी कमी होनी चाहिए। मिश्रण को ऑटोक्लेविंग के माध्यम से या फॉर्मेलिन (4%) प्लस बाविस्टिन (0.075%) के साथ उपचार द्वारा निष्फल किया जाना चाहिए, 72 घंटे के लिए समाधान। इसका उपयोग इसलिए किया जाता है क्योंकि:

1. यह फल निकायों के विकास और विकास के लिए पानी की आपूर्ति करता है और पोषक तत्वों को नियंत्रित करता है खाद से विकासशील फल निकायों तक पोषक तत्वों का प्रवाह।
2. यह फसल की सतह से पानी को इस तरह वाष्पित कर देता है कि उगने वाले कमरा अधिकतम आर्द्रता प्राप्त करता है।
3. यह खाद की सतह को सूखने से रोकता है और कंबल के रूप में भी कार्य करता है। चयापचय उत्पादों की तेजी से खपत जो बाद में उपयोगी कार्य कर सकते हैं।
4. स्यूडोमोनास समूह से संबंधित कुछ बैक्टीरिया होते हैं, जो फलों के शरीर के निर्माण को प्रेरित करने में महत्वपूर्ण भूमिका निभाते हैं। आवरण मिट्टी इन जीवाणुओं के विकास और गुणन के लिए एक माध्यम प्रदान करती है।
5. यह खाद की तुलना में कम ऑसमॉटिक मूल्य वाला वातावरण प्रदान करता है।
6. आवरण वाली मिट्टी बढ़ते फल निकायों को भौतिक सहायता प्रदान करती है।

4.12.3.4.2. आवरण के बाद देखभालः

1. क्रॉपिंग रूम का तापमान 23 ± 2 डिग्री सेल्सियस पर लगभग एक सप्ताह तक बनाए रखा जाता है ताकि मशरूम मायसेलियम आवरण परत में फैल सके।
2. आवरण मिट्टी को पानी के स्प्रे से नम रखा जाना चाहिए, अगर एक साधारण पैर धुंध के रूप में स्प्रेयर। कमरे में 90% सापेक्षिक आर्द्रता पर, 2-3 बहुत हल्का स्प्रे पर्याप्त हैं।
3. लगभग एक सप्ताह के समय में माइसेलियम आवरण मिट्टी में फैल जाता है।
4. अब वह चरण आता है जब फसल कक्षों और क्यारियों का तापमान होना चाहिए 14-18 डिग्री सेल्सियस और सापेक्ष आर्द्रता 85-90 प्रतिशत के बीच कम हो गई।
5. बिस्तरों पर गीलापन या जल-जमाव से बचने के लिए सावधानी बरतनी चाहिए।
6. फसल के दौरान स्पॉन रन अवधि और आवरण परत में माइसेलियल वृद्धि की तुलना में फसल की वेंटिलेशन आवश्यकता अधिक होती है।

4.12.3.4.3. फसल की देखभाल और कटाईः

1. यदि फसल के दौरान, कार्बन डाइऑक्साइड की सांद्रता 0.15 प्रतिशत से अधिक हो जाती है, तो इस प्रकार उत्पादित मशरूम में असामान्य रूप से लंबे डंठल होंगे।
2. इन सभी स्थितियों को देखते हुए, फल निकायों की शुरुआत के रूप में होती है पिनहेड्स बढ़ने लगते हैं और धीरे-धीरे बटन चरण में विकसित होते हैं, वह चरण जिस पर मशरूम अभी भी करीब है और कटाई के लिए तैयार है।
3. 2.5 से 4 सेमी चौड़ा और बंद टोपियां कटाई के लिए आदर्श हैं
4. कटाई के बाद, फलने वाले पिंडों का बेसल भाग जिसमें आवरण वाली मिट्टी होती है और आगे कपास या मुलायम ब्रश का उपयोग करके साफ किया जाना चाहिए।
5. स्वच्छ और वर्गीकृत फलने वाले निकायों को छिद्रित पॉलिथीन में पैक किया जाना चाहिए। बैग और 5 डिग्री सेल्सियस पर विपणन या उपभोग तक संग्रहीत।
6. एक अच्छी फसल से 100 किलो खाद से 25-35 किलो फल देने वाले शरीर मिल सकते हैं।

चित्र 4.5. बटन मशरूम की खेती के विभिन्न चरण (*एगरिकस बिस्पोरस*)

4.12.3.4.4. *एगारिकस बाइस्पोरस* उगाने के लिए फ्लो शीट:

सब्सट्रेट: उपयुक्त विधि और सूत्र से तैयार खाद
(क्रमबद्ध विधि–17–18 दिन/लंबी विधि–30–32 दिन)

↓

उत्पन्न करने वाला
(अच्छी तरह से तैयार खाद का 0.7 से 0.8%)

↓

स्पॉन रन
(18–25 दिन 20–24 डिग्री सेल्सियस पर और 90% सापेक्षिक आर्द्रता)

↓

झलार
(पूरा स्पॉन रन के बाद)

↓

पिनिंग
(14–18 डिग्री सेल्सियस और 90% सापेक्ष आर्द्रता पर आवरण के बाद 15–15 दिन)

↓

फलने वाले शरीरों का निर्माण
(14–18 डिग्री सेल्सियस और 90% सापेक्ष आर्द्रता पर पिन करने के बाद 5–7 दिन)

↓

फसल काटने वाले
(स्पॉनिंग के 40–50 दिन बाद, पानी के छिड़काव से पहले)

↓

सफाई और पैकिंग
(फलने वाले शरीर को कम से कम शारीरिक चोट के साथ)

↓

भंडारण और विपणन
(अधिकतम 4 से 5 डिग्री सेल्सियस पर 7 दिन)

चित्र 4.6. *एगारिकस बिस्पोरस* उगाने के लिए विभिन्न चरणों की फ्लो शीट

4.13. सीप मशरूम

ऑयस्टर मशरूम को आमतौर पर उत्तरी भारत में 'ढींगरी' के रूप में जाना जाता है, एक लिग्नोसेलुलोलिटिक कवक है जो समशीतोष्ण और उष्णकटिबंधीय जंगल में मृत और सड़ने वाले लकड़ी के लॉग पर या कभी-कभी पर्णपाती या शंकुधारी लकड़ी के सूखने पर स्वाभाविक रूप से बढ़ता है। यह किसी भी प्रकार के कृषि या वन कचरे को नीचा दिखा सकता है जिसमें लिग्निन, सेल्युलोज और हेमिकेलुलोज शामिल हैं। इस मशरूम के फलने वाले शरीर प्रजातियों के आधार पर सफेद, क्रीम, ग्रे, पीले, गुलाबी या हल्के भूरे रंग के विभिन्न रंगों के साथ विशिष्ट रूप से खोल, पंखे या रंग के होते हैं। प्लुरोटस नाम की उत्पत्ति ग्रीक शब्द से हुई है, 'प्लुरो' का अर्थ है डंठल या तने की पार्श्व या पार्श्व स्थिति।

4.13.1. प्लुरोटस की प्रजातियाँ

प्लुरोटस फ्लोरिडाः यह अच्छी जैविक दक्षता के साथ चमकीले सफेद रंग के फलने वाले शरीर का उत्पादन करता है जो 60-80 प्रतिशत से भिन्न होता है।

प्लुरोटस साजोर-काजूः इसमें भूरे या भूसे रंग के फलने वाले शरीर अलग-अलग उत्पन्न होते हैं इसकी 50-75% जैविक दक्षता है।

प्लुरोटस फ्लैबेलेटसः यह पी फ्लोरिडा के रंग के समान है।

प्लुरोटसः यह गुलाबी रंग का होता है और मानसून के दौरान इसे बहुत अच्छी तरह से उगाया जा सकता है।

मौसम विशेष रूप से जब तापमान मध्यम होता है। इसमें अपेक्षाकृत छोटा पाइलस होता है। यह स्वाद में बहुत अच्छी होती है।

4.13.2. आवश्यकताएँ

खेती कक्ष, सब्सट्रेट (पुआल), प्लायथीन शीट, प्लायथीन बैग, ड्रम, रसायन (फॉर्मेल्डिहाइड और बाविस्टिन) या पानी उबालने वाले बर्तन और बर्नर, ताजा स्पॉन, धागा, सुई, टैग, आदि।

4.13.3. सब्सट्रेट तैयारी

सब्सट्रेट ताजा, सूखा, मोल्ड के संक्रमण से मुक्त और ठीक से संग्रहीत होना चाहिए। सबस्ट्रेट्स बारिश के संपर्क में आते हैं और हरे रंग के साथ अपरिपक्व होते हुए काटे जाते हैं क्लोरोफिल पैच मायसेलियम के विकास को रोकते हैं। ऑयस्टर मशरूम गेहूँ के भूसे, धान और रागी, मक्के के डंठल और पत्ते, ज्वार, बाजरा और कपास, गन्ना खोई, जूट और कपास अपशिष्ट, सूखे मकई के गोले, मटर के छिलके, सूखे घास, सूरजमुखी के डंठल सहित कई एग्रोवेस्ट का उपयोग कर सकते हैं। उपयोग किया गया चाय पत्ती का कचरा, बेकार कागज और बटन मशरूम की सिंथेटिक खाद। पेपर मिल कीचड़, कॉफी उपोत्पाद, तंबाकू अपशिष्ट, सेब पोमेस इत्यादि जैसे औद्योगिक कचरे का उपयोग करके भी इसकी खेती की जा सकती है। चूंकि सब्सट्रेट में दूषित पदार्थों के बीजाणु, कीड़ों के अंडे आदि हो सकते हैं, इसलिए स्पॉनिंग से पहले इसका इलाज करना आवश्यक है। निम्नलिखित विधियों में से किसी का उपयोग करके सब्सट्रेट का उपचार किया जा सकता है:

4.13.3.1. भाप पाश्चराइजेशन

इस विधि में पहले से गीले कटे हुए भूसे को लकड़ी की ट्रे या बक्सों में पैक किया जाता है और फिर 2-3 घंटे के लिए 60-80 डिग्री सेल्सियस पर पास्चराइजेशन रूम में रखा जाता है। पाश्चुरीकरण कक्ष के

तापमान को बायलर के माध्यम से भाप की सहायता से नियंत्रित किया जाता है। कमरे के तापमान को ठंडा करने के बाद सब्सट्रेट को स्पॉन के साथ बीज दिया जाता है 65–70% नमी चरण। पूरी प्रक्रिया में 2–3 दिन लगते हैं।

4.13.3.2. गर्म पानी का उपचार

सब्सट्रेट को एक घंटे के लिए 85°C पर गर्म पानी में भिगोया जाता है। जल निकासी/वाष्पीकरण के बाद 70% नमी स्तर पर अतिरिक्त पानी स्पॉन जोड़ा जाता है। गर्म पानी का उपचार कठोर सब्सट्रेट को नरम और माइसेलियम के विकास के लिए अनुकूल बनाता है।

4.13.3.3. रासायनिक बंधयाकरण तकनीक

200 लीटर क्षमता के रस्ट प्रूफ ड्रम में नब्बे लीटर पानी लिया जाता है और दस से बारह किलोग्राम सब्सट्रेट को धीरे-धीरे पानी में डाला जाता है। एक अन्य प्लास्टिक की बाल्टी में 7.5 ग्राम कार्बेन्डाजिम 50% WP और 125 मिली फॉर्मलाडेहाइड (37–40%) को 10 लीटर पानी में घोलकर धीरे-धीरे पहले से भीगे हुए गेहूँ के भूसे पर डाला जाता है। पुआल को दबाया जाता है और पॉलिथीन शीट से ढक दिया जाता है। लगभग 16 घंटे के बाद पुआल को बाहर निकाल लिया जाता है और अतिरिक्त पानी निकल जाता है/वाष्पित हो जाता है और 65–70% नमी अवस्था में स्पॉनिंग की जाती है। कोई भी अपनी इच्छा के अनुसार बड़े टैंकों का उपयोग कर सकता है।

4.13.3.4. भाप बंध्याकरण

ठंडे पानी में भिगोने के बाद सब्सट्रेट को गर्मी प्रतिरोधी पॉलीप्रोपाइलीन बैग में डाल दिया जाता है और 2 घंटे के लिए 120 डिग्री सेल्सियस पर एक आटोक्लेव में निष्फल कर दिया जाता है। कमरे के तापमान को ठंडा करने के बाद सब्सट्रेट को 65–70% नमी अवस्था में स्पॉन के साथ बोया जाता है। यह विधि शोध कार्य की अपेक्षा अधिक उपयुक्त है।

4.13.3.5. किण्वन या खाद

यह विधि सफेद बटन मशरूम के लिए प्रयुक्त खाद तकनीक का एक संशोधन है। यह सबसे उपयुक्त है कपास के डंठल, मक्का के डंठल और फलीदार डंठल जैसे कठोर सब्सट्रेट के लिए, आदि। सब्सट्रेट के एरोबिक और एनारोबिक किण्वन दोनों उपयुक्त हैं। कम्पोस्टिंग एक ढके हुए क्षेत्र या शेड में किया जाना चाहिए। सब्सट्रेट को 5–6 सेंटीमीटर लंबे टुकड़ों में काट लें। सूखे वजन के आधार पर अमोनियम सल्फेट या यूरिया (0.5–1%) और चूना (1%) मिलाएं। नाइट्रोजन उर्वरकों के स्थान पर घोड़े की खाद या चिकन खाद (10%) का भी उपयोग किया जा सकता है। चूना मिलाने से खाद की भौतिक संरचना में सुधार होता है। सभी सामग्री को मिलाने के बाद पानी को पूरी तरह से गीला होने तक छिड़कें। 75–90 सेमी का त्रिकोणीय ढेर तैयार करें लेकिन 1 मीटर से अधिक ऊंचा नहीं। किण्वन के 2 दिनों के बाद, 1% सुपर फॉस्फेट और 0.5% चूना मिलाकर ढेर को मोड़ दिया जाता है। पलटने के 2 दिन बाद खाद तैयार हो जाती है। इसे ऐसे ही पैदा किया जा सकता है या पाश्चराइजेशन के बाद इस्तेमाल किया जा सकता है।

4.13.3.6. सब्सट्रेट पूरकता

अधिकांश सबस्ट्रेट्स में नाइट्रोजन सामग्री 0.5 से 0.8% के बीच होती है और इसलिए पुआल में कार्बनिक नाइट्रोजन को जोड़ने से अधिक उपज प्राप्त करने में मदद मिलती है। कुछ सामान्य पूरक हैं गेहूँ की भूसी,

चावल की भूसी, कपास के बीज का भोजन, सोयाबीन केक, मूंगफली का केक, अमोनियम नाइट्रेट, आदि। गेहूँ की भूसी और चावल की भूसी का उपयोग 10% की दर से किया जाना चाहिए, जबकि कपास के बीज का भोजन, सोयाबीन केक और जमीन नट केक का उपयोग सब्सट्रेट के सूखे वजन के आधार पर @ 3-6% किया जाना चाहिए। सप्लीमेंट्स को 25 पीपीएम बाविस्टिन (25 मिलीग्राम/लीटर पानी) के साथ 14-16 घंटों के लिए उपचारित किया जाना चाहिए। स्पॉनिंग के दौरान सप्लीमेंट्स को स्ट्रॉ के साथ अच्छी तरह मिलाया जाता है। पूरकों को जोड़ने से सब्सट्रेट का तापमान बढ़ जाता है, जो कम तापमान पर अनुकूल प्रभाव डालता है, लेकिन गर्मियों के दौरान नहीं।

4.13.3.7. सब्सट्रेट का स्पॉनिंग

1. ताजा तैयार, 15-20 दिन पुराना दाना स्पॉन अंडे देने के लिए सबसे अच्छा होता है।
2. स्पॉनिंग पूर्व-निष्फल कमरे के अंदर की जानी चाहिए।
3. स्पॉन को 65-70% नमी वाले सब्सट्रेट के गीले वजन के 2 से 3% की दर से मिलाया जाना चाहिए।
4. स्पॉनिंग परतों में किया जा सकता है या सब्सट्रेट के साथ अच्छी तरह मिलाया जा सकता है।
5. 100-125 धुंध की मोटाई के पॉलीथीन बैग का उपयोग किया जाना चाहिए; आकार 40 × 50 सेमी. से 60 × 130 सेमी. तक भिन्न हो सकता है।
6. स्पॉन्ड बेड्स को वेंटिलेशन की अनुमति देने के लिए एक निष्फल सुई से चुभाना चाहिए।

4.13.3.8. स्पॉन रन

स्पॉन्ड बैग्स को इष्टतम बढ़ती परिस्थितियों में सब्सट्रेट के माइसेलियल उपनिवेशण के लिए ऊष्मायन कक्ष में रखा जाता है। हालांकि माइसेलियम 10-30 डिग्री सेल्सियस पर बढ़ सकता है लेकिन इष्टतम तापमान 22-26 डिग्री सेल्सियस के बीच रहता है। बैग बंद होने के बाद से पानी के स्प्रे की कोई आवश्यकता नहीं है।

4.13.3.9. फसल प्रबंधन

1. एक बार जब माइसेलियम सब्सट्रेट को पूरी तरह से उपनिवेशित कर लेता है और गाढ़ा माइसेलियल मेट बन जाता है तो यह फलने के लिए तैयार हो जाता है।
2. इस अवस्था में पॉलिथीन को काटकर धीरे-धीरे और सावधानी से निकालना चाहिए।
3. मोल्ड के साथ दूषित बैग को त्याग दिया जा सकता है, जबकि माइसेलियल ग्रोथ को पूरा करने के लिए पैची मायसेलियल ग्रोथ वाले बैग को कुछ और दिनों के लिए छोड़ दिया जा सकता है।
4. सभी खुले बैगों को लकड़ी के चबूतरे या अलमारियों पर व्यवस्थित किया जाता है, जिसमें दो बिस्तरों के बीच न्यूनतम 15-20 सेमी की दूरी होती है और प्रकाश प्रदान किया जाता है। प्रतिदिन दो से तीन बार नियमित रूप से ताजे पानी का छिड़काव करें।
5. सापेक्षिक आर्द्रता बनाए रखने के लिए, फर्श को हमेशा गीला रखा जाना चाहिए और वेंटिलेशन को कम से कम नियमित किया जाना चाहिए।
6. क्यारियों के खुलने के कुछ दिनों के भीतर, फलने वाले शरीर शुरू हो जाते हैं और अगले कुछ दिनों में तुड़ाई के लिए तैयार हो जाते हैं।
7. यह वांछनीय है कि पानी के छिड़काव से पहले मशरूम की कटाई की जाए।

8. सीप मशरूम स्पॉन रन (2% तक) के दौरान उच्च कार्बन डाइऑक्साइड सांद्रता को सहन कर सकता है जबकि फसल के दौरान यह 0.06% से कम होना चाहिए। इसलिए फ्रक्टिफिकेशन के दौरान पर्याप्त वेंटिलेशन प्रदान किया जाना चाहिए। यदि CO_2 की सघनता अधिक है, तो मशरूम में लंबी धार और छोटा पाइलस होगा।

9. फलने वाले पिंडों की शुरुआत के लिए प्रकाश की आवश्यकता होती है। आदिम गठन के लिए 8–12 घंटों के लिए प्रकाश की आवश्यकता 200 लक्स की तीव्रता है। अपर्याप्त प्रकाश की स्थिति का अंदाजा लंबे डंठल (स्टेप), स्मॉल कैप और खराब उपज से लगाया जा सकता है। पाइलस का रंग प्रकाश की तीव्रता और उसकी अवधि से भी प्रभावित होता है। चमक़ीले प्रकाश में उठाए गए फलों के शरीर गहरे भूरे, भूरे या काले रंग के होते हैं। प्रकाश की तीव्रता 100 लक्स से कम होने पर मशरूम हल्के पीले रंग के होंगे लेकिन शुद्ध सफेद अगर प्रकाश की तीव्रता 10 लक्स से अधिक है।

10. तुड़ाई की सही अवस्था को फलने के आकार और आकार से आंका जा सकता है। युवा मशरूम में टोपी का किनारा मोटा होता है और टोपी का किनारा सीधा होता है जबकि परिपक्व मशरूम की टोपी अंदर की ओर चपटी हो जाती है।

11. सभी मशरूमों को एक बार में एक पलंग से काट लेना चाहिए ताकि मशरूम की अगली फसल जल्दी शुरू होती है।

चित्र 4.7. ऑयस्टर मशरूम की खेती के विभिन्न चरण (प्लुरोटस एसपीपी।)

4.13.3.10. प्लुरोटस एसपीपी उगाने के लिए फ्लो शीट

सब्सट्रेट
(ताजा, कीट और रोग मुक्त गेहूँ या धान की भूसी)

↓

सब्सट्रेट उपचार
(1 घंटे के लिए 85 डिग्री सेल्सियस पर गर्म पानी या 14-16 घंटे के लिए रासायनिक)

↓

धूप में सुखाना
(4-6 घंटे)

↓

उत्पन्न करने वाला
(65-70% नमी पर पुआल के गीले वजन का 2%)

↓

स्पॉन रन
(20-25 दिन 22-26 डिग्री सेल्सियस पर, आर्द्रता 70%)

↓

पॉलीथिन को हटाना
(पूरा स्पॉन रन के बाद)

↓

क्यारियों के खुलने के 4-7 दिन बाद फलदार शरीर बनना
(14-28 डिग्री सेल्सियस, आर्द्रता 80-90%, 10 घंटे के लिए प्रकाश 200 लक्स)

↓

फसल काटने वाले
(पानी के छिड़काव से पहले)

↓

सफाई और पैकिंग/सुखाने
(फलने वाले शरीर को कम से कम शारीरिक चोट के साथ)

↓

भंडारण और विपणन
(4 से 5 डिग्री सेल्सियस पर ताजा)

चित्र 4.8. प्लुरोटस एसपीपी बढ़ने के लिए विभिन्न चरणों की फ्लो शीट।

4.14. धान का पुआल मशरूम

धान का पुआल मशरूम (वोल्वरिएला एसपीपी।) दुनिया में तीसरा सबसे महत्वपूर्ण मशरूम है जिसका वार्षिक उत्पादन 287,000 मीट्रिक टन है। इसे आमतौर पर चीनी मशरूम या उपोष्णकटिबंधीय मशरूम के रूप में जाना जाता है। 1932-35 के आसपास, विदेशी चीनी द्वारा फिलीपींस, मलेशिया और अन्य दक्षिण-पूर्व एशियाई देशों में स्ट्रॉ मशरूम पेश किया गया था। भारत में इसकी खेती पहली बार 1943 के दौरान की गई थी (अहलावत और तिवारी, 2007)।

4.14.1. प्रजातियाँ

वोल्वरिएला की 100 से अधिक प्रजातियां, उप प्रजातियां और किस्में, दुनिया के विभिन्न हिस्सों से रिपोर्ट की गई हैं। भारत में, 13 प्रजातियां दर्ज की गई हैं, लेकिन केवल तीन प्रजातियां *वी. वॉल्वासिया, वी. डिप्लासिया* और *वी. मेबन* खेती के अधीन हैं। इसमें अपेक्षाकृत उच्च तापमान (35 डिग्री सेल्सियस) और उच्च आर्द्रता पर व्यापक रूप से बढ़ने की क्षमता है। 3 सप्ताह की फसल अवधि के साथ स्पॉनिंग से कटाई तक लगभग 8-10 दिन लगते हैं।

4.14.2. आवश्यकताएं

कल्टीवेशन रूम, सब्सट्रेट (धान का भूसा), पॉलीथीन शीट, पॉलीथीन बैग, ड्रम, रसायन (फॉर्मेल्डिहाइड और बाविस्टिन) या पानी उबालने वाले बर्तन और बर्नर, ताजा स्पॉन, धागा, सुई, टैग, आदि।

4.14.3. सब्सट्रेट की तैयारी

यह मशरूम तेजी से बढ़ रहा है, विभिन्न प्रकार के सबस्ट्रेट्स का उपयोग कर रहा है और एक सप्ताह के भीतर अपने वनस्पति चरण को पूरा कर रहा है। विभिन्न प्रकार के सबस्ट्रेट्स का परीक्षण किया गया है लेकिन फिर भी धान की पुआल सब्सट्रेट इसकी कम लागत और भरपूर उपलब्धता के कारण सबसे लोकप्रिय है। पुआल का उपयोग 300 ग्राम (सूखे वजन) के बंडलों के रूप में या इसे काटने के बाद (2-3 सेमी आकार) के रूप में किया जा सकता है। पुआल बंडलों को रासायनिक या गर्म पानी के उपचार (जैसा कि सीप मशरूम के लिए उल्लेख किया गया है) द्वारा निष्फल किया जाता है।

4.14.4. सब्सट्रेट का पूरक

चूंकि, धान की पराली की पोषण स्थिति कम है; कार्बनिक नाइट्रोजन के अतिरिक्त बेहतर वृद्धि और उपज प्राप्त करने के लिए किया जा सकता है। सूखे वजन के आधार पर चना पाउडर (1%), पिसा हुआ चूना पत्थर (2.5%) और चावल की भूसी (5%) को सफल पाया गया है।

4.14.5. स्पॉनिंग

सूखे वजन के आधार पर, पुआल में 65 से 70% नमी की मात्रा पर 1% @% की दर से स्पॉन लगाना चाहिए। बंडलों का उपयोग करके स्पॉनिंग की जा सकती है। बंडल विधि में, बंडलों की प्रत्येक परत पर स्पॉन लगाया जाता है। 100 गेज और 60 × 45 सेमी आकार के पॉलीथिन बैग में भरे हुए कटे हुए पुआल की तीन परतों के बीच दो परतों में स्पॉनिंग भी की जा सकती है।

4.14.6. स्पॉन रन

स्पॉनिंग के बाद, बंडल विधि द्वारा तैयार किए गए बेड को तीन दिनों के लिए एक प्लायथीन शीट से ढक दिया जाता है ताकि बेड में और उसके आसपास उच्च नमी पैदा हो सके, ताकि परिसंचारी हवा के सीधे संपर्क से बचा जा सके और संदूषण से बचाया जा सके। कमरे का तापमान 33 ± 2 डिग्री सेल्सियस और आर्द्रता 80% से ऊपर बनाए रखा जाता है। पूर्ण स्पॉन रन के लिए नियमित निगरानी रखते हुए, स्पॉनिंग के तीन से चार दिन बाद पॉलीथिन शीट को हटा दिया जाता है। पूर्ण स्पॉन रन के बाद कट-स्ट्रॉ बेड को पॉलिथीन कवर को हटाकर खोला जाता है।

4.14.7. फसल प्रबंधन

1. खुली क्यारियों में नियमित रूप से प्रतिदिन दो से तीन बार ताजे पानी का हल्का छिड़काव किया जाता है।
2. कमरे का तापमान 30-35 डिग्री सेल्सियस के बीच होना चाहिए।
3. सापेक्षिक आर्द्रता बनाए रखने के लिए, फर्श को हमेशा गीला रखना चाहिए और वेंटिलेशन को न्यूनतम करने के लिए नियमित किया जाना चाहिए।
4. क्यारियों के खुलने के 3-4 दिनों के भीतर, फलने वाले शरीर शुरू हो जाते हैं और अगले 2-3 दिनों में तुड़ाई के लिए तैयार हो जाते हैं।
5. स्पॉनिंग के 10-11 दिनों के भीतर फल लगना शुरू हो जाता है और तुड़ाई जारी रहती है अगले 15-18 दिनों में तीन फ्लश।
6. तुड़ाई सही अवस्था यानी बंद घूंघट वाली अवस्था में की जानी चाहिए।
7. यह वांछनीय है कि पानी के छिड़काव से पहले मशरूम की कटाई की जाए।

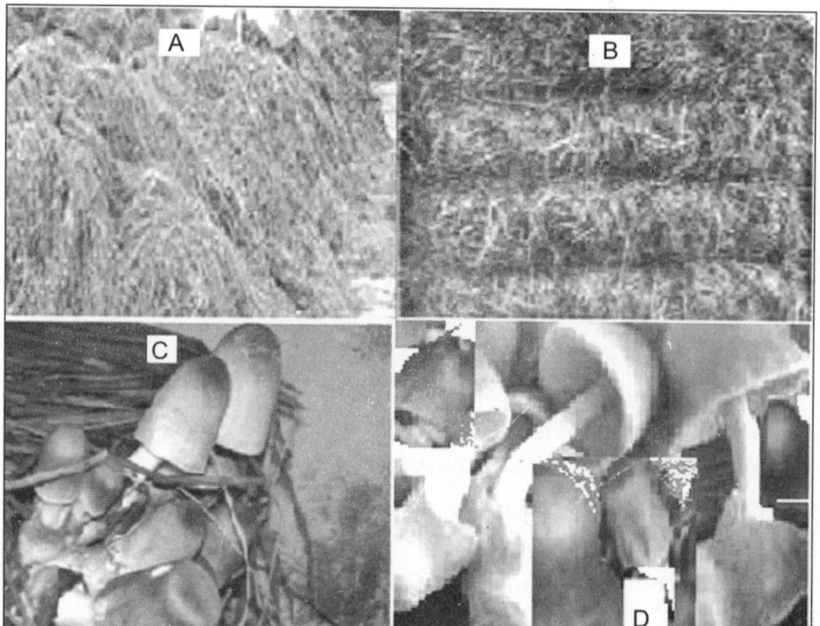

चित्र 4.9. धान की पुआल मशरूम/भारतीय मशरूम की खेती के विभिन्न चरण (*वोल्वरिएला वोल्वेसिया*)

4.14.8. *वोल्वरिएला वोल्वेसिया* उगाने के लिए फ्लो शीट

सब्सट्रेट
(ताजा, कीट–पतंग और रोग मुक्त धान के पुआल के बंडल या कटे हुए)

↓

सब्सट्रेट उपचार
(2 घंटे के लिए 85 डिग्री सेल्सियस पर गर्म पानी या 14–16 घंटे के लिए रासायनिक)

↓

उत्पन्न करने वाला
(65–70% नमी स्तर पर पुआल के सूखे वजन का 1%)

↓

स्पॉन रन
(3–5 दिन 31–35 डिग्री सेल्सियस पर, आर्द्रता 80–90%)

↓

पॉलीथिन कवर हटाना
(पूर्ण स्पॉन रन के बाद 6–7 दिन)

↓

फलने वाले शरीरों का निर्माण
(9–10 दिनों के बाद 30–35 डिग्री सेल्सियस पर, आर्द्रता 80–90%)

↓

फसल काटने वाले
(बंद घूंघट अवस्था में पानी के छिड़काव से पहले)

↓

सफाई और पैकिंग
(फलने वाले शरीर को कम से कम शारीरिक चोट के साथ)

↓

भंडारण और विपणन
(अत्यधिक खराब होने वाले, विपणन में शीघ्रता करें)

चित्र 4.10. *वोल्वरिएला वोल्वेसिया* उगाने के लिए विभिन्न चरणों की फ्लो शीट

4.15. दूधिया मशरूम

दूधिया मशरूम भारत के उष्णकटिबंधीय और उपोष्णकटिबंधीय क्षेत्रों में इसकी आसान खेती तकनीक, उच्च जैविक दक्षता (65–100%) और बेहतर शेल्फ जीवन के कारण अधिक लोकप्रियता प्राप्त कर रहा है। इसमें दूधिया सफेद स्पोरोफोर और स्वादिष्ट स्वाद के साथ बड़े आकार का फल शरीर है। दूधिया मशरूम का पोषक मूल्य अन्य खेती वाले मशरूम के बराबर होता है। सूखे स्पोरोफोर में लगभग 17.0% प्रोटीन, 4.1% वसा, 3.7% कच्चा फाइबर, 60% कार्बोहाइड्रेट, 11.0% नमी, विटामिन और खनिज आदि होते हैं।

4.15.1. प्रजातियाँ

कैलोसाइबे इंडिका इस मशरूम की एकमात्र खेती की जाने वाली प्रजाति है।

4.15.2. आवश्यकताएँ

खेती कक्ष, सब्सट्रेट (गेहूँ/धान का भूसा), आवरण सामग्री (रेतीली मिट्टी, दोमट मिट्टी और अच्छी तरह से सड़ी हुई गोबर की खाद), प्लायथीन शीट, प्लायथीन बैग, ड्रम, रसायन (फॉर्मेल्डिहाइड और बाविस्टिन) या पानी उबालने वाले बर्तन और बर्नर, ताजा स्पॉन, धागा, सुई, टैग, आदि।

4.15.3. सब्सट्रेट की तैयारी

विभिन्न प्रकार के कृषि अपशिष्ट जैसे– इसकी खेती के लिए गेहूँ का भूसा, धान का भूसा, मक्का का भूसा, ज्वार का भूसा, लोबिया का भूसा, बाजरा का भूसा, चावल का आटा, ज्वार का आटा, गेहूँ का चोकर, कयर पिठ, आम के लट्ठे, यूफोरबिया लॉग, गन्ना खोई आदि का उपयोग किया गया है। हालांकि, गेहूँ का भूसा सबसे अच्छा है। सब्सट्रेट में सूक्ष्म जीवों और कीड़ों के कई सक्रिय और निष्क्रिय चरण हो सकते हैं। इसलिए, अवांछनीय जीवों के विकास को रोकना आवश्यक है, जो कि सीप मशरूम के लिए वर्णित तरीके से गर्म पानी या रासायनिक उपचार द्वारा किया जा सकता है। उपचार के बाद, पुआल को पॉलिथीन शीट पर फैला दें या सीधे धूप में साफ निष्फल सीमेंट फर्श पर अतिरिक्त पानी की निकासी के लिए और इसे 60–65% नमी अवस्था तक सूखने के लिए फैलाएं। पुआल को इकट्ठा करें और इसे पूर्व-निष्फल स्पॉनिंग रूम के अंदर ले जाएं।

4.15.4. स्पॉनिंग

स्पॉन को सब्सट्रेट में मिलाकर इसकी दो परतें बिछाकर स्पॉनिंग की जा सकती है। भूसे की तीन परतों के बीच स्पॉन नीचे, बीच और ऊपर की परतों में पुआल का अनुपात 3 : 4 : 2 होना चाहिए। स्पॉन को सब्सट्रेट के गीले वजन के आधार पर @ 4% लगाया जाना चाहिए। स्पॉनिंग 40 × 60 सेमी आकार और 100 गेज मोटाई के पॉलीथीन बैग में किया जाना चाहिए। स्पॉनिंग के बाद बेग को चारों तरफ से दबा देना चाहिए ताकि अतिरिक्त हवा निकल जाए और बेड को कॉम्पैक्ट बना दिया जाए और इसके खुले सिरे को कसकर बांध दिया जाए। स्पॉन्ड बेड से भाप निकलने देने के लिए तैयार बेड को स्टरलाइज्ड सुई से 40–50 बार चुभाना चाहिए।

4.15.5. स्पॉन रन

नियमित निगरानी में स्पॉन रन के लिए तैयार बिस्तर को ऊष्मायन कक्ष में 30–32 डिग्री सेल्सियस पर रखा जाना चाहिए।

4.15.6. फसल प्रबंधन

1. स्पॉनिंग के दस से बारह दिनों के बाद, दोमट से रेतीली मिट्टी, दोमट मिट्टी और अच्छी तरह से सड़ी हुई गोबर की खाद (1 : 1 v/v) का उपयोग करके आवरण मिश्रण तैयार करना चाहिए। मिश्रण को 2 घंटे के लिए 120 डिग्री सेल्सियस पर ऑटोक्लेव करके या 2% फॉर्मलाडेहाइड घोल से गीला करके और 72 घंटे के लिए पॉलिथीन बैग में पैक करके निष्फल किया जाना चाहिए।
2. पूर्ण स्पॉन रन के बाद (माईसेलियम की वृद्धि के साथ पूरा बिस्तर सफेद हो गया) बिस्तर को ऊपर से खोल दिया जाता है और पॉलीथिन के अतिरिक्त हिस्से को बिस्तर के चारों ओर नीचे की ओर मोड़ दिया जाता है या काट दिया जाता है।
3. आवरण 400–500 ग्राम केसिंग मिश्रण के साथ 20% नमी के साथ किया जाता है, द्वारा समान रूप से इसे बिस्तर की पूरी खुली सतह पर फैलाना और उसके बाद एक सौम्य दबाएँ।
4. केसिंग बेड के तुरंत बाद पानी का हल्का छिड़काव करना चाहिए।
5. पूरी तरह से उगाने के लिए पानी का छिड़काव दिन में दो या तीन बार जारी रखना चाहिए। अवधि इस देखभाल के साथ कि आवरण की सतह हमेशा नम रहनी चाहिए, गीली या सूखा नहीं।

चित्र 4.11. दूधिया मशरूम की खेती के विभिन्न चरण (*कैलोसाइबे इंडिका*)

4.15.7. *कैलोसाइबे इंडिका* उगाने के लिए फ्लो शीट

सब्सट्रेट
(ताजा, कीट और रोग मुक्त गेहूँ या कटे हुए धान के भूसे)

↓

सब्सट्रेट उपचार
(1 घंटे के लिए 85 डिग्री सेल्सियस पर गर्म पानी या 14-16 घंटे के लिए रासायनिक)

↓

उत्पन्न करने वाला
(62-65% नमी पर पुआल के गीले वजन का 4%)

↓

स्पॉन रन
(20-25 दिन 28-32 डिग्री सेल्सियस पर, आर्द्रता 80-90%)

↓

पॉलीथिन टॉप और केसिंग खोलना
(पूरा स्पॉन रन के बाद)

↓

पिनहेड दीक्षा
(30-35 डिग्री सेल्सियस पर आवरण के बाद 8-12 दिन, आर्द्रता 80-90%)

↓

फलने वाले निकायों का विकास
(30-35 डिग्री सेल्सियस पर आवरण के बाद 12-16 दिन, आर्द्रता 80-90%)

↓

फसल काटने वाले
(पानी के छिड़काव से पहले)

↓

सफाई और पैकिंग
(फलने वाले शरीर को कम से कम शारीरिक चोट के साथ)

↓

भंडारण और विपणन
(अच्छा शेल्फ जीवन, 15 डिग्री सेल्सियस पर रखें)

चित्र 4.12. बढ़ते कैलोसाइबे इंडिका के लिए विभिन्न चरणों की फ्लो शीट

4.16. ऋषि मशरूम

लगभग 2 बिलियन डॉलर के वर्तमान वैश्विक व्यापार के साथ ऋषि मशरूम फार्माकोलॉजिकल और व्यावसायिक रूप से दुनिया में सबसे महत्वपूर्ण औषधीय मशरूम है; भारत में व्यापार 100 करोड़ रुपये को पार कर गया है। मलेशिया और चीन से आयात के जरिए सालाना 100 करोड़ रुपये को पार करता है। ऋषि में बहुत महत्वपूर्ण औषधीय मूल्यों की अधिकता होने की सूचना है- एंटीकैंसर, एंटी एचआईवी, एंटी हार्ट अटैक (कोलेस्ट्रॉल कम करने के साथ-साथ एंटी-एंजियोजेनिक), हेपाटो- और नेफ्रोटोप्रोटेक्टिव, हाइपोग्लाइसेमिक (एंटी-डायबिटीज), एंटीऑक्सिडेंट, आदि।

हाल ही में मशरूम अनुसंधान निदेशालय, सोलन एवं जी.बी. पंत कृषि एवं प्रौद्योगिकी विश्वविद्यालय, पंतनगर। उद्यमी इस मशरूम का उत्पादन शुरू कर सकते हैं और भरपूर लाभांश प्राप्त कर सकते हैं।

4.16.1. प्रजातियां

इस मशरूम की एकमात्र खेती की जाने वाली प्रजाति गैनोडर्मा ल्यूसिडम है।

4.16.2. आवश्यकताएँ

पर्यावरण नियंत्रित खेती कक्ष, सब्सट्रेट (धूल और गेहूँ का भूसा देखा), प्लायथीन शीट, पॉलीप्रोपाइलीन बैग, ड्रम, पाश्चराइजेशन कक्ष, ताजा स्पॉन, धागा, सुई, टैग इत्यादि।

4.16.3. सब्सट्रेट तैयार करना

ऋषि को पॉलीहाउस में और पर्यावरण नियंत्रित क्रॉपिंग रूम में भी उगाया जा सकता है। चूंकि मशरूम को विशेष रूप से दवा के रूप में उपयोग करने का इरादा है, इसे जैविक रूप से उगाया जाना चाहिए और बीमारियों और कीटों को रोकने के लिए अत्यधिक स्वच्छ परिस्थितियों को बनाए रखना होगा क्योंकि इसे नियंत्रित करने के लिए किसी जहरीले रसायन का उपयोग नहीं किया जाना है। रेशी मुख्य रूप से चौड़े पत्तों वाले पेड़ों (आम, चिनार, नारियल, शीशम) और गेहूँ के भूसे की धूल पर उगाई जाती है। आरा मिलों या गेहूँ के भूसे से प्राप्त चूरा को 20% गेहूँ के चोकर के साथ संशोधित किया जाता है और इसे 65% नमी के स्तर तक गीला कर दिया जाता है। कैल्शियम सल्फेट (जिप्सम) और कैल्शियम 5.5 का pH प्राप्त करने के लिए कार्बोनेट (चाक पाउडर) मिलाया जाता है। मिश्रित सब्सट्रेट को पॉलीप्रोपाइलीन बैग में भर दिया जाता है, जिसके मुंह को फिर गेहूँ के दाने की तरह प्लास्टिक की अंगूठी डालने के बाद कपास से भर दिया जाता है। फिर बैगों को 2 घंटे के लिए 22 पाउंड प्रति इंच स्क्वॉयर पर आटोक्लेव में निष्फल कर दिया जाता है।

4.16.4. स्पॉनिंग

ठंडा होने के बाद, सब्सट्रेट को सूखे वजन के आधार पर गेहूँ के दाने या सॉ डस्ट स्पॉन @ 3.0% के साथ पैदा किया जाता है, क्योंकि यह तुलनात्मक रूप से धीमी गति से बढ़ने वाला कवक है।

4.16.5. स्पॉन-रन

बंद कमरों (उच्च कार्बन डाइऑक्साइड) और अंधेरे में 28-35 डिग्री सेल्सियस पर स्पॉन-रन किया जाता है।

4.16.6. फसल प्रबंधन

1. पूर्ण स्पॉन रन के बाद (बैग सफेद हो जाते हैं, जिसमें लगभग 25 दिन लगते हैं, पॉलीथीन टॉप को सब्सट्रेट के स्तर पर काटा जाता है जो पूरी तरह से ऊपर की तरफ उजागर होता है और फलने या पिनिंग के लिए उचित स्थितियां (अस्थायी 28″ सी, 1500 पीपीएम सीओ 2,800 लक्स लाइट, 95% आरएच) प्रदान की जाती हैं।

2. एक बार पिन में टोपी बनाने के लिए स्पॉन पर्याप्त रूप से बड़ा हो गया है जिसे चित्र द्वारा दर्शाया गया है पिनहेड के सफेद शीर्ष का चपटा होना, आर्द्रता 80% RH तक कम हो जाती है और अधिक ताजी हवा पेश की जाती है (1000 पीपीएम CO_2)।

चित्र 4.13. ऋषि मशरूम की खेती के विभिन्न चरण (*गणोडर्मा ल्यूसिडम*)

3. एक बार कैप पूरी तरह से बन जाने के बाद, जो कैप मार्जिन के पीले होने से संकेत मिलता है (जो अन्यथा सफेद होता है), तापमान 25 डिग्री सेल्सियस तक कम हो जाता है और आरएच आगे होता है। फल के कैप को मोटा करने, लाल होने और पकने के लिए 60% तक घटाया जाता है।

4. पूर्ण परिपक्वता का संकेत दिया जाता है, जब टोपी पूरी तरह से लाल भूरे रंग की होती है और टोपी के शीर्ष पर बीजाणु बहाए जाते हैं।

5. कटाई कसकर तोड़कर, जड़ को एक हाथ से पकड़कर और दूसरे से ऊपर खींचकर की जाती है; कैंची और चाकू का भी उपयोग किया जा सकता है लेकिन कटाई के बाद कोई अवशिष्ट कली नहीं छोड़ी जानी चाहिए।

6. बढ़ने के एक चक्र में 10–15 दिन लगते हैं।

7. पहले फ्लश की कटाई के बाद, पिनिंग की शर्तें फिर से चालू हो जाती हैं (यानी 28 डिग्री सेल्सियस, 95% आरएच, 1500 पीपीएम CO_2, 800 लक्स लाइट) घूरने और पूरा करने के लिए दूसरा फ्लश।
8. स्थितियों के आधार पर, 2–3 फ्लश दिखाई देते हैं और कुल 25% जैविक दक्षता हासिल की जा सकती है (एक किलो सूखे सब्सट्रेट से 250 ग्राम ताजा मशरूम)।
9. एक फसल में लगभग चार महीने लगते हैं।
10. कटे हुए मशरूम को पानी से धोकर कम तापमान पर सुखाया जाता है (<50 डिग्री सेल्सियस) कैबिनेट ड्रायर में, अधिमानतः 35 डिग्री सेल्सियस पर डीह्यूमिडिफाइंग कैबिनेट में सुखाने की मशीन हालांकि, फ्रीज सुखाने के लिए सबसे अच्छा है।
11. रेशी मशरूम में शुष्क पदार्थ बहुत अधिक होता है (45% यानी 1 किलो ताजा से 450 ग्राम सूखा)।

4.16.7. *गनोडर्मा ल्यूसिडम* उगाने के लिए फ्लो शीट

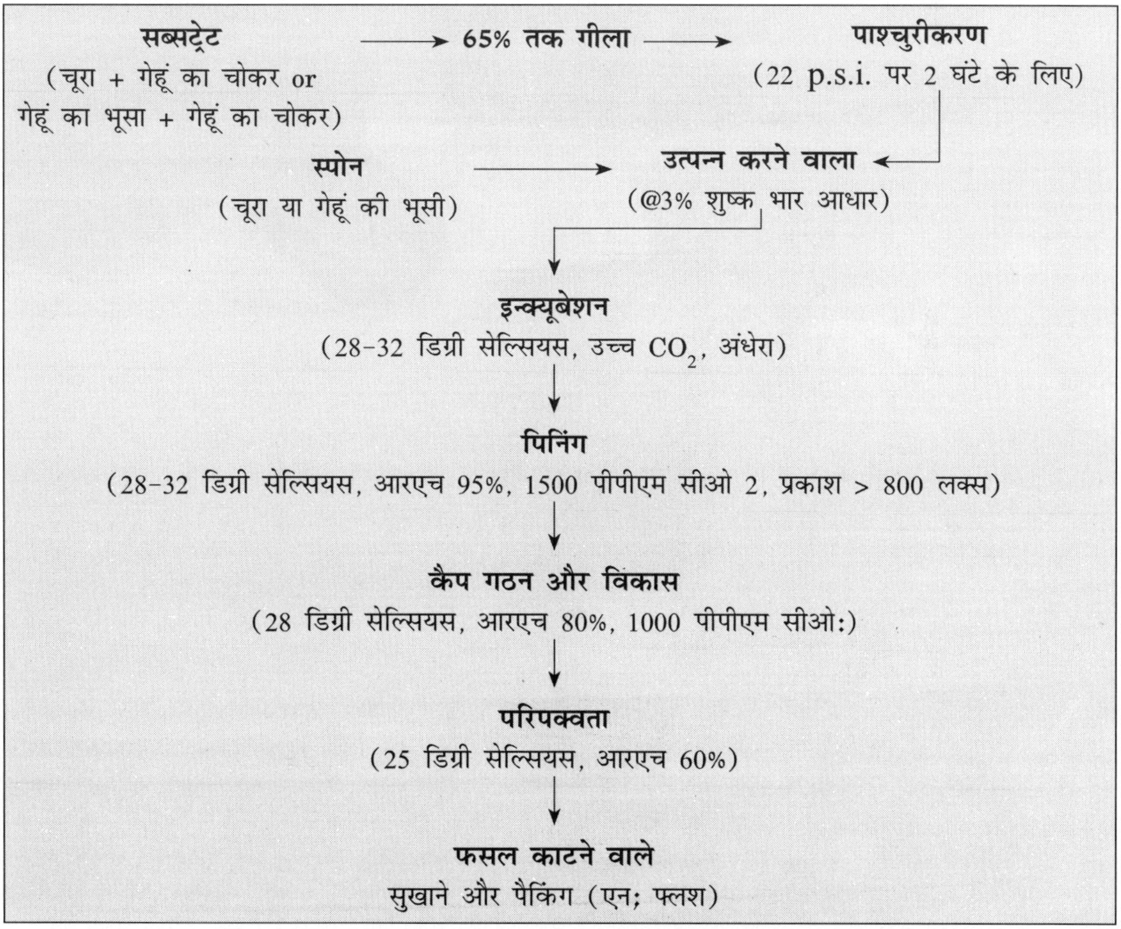

चित्र 4.14. गनोडर्मा ल्यूसिडम उगाने के लिए विभिन्न चरणों की फ्लो शीट

4.17. शीटकेक मशरूम (*लेंटिनुला एडोड्स*)

लेंटिनुला एडोड्स (चीनी में जियांग गु और जापानी में शिताके) की खेती दूसरा सबसे महत्वपूर्ण खेती योग्य खाद्य मशरूम था। इसकी खेती या तो लकड़ी के लट्ठों पर या सिंथेटिक सब्सट्रेट लॉग पर की जा सकती है। इसका जीवन चक्र बेसिडियोस्पोर का अंकुरण शुरू करता है। दो संगतता जर्मिनेटिव मायसेलियम के बीच चयनित संभोग के बाद, *डिकैरियोन मायसेलियम* या फ्रूटिंग कल्चर स्थापित होता है। फ्रूटिंग कल्चर से स्टॉक कल्चर, मदर स्पॉन और व्यावसायिक रूप से प्लांटिंग स्पॉन बनाया जा सकता है। जब स्पॉन को उपयुक्त सब्सट्रेट पर लगाया जाता है, तो अच्छी जलवायु परिस्थितियों में मशरूम के फलने वाले शरीर विकसित होते हैं। *लेंटिनुला एडोड्स* एक प्रकार का वुड रोट फंगस है। प्रकृति में यह मृत पेड़ के तने या स्टंप और अच्छे पोषण मूल्यों पर उगता है। सामान्यतया, सब्सट्रेट में कार्बन-नाइट्रोजन अनुपात वानस्पतिक विकास चरण में 25:1-40:1 की सीमा में होना चाहिए और प्रजनन चरण में 40:1 से 73:1 तक होना चाहिए। यदि प्रजनन चरण में नाइट्रोजन स्रोत बहुत समृद्ध है, तो मशरूम के फलने वाले शरीर आमतौर पर नहीं बनते और विकसित होते हैं।

बीजाणु अंकुरण का इष्टतम तापमान 22-26°C होता है। माइसेलियल ग्रोथ का तापमान 5-35 डिग्री सेल्सियस के बीच होता है, लेकिन इष्टतम तापमान 23-25 डिग्री सेल्सियस होता है। एल. एडोड्स कम तापमान वाले मशरूम से संबंधित है; फलने वाले शरीर के गठन का प्रारंभिक तापमान 10-20 डिग्री सेल्सियस की सीमा में होता है और मशरूम की अधिकांश किस्मों के लिए फलने का इष्टतम तापमान लगभग 15 डिग्री सेल्सियस होता है। कुछ किस्में उच्च तापमान (20-23 डिग्री सेल्सियस) में फल सकती हैं। ये उच्च तापमान वाले मशरूम आमतौर पर तेजी से बढ़ते हैं और इनमें एक बड़ी और पतली टोपी (पाइलस) और एक पतली और लंबी डंठल (स्टेप) होती है। मशरूम बैग/लॉग बनाने में प्रयुक्त सब्सट्रेट का इष्टतम पीएच लगभग 5.0-5.5 है।

4.17.1. कल्चर मीडिया और तैयारी

मशरूम खेती के उद्देश्य के आधार पर, विभिन्न प्रकार के कल्चर मीडिया और विभिन्न अगर फॉर्मूलेशन, प्राकृतिक और सिंथेटिक दोनों पर विकसित हो सकता है। सिंथेटिक मीडिया अक्सर महंगा होता है और तैयारी में समय लगता है; इसलिए वे आमतौर पर नियमित उद्देश्यों के लिए उपयोग नहीं किए जाते हैं। आलू डेक्सट्रोज अगर (पीडीए) मशरूम के मायसेलियम को उगाने का सबसे सरल और सबसे लोकप्रिय माध्यम है। इसे इस प्रकार तैयार किया जाता है:

(ए) सामग्री: कटा हुआ आलू, 200 ग्राम डेक्सट्रोज (सफेद गन्ना चीनी), 20 ग्राम; पाउडर अगर, 20 ग्राम; और आसुत जल, 1 लीटर।

(बी) प्रक्रिया: छिले हुए आलू को धोया जाता है, तौला जाता है और क्यूब्स में काटा जाता है। उन्हें एक पुलाव में कम से कम 1 लीटर पानी के साथ नरम होने तक (15 मिनट) उबाला जाता है। आलू को हटा दिया जाता है और शोरबा में पानी डाला जाता है ताकि ठीक 1 एल. शोरबा को पुलाव में वापस कर दिया जाता है, और डेक्सट्रोज और अगर को जोड़ा जाता है। घोल को गरम किया जाता है और कभी-कभी तब तक हिलाया जाता है जब तक कि अगर पिघल न जाए। फिर गर्म घोल को साफ सपाट बोतलों में डाला जाता है। स्टॉक संस्कृतियों के लिए, टेस्ट ट्यूब कम से कम 10 एमएल तरल अगर समाधान से भरे होते हैं। बोतलों या परखनलियों को रूई से प्लग किया जाता है। जब पेट्री डिश उपलब्ध हो, तो इनका उपयोग मदर स्पॉन के टीकाकरण के लिए माइसेलियल प्लग बनाने के लिए किया जा सकता है। स्पॉन सबस्ट्रेट्स

के लिए विभिन्न सूत्र नीचे वर्णित हैं। **मदर ग्रेन स्पॉन:** (*i*) गेहूँ/राई का दाना + 1.5% जिप्सम या बुझा हुआ चूना। (*ii*) कपास के बीज की पतवार 40%, चूरा 38%, गेहूँ की भूसी 20%, चीनी 1% और जिप्सम 1%। (*iii*) गन्ना खोई 40%, चूरा 38%, गेहूँ की भूसी 20%, चीनी 1% और जिप्सम 1%। **रोपण स्पॉन:** मशरूम रोपण स्पॉन तैयार करने के लिए कई सामग्री, ज्यादातर कृषि और वन अपशिष्ट का उपयोग किया जा सकता है। उदाहरण हैं चूरा 78%, चावल/गेहूँ का चोकर 16%, चीनी 1.5%, मकई का आटा 1.7%, अमोनियम सल्फेट 0.3%, कैल्शियम सुपरफॉस्फेट 0.5%, और जिप्सम 2%, चूरा 64%, गेहूँ की भूसी 15%, कॉफी के मैदान 20%, और जिप्सम/चूना 1%, और चूरा 78%, सुक्रोज 1%, गेहूँ की भूसी 20%, और कैल्शियम कार्बोनेट 1%। एल. एडोड्स मशरूम का उत्पादन कुटीर और व्यावसायिक दोनों स्तरों पर किया जाता है। विभिन्न साधना शैलियों से जुड़े कुछ मुद्दों को नीचे संक्षेप में प्रस्तुत किया गया है:

4.17.2. *लेंटिनुला एडोड्स* की खेती

4.17.2.1. कॉटेज-स्केल

सब्सट्रेट की संरचना के लिए कई सूत्र हैं। सामान्य तौर पर, सूखी सामग्री को हाथ से या एक यांत्रिक मिक्सर के साथ मिलाने के बाद, मिश्रण में पानी मिलाया जाता है ताकि पानी को अवशोषित करने के लिए चूरा की क्षमता के आधार पर सब्सट्रेट की अंतिम नमी 55 से 60% के बीच हो। सामग्री को फिर ऑटोक्लेवबल पॉलीप्रोपाइलीन में पैक किया जाता है। हालांकि वे अधिक महंगे हैं, पॉलीप्रोपाइलीन बैग सबसे लोकप्रिय हैं क्योंकि पॉलीप्रोपाइलीन पॉलीइथाइलीन की तुलना में अधिक स्पष्टता प्रदान करता है। सब्सट्रेट के साथ बैग (1.5-4 किलो गीला वजन) भर जाने के बाद, बैग के अंत को या तो स्ट्रिंग्स द्वारा बंद किया जा सकता है या रूई के डाट के साथ प्लग किया जा सकता है। मशरूम की खेती के लिए सब्सट्रेट की तैयारी है:

चित्र 4.15. शियाटेक मशरूम की खेती के विभिन्न चरण (*लेंटिनस एडोड्स*)

(*i*) चूरा 82%, गेहूँ का चोकर 16%, जिप्सम 1.4%, पोटेशियम फॉस्फेट, डिबासिक 0.2%, और चूना 0.4%, या (*ii*) चूरा 54%, कॉफी के मैदान 30%, गेहूँ की भूसी 15%, और जिप्सम 1%. या (*iii*) चूरा 63%, कॉर्नकोब पाउडर 20%, गेहूँ की भूसी 15%, कैल्शियम सुपरफॉस्फेट 1%, और जिप्सम 1% या (*iv*) चूरा 76%, गेहूँ का चोकर 18%, मक्का पाउडर 2%, जिप्सम 2%, चीनी 12%, कैल्शियम सुपरफॉस्फेट 05% और यूरिया 03% है।

4.17.2.2. वाणिज्यिक-स्केल

सामान्य तौर पर, ऑपरेशन मशरूम उगाने के लिए ओक या चूरा माध्यम का उपयोग कर सकता है। बुनियादी कदम हैं (*i*) चूरा, पूरक और पानी मिलाएं; (*ii*) मिश्रण बैग; (*iii*) बैग को 121°C तक आटोक्लेव करें और बैग को ठंडा करें; (*iv*) थैलियों को टीका लगाना और सील करना; (*v*) चूरा मिश्रण के पूर्ण उपनिवेशीकरण को प्राप्त करने के लिए 90 दिनों के लिए सेते हैं (तैयार फलीभूति के लिए मायसेलियम स्थापित करने की अनुमति देने के लिए); (*vi*) 16–18°C पर 21–दिवसीय चक्र का उपयोग करके 6 बार उपनिवेशित और स्थापित चूरा लॉग/बैग/ब्लॉक फलय और (*vii*) ताजा बाजार के लिए फसल, कोल्ड स्टोर।

4.17.3. लेंटिनस एडोड्स उगाने के लिए फ्लो शीट

सब्सट्रेट → 2 घंटे के लिए बंधयाकरण (22 p.s.i)
चूरा + गेहूं का चोकर

↓

स्पॉन → स्पॉनिंग @ 3% सूखा वजन आधार
चूरा या गेहूं का दाना

↓

ऊष्मायन (25–30 डिग्री सेल्सियस उच्च CO_2 अंधेरा)

↓

पिनिंग (12–25 डिग्री सेल्सियस आरएच 85%, 1500 पीपीएम CO_2 प्रकाश > 800 लक्स)

↓

परिपक्वता (12–25°C आरएच 80%)

↓

फसल काटने वाले

↓

धूप में सुखाना या ओवन में (50–60°C)

चित्र 4.16. *लेंटिनस एडोड्स* उगाने के लिए विभिन्न चरणों की फ्लो शीट

4.18. जायंट मशरूम (*स्ट्रोफारिया रगुसो-एनुलाटा*)

स्ट्रोफारिया या रेड वाइन कैप मशरूम (स्ट्रोफारिया रगोसो-एनुलाटा) पूर्वोत्तर का एक देशी मशरूम है जो प्राकृतिक रूप से बगीचे के बेड, लॉन और जंगल के किनारों में पाया जा सकता है। रेड वाइन कैप मशरूम

परिवार स्ट्रोफारियासी से संबंधित खाद्य मशरूम में से एक है, पोषक रूप से, इस मशरूम में सूखे वजन के आधार पर 22 प्रतिशत प्रोटीन होता है जिसमें प्रति 100 ग्राम सूखे मशरूम में नियासिन होता है।

युवा फलों के शरीर खाए जाते हैं। यह दृढ़ लकड़ी के बिस्तरों में समान रूप से बढ़ता है चिप्स और बगीचे के भीतर भूसे पर, विशेष रूप से मकई की पंक्तियों के बीच और पत्तेदार सब्जियों के बीच। इस प्रक्रिया में, आपका बगीचा इस जायंट मशरूम द्वारा जारी पोषक तत्वों से फलेगा-फूलेगा। ये विशाल, बरगंडी रंग के मशरूम कम रखरखाव वाले होते हैं और तापमान में 40 डिग्री फारेनहाइट और 90 डिग्री फारेनहाइट जितना ऊंचा होता है। एक बार इनोक्यूलेटेड गार्डन जायंट (जिसे किंग स्ट्रोफारिया भी कहा जाता है) के बिस्तरों को फलने में 4-12 महीने लगते हैं। उपनिवेशित सामग्री की देखभाल, स्थान और द्रव्यमान के आधार पर फ्लश की अवधि 6 महीने से 2 वर्ष तक होती है। विकास की विविधता और स्थितियों के आधार पर, परिपक्व स्ट्रोफारिया का पाइलस 5-40 सेमी का व्यास प्राप्त करता है। पाइलस का रंग विविधता और पर्यावरण के तापमान पर निर्भर करता है। युवा फलों के शरीर सफेद होते हैं; वे विशेषता पैपिला ले जाते हैं। कम तापमान पर उठाए गए पुराने फलों के पिल्लों का रंग सफेद रंग का हो जाता है। सबसे पहले, लैमेल्स ग्रे होते हैं, फिर नीले-काले रंग के होते हैं। बीजाणु द्रव्यमान भी नीला-काला होता है। स्टाइप सफेद क्रीम रंग का होता है। इसके आधार पर स्टाइप को मोटा किया जाता है। परिपक्व फल बोडिस में तना खोखला होता है।

4.18.1. बाहरी खेती

बाहरी खेती में, हवा से सुरक्षित गर्म स्थानों में बिस्तर बिछाए जाते हैं। अर्ध-आश्रित स्थानों में बिस्तर लगाना बेहतर है और लगातार छाया से बचना चाहिए क्योंकि यह स्ट्रोफारिया के विकास में बहुत बाधा डालता है।

4.18.1.1. सब्सट्रेट की तैयारी

खेती के लिए इस्तेमाल किया जाने वाला स्ट्रॉ स्ट्रोफारिया ताजा और संदूषण से मुक्त होना चाहिए। यह बहुत महत्वपूर्ण नहीं है कि भूसा लंबा है या भूसे में कटा हुआ है। गहरा, 2-3 साल पुराना पुआल स्ट्रोफारिया की खेती के लिए अनुपयुक्त है क्योंकि सेलूलोज जो मूल पोषक घटकों में से एक है, पहले से ही सूक्ष्मजीवों द्वारा विघटित हो चुका है। सूखे भूसे पर स्ट्रोफारिया का माइसेलियम तेजी से बढ़ता है और इस सब्सट्रेट पर अधिकतम उपज देता है। क्यारियां तैयार करने के लिए सबसे पहले पुआल होना चाहिए इष्टतम नमी सामग्री रेंज 75-80% से है। नमी की मात्रा का आकलन करने के लिए हाथ में निचोड़ा हुआ भूसा उंगलियों के बीच पानी की बूंदों को छोड़ देना चाहिए। नमी के लिए, पुआल को किसी कठोर सतह पर ढेर में व्यवस्थित किया जाता है और दिन में 2-3 बार बारिश सिम्युलेटर या गुलाब के साथ लगे नली से पानी पिलाया जाता है। प्रारंभिक जल सामग्री के अनुसार, पुआल को छह से दस दिनों की अवधि के लिए पानी पिलाया जाता है; हर कली को नम करना जरूरी है। जब अधिक मात्रा में पुआल को पानी पिलाया जा रहा हो, तो ढेर को 2-3 बार पलटना आवश्यक है।

4.18.1.2. बिस्तरों का लेआउट

नम पुआल को बगीचे के फ्रेम में परतों में रखा जाता है और चलने से संकुचित किया जाता है। इस तरह से तैयार क्यारियों की ऊंचाई 25 सेमी होनी चाहिए। बिस्तर 30 सेमी से अधिक गहरा या 20 सेमी से अधिक उथला नहीं होना चाहिए। एक वर्ग मीटर क्यारी तैयार करने के लिए 20-30 किलो सूखा भूसा होना आवश्यक है। एक बार बेड तैयार हो जाने के बाद इसे तुरंत पैदा किया जाना चाहिए।

4.18.1.3. स्पॉनिंग और स्पॉन रन

स्पॉनिंग 5-8 सेमी की गहराई तक की जाती है और रोपण की साइट को नीचे दबाया जाना चाहिए। स्पॉनिंग के बाद बिस्तर की सतह एक समान दिखाई देनी चाहिए। कुछ मामलों में स्पॉन को बिस्तर की सतह पर छिड़का जाता है। ऐसा करने के लिए, पुआल की आखिरी परत को फैलाने से पहले, हथेलियों में उखड़े हुए मायसेलियम को समान रूप से बिस्तर की सतह पर वितरित किया जाना चाहिए और फिर शेष 5-8 सेमी नम पुआल की मोटी परत के साथ कवर किया जाना चाहिए।

स्पॉन रन के दौरान क्यारियों को हवादार नहीं किया जाना चाहिए ताकि सूखने से बचा जा सकें। तापमान के आधार पर, स्पॉन रन तीन से पांच सप्ताह में पूरा हो जाता है। स्पॉन रन पूरा होने के बाद क्यारियों को मिट्टी से ढक देना चाहिए। व्यवहार में, पुआल की ऊपरी परत अत्यधिक शुष्क हो सकती है। फिर इसे उस गहराई तक हटा दिया जाना चाहिए जिस पर माइसेलियम दिखाई देता है और इसी तरह मिट्टी को ढकने के साथ बदल दिया जाता है।

मशरूम की क्यारियों को ढकने के लिए मिट्टी में पानी सोखने की क्षमता होनी चाहिए, ताकि सब्सट्रेट में उत्पन्न कार्बन डाइऑक्साइड और अन्य गैसों को हटाया जा सके। ये गुण ह्यूमस से बने एक सुरक्षात्मक आवरण में पाए जाते हैं, जिसकी संरचना उखड़ी हुई होती है। बिना ह्यूमस मिट्टी या पीट के लागू मिट्टी या रेत उपयुक्त सामग्री नहीं है। शंकुधारी और चौड़ी पत्ती वाले वनों से प्राप्त वन मिट्टी उपयुक्त हैं।

4.18.1.4. फसल

आमतौर पर, फलों के शरीर की स्थापना से पूर्ण परिपक्वता तक 10-12 दिन बीत जाते हैं। नतीजतन, लगातार फसलें एक ही अंतराल पर आती हैं। सबसे प्रचुर मात्रा में पहली और दूसरी फसलें होती हैं। प्राकृतिक परिस्थितियों में फसल अगस्त की शुरुआत में शुरू होती है, यानी, मायसेलिया से रोपण के 7-8 दिनों के बाद, और तब तक चलती है जब तक ठंढे मौसम की शुरुआत। मशरूम को कवरिंग परत या बिस्तर के बाहर खराब कर दिया जाता है (काटा नहीं जाता)। आसपास के क्षेत्र में उगने वाले युवा फल निकायों के आंशिक विनाश के बावजूद उन्हें पाइलस द्वारा दो आंकड़ों के साथ धीरे-धीरे पकड़ा जाना चाहिए। समाप्त होता है स्टाइप्स को अच्छी तरह से साफ या काट दिया जाता है। फलों के शरीर को हटाने के बाद बचे हुए छिद्रों को कवर मिट्टी से भर दिया जाना चाहिए। 80 किलो सब्सट्रेट से लगभग 12 किलो मशरूम का उत्पादन होता है। आम मशरूम की वर्तमान पैदावार 15 किलो/एम^2, स्ट्रोफारिया के साथ परिणाम अत्यधिक आशाजनक हैं।

4.18.2. बैग प्रणाली

4.18.2.1. स्पॉन तैयारी

स्पॉन गेहूँ के दानों/भूसे पर के अनुसार तैयार किया जाता है विधि पहले वर्णन करें।

4.18.2.2. सब्सट्रेट की तैयारी

विभिन्न कृषि अपशिष्ट, जैसे अनाज के पुआल, सन के भूसे, मकई के दाने, गन्ना खोई या तो ऑटोक्लेव या आंशिक रूप से खाद या गर्म पानी से उपचारित (70 डिग्री सेल्सियस पर 15-20 मिनट के लिए) खेती के लिए इस्तेमाल किया जा सकता है विशाल मशरूम (उपाध्याय और सोही, 1989)। सब्सट्रेट होना चाहिए स्पॉनिंग के समय नमी की मात्रा 55-60% होती है।

4.18.2.3. स्पॉनिंग, स्पॉन रन और क्रॉपिंग

प्रीट्रीटेड सब्सट्रेट को किसके साथ पैदा किया जाता है 1% अनाज/पुआल स्पॉन। स्पॉन्ड सब्सट्रेट को पॉलीथीन की थैलियों में भरा जाता है। बैगों को बंद करने के बाद 22-26°C पर क्रॉपिंग रूम में रखा जाता है। स्पॉन रन के दौरान ताजी हवा की जरूरत नहीं होती है। उपयोग किए गए सब्सट्रेट और स्ट्रेन के आधार पर स्पॉन रन 20-30 दिनों के भीतर पूरा हो जाता है। पूर्ण स्पॉन रन केसिंग के बाद या तो अकेले वन लीटर के साथ या काई + एफवाईएम (1:1) के मिश्रण के साथ 2.5 सेमी की आवरण मोटाई के साथ किया जाता है।

4.18.2.4. फलने और कटाई

प्रारंभिक गठन के दौरान इसे एक दिन में 12 घंटे के लिए 16-20°C तापमान, अच्छा वातन, उच्च सापेक्ष आर्द्रता (80-90%) और अप्रत्यक्ष सूर्य के प्रकाश की आवश्यकता होती है। आवरण के बाद विभिन्न सब्सट्रेट पर फलने में 8-50 दिन लगते हैं। फलों का शरीर सामान्य रूप से 10-12 दिनों के भीतर परिपक्व हो जाता है। लोलियम एसपीपी के घास और बीज भूसा जैसे पूरक के अतिरिक्त उपज में वृद्धि हुई है। आंशिक घूंघट खुलने पर मशरूम की कटाई की जाती है। फसल 15-20 दिनों के अंतराल पर तीन से चार बार फ्लश करती रहती है। भूसे पर 275-766 ग्राम/2.5 किलोग्राम सब्सट्रेट तक उपज + 50% लोलियम घास के बीज की भूसी प्राप्त की जा सकती है।

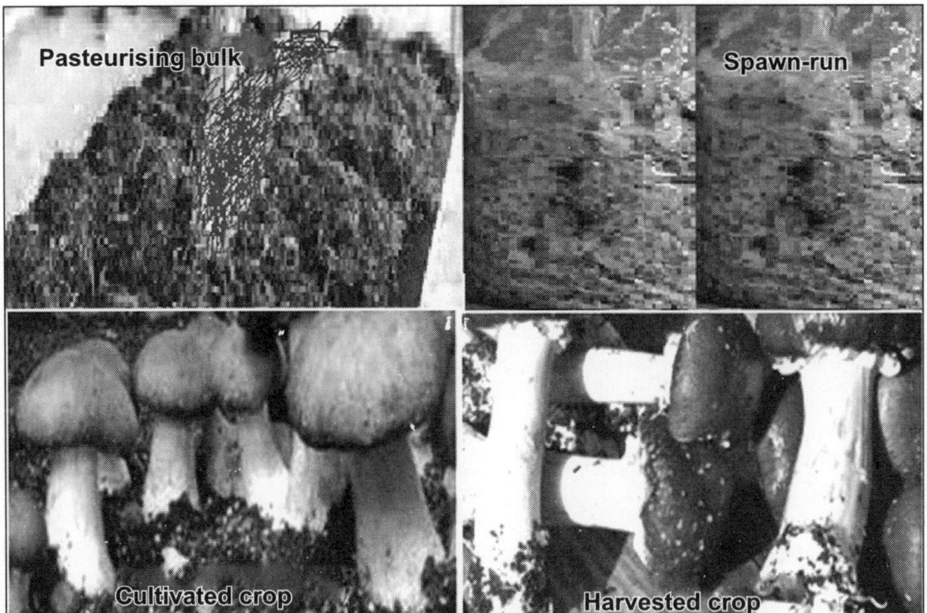

चित्र 4.17. विशालकाय मशरूम की खेती के विभिन्न चरण (*स्ट्रोफरिया रगुसो*)

4.18.3. स्ट्रोफरिया की खेती के लाभ

(1) सरल और सस्ती प्रक्रियाएं; (2) भूसे का उपयोग और भोजन में उसका प्रसंस्करण; (3) विकासशील देशों में इस फसल को उगाने के अवसर; (4) अनुकूल स्वादिष्टता, स्थिरता और उपस्थिति; (5) खाद्य कवक के वर्गीकरण में योगदान; (6) प्रतिकूल पर्यावरणीय परिस्थितियों, रोगों और कीटों के लिए प्रतिरोध।

4.18.4. स्ट्रोफरिया की खेती के नुकसान

(1) अस्थिर पैदावार (3–30 किग्रा/32); (2) गहन वृद्धि (खेती की तुलनात्मक रूप से लंबी अवधि) के लिए उपयुक्त नहीं है; (3) फलों के पिंडों की भंगुरता (पाइलस आसानी से स्टिप से उतर जाता है); (4) खोखली टाँगें; (5) सीमित रखने की गुणवत्ता (बेसडियोकार्प से मायसेलियम का पुनः विकास)।

4.18.5. *स्ट्रोफरिया रगुसो*-एनुलाटा उगाने के लिए फ्लो शीट

आवरण का रिसेप्शन
↓
भंडारण
↓
भरना (खाद का स्वागत)
↓
अंकुरण/ऊष्मायन
↓
झलार
↓
पूर्व फलने/प्रेरण
↓
फसल काटने वाले
↓
प्रेषण (थोक, ट्रे में)
↓
खाली हो रहा है
↓
सफाई और कीटाणुशोधन

चित्र 4.18. *स्ट्रोफरिया रगुसो-एनुलाटा* बढ़ने के लिए विभिन्न चरणों की फ्लो शीट

4.19. ब्लैक ईयर मशरूम (ऑरिकुलरिया पॉलीट्रिचा)

व्यावसायिक रूप से खेती की जाने वाली मुख्य दो प्रजातियाँ जैसे ऑरिकुलेरिया पॉलीट्रिचा और ए. औरिकुला। ए. औरिकुला पतला और हल्के रंग का होता है जबकि ऑरिकुलेरिया पॉलीट्रिचा गहरा, मोटा और लंबे बालों वाला होता है। औरिकुलरिया एसपीपी। पर्णपाती पेड़ों और झाड़ियों की लकड़ी पर उगता है। 90% मामलों में, मशरूम बड़ों पर पाया जाता है, लेकिन इसे अक्सर गलत तरीके से विशेष रूप से बड़े पर बढ़ने के लिए माना जाता है। ए. औरिकुलाका फल शरीर आमतौर पर 3-8 सेंटीमीटर (1.2-3.1 इंच) के पार होता है, लेकिन यह 12 सेंटीमीटर (4.7 इंच) जितना हो सकता है। इस मशरूम में खाना पकाने पर अपनी विशिष्ट कुरकुरापन बनाए रखने का एक विशेष गुण है। इस मशरूम की खेती निम्न प्रकार से की जाती है:

चित्र 4.19. ब्लैक ईयर मशरूम की खेती के विभिन्न चरण (*ऑरिकुलेरिया पॉलीट्रिचा*)

4.19.1. स्पॉन उत्पादन

टिश्यू कल्चर से प्राप्त माइसेलिया का उपयोग अनाज के स्पॉन विकसित करने के लिए किया गया था। स्पॉन उत्पादन के लिए उपयोग किए जाने से पहले अनाज को नरम करने के लिए 4 घंटे के लिए पानी में भिगोया गया था। तोले हुए अनाज और चोकर को हाथ से अच्छी तरह मिला दिया गया। प्रत्येक दाने के निर्माण (300 ग्राम) को उनके पीएच को विनियमित करने के लिए 10 ग्राम $CaCO_3$ पाउडर के साथ मिलाया गया था। अनाज संयोजनों को 500 मिलीलीटर गर्मी प्रतिरोधी कांच की बोतलों या पॉलीप्रोपलीन कवर में डाला गया और 121 डिग्री सेल्सियस पर 1 घंटे के लिए ऑटोक्लेव किया गया। बोतलों को ठंडा होने दिया गया। अगर टुकड़ों को सावधानीपूर्वक तैयार अनाज की ऊपरी सतहों पर स्थानांतरित किया गया। कीटाणुरहित अनाज की बोतलों को नम रूई का उपयोग करके कसकर सुरक्षित किया गया और बाँझ एल्यूमीनियम पन्नी और बोतल के ढक्कन के साथ कवर किया गया। उन्हें 7-20 दिनों के लिए परिवेशी कमरे के तापमान पर अंधेरी बाँझ

अलमारियाँ में रखा गया था, जब तक कि वे मदर स्पॉन प्राप्त करने के लिए पूरी तरह से उपनिवेशित नहीं हो गए, फिर उनका उपयोग धान के अनाज के साथ वाणिज्यिक स्पॉन का उत्पादन करने के लिए किया जाता है, मक्का अनाज और रबड़ की धूल को स्पॉन के लिए सबसे अच्छा सब्सट्रेट था। अनाज में माइसेलियम की फूली वृद्धि के लिए क्रमशः न्यूनतम 16 और 18 दिनों की आवश्यकता होती है। ऐसा इसलिए है क्योंकि पोषक तत्व कवक को सीधे उपलब्ध होते हैं।

4.19.2. खेती की विधि (*ऑरिकुलेरिया पॉलीट्रिचा*)

4.19.2.1. खेती की लॉग विधि

पेड़ों को काटने के बाद, तनों को लॉग में काट दिया जाता है। लट्ठों की लंबाई 30 × 15 सेमी होती है, कटी हुई सतहों के साथ-साथ लट्ठों पर निशानों को लकड़ी-क्षयकारी कवक के हमले को रोकने के लिए बोर्डेक्स मिश्रण के साथ आमतौर पर लिप्त किया जाता है। एक हैंड ड्रिल के साथ 1 सेमी के छेद को बोर करने के बाद औरिकुलरिया के स्पॉन द्वारा लॉग्स को टीका लगाया गया था। इनोक्यूलेटेड लॉग्स को छाल से ढक दिया गया था और फिर पानी को पट्टे पर देकर क्षय से बचने के लिए मोम के साथ लिप्त किया गया था। सुसंस्कृत लॉग के ढेर हो जाते हैं, फलने वाले पिंडों को बनाने में अधिक समय लगता है।

4.19.2.2. कृत्रिम लॉग विधि

4.19.2.2.1. चूरा में खेतीः चूरा 78%, चावल की भूसी 28%, सफेद चीनी 1% और कैल्शियम कार्बोनेट -1%। चूरा धूल को एक दिन के लिए पानी में भिगोना होता है, अतिरिक्त पानी निकल जाना चाहिए, सामग्री को धूप में सुखाया जाता है और ऊपर वर्णित सभी सामग्री के साथ मिश्रित किया जाता है और पॉलीप्रोपाइलीन कवर में भरा जाता है। मिश्रण को एक आटोक्लेव में निष्फल करना होता है। ऑटोक्लेविंग के बाद, क्यारियों को स्पॉन के साथ टीका लगाया जाना चाहिए और पूर्ण मायसेलिया रन के लिए इनक्यूबेट किया जाना चाहिए। फलने वाले पिंडों को प्रेरित करने के लिए क्यारियों को खुला काट दिया जाता है।

4.19.2.2.2. खाद में खेतीः चूरा 78%, चावल की भूसी 28%, सफेद चीनी 1% और कैल्शियम कार्बोनेट 1% औरिकुलरिया की खेती के लिए चूरा की खाद बनाने में आमतौर पर पांच दिन लगते हैं आवश्यक खाद का प्रकार। ऊपर बताए गए तौले गए कच्चे माल को अच्छी तरह मिलाएं और नमी का स्तर 65-70% पर बनाए रखें। सामग्री को पिरामिड के आकार में ढेर करें, 2 दिन के अंतराल पर टर्निंग देनी चाहिए फिर सप्लीमेंट्स मिलाए जाते हैं। खाद की तैयारी पूरी करने के बाद, निष्फल और टीका लगाने की अनुमति दी जाती है और शरीर को औरिकुलरिया के गठन की अनुमति दी जाती है। औरिक्युलरिया की वृद्धि के लिए एक सब्सट्रेट के रूप में उपयोग किए जाने पर रबर ने धूल देखी, 3 कटाई में 180.67 ग्राम की अधिकतम उपज दी।

4.19.2.3. पॉली बैग विधिः गेहूँ के भूसे की अच्छी गुणवत्ता लें। 16-18 घंटे के लिए भिगो दें फिर अतिरिक्त पानी निकाल दें। 5% गेहूँ की भूसी (w/w) मिलाएं। प्रत्येक पॉलीप्रोपाइलीन बैग में 2 किलो सब्सट्रेट भरें और 1-1.5 घंटे के लिए 22 एलबीएस दबाव पर आटोक्लेव भरें। ठंडा होने पर सब्सट्रेट को 2% पर स्पॉन करें और 20-25 दिनों के लिए स्पॉन रन के लिए 25-26 डिग्री सेल्सियस पर इनक्यूबेट करें। स्पॉन रन के पूरा होने पर क्रॉस कट देकर स्लिट दें और बैगों को फलने के लिए 25-26 डिग्री सेल्सियस पर लटका दें। बैग पर दो बार पानी का छिड़काव करें और कमरे में पानी का छिड़काव करके उच्च सापेक्ष आर्द्रता (85-90%) बनाए रखें। 1-2 घंटे विसरित प्रकाश और वातन भी दें। 10-12 दिनों में फलों के शरीर निकल आएंगे और अगले 4-5 दिनों में कटाई के लिए परिपक्व हो जाएंगे।

4.19.3 प्रबंधन

उचित साफ-सफाई की स्थिति आवश्यक है क्योंकि ऑटोक्लेविंग के अभाव में गेहूँ-चावल की भूसी मिलाने से फफूंद लग सकती है। उच्च स्तर के कार्बन डाइऑक्साइड की उपस्थिति के परिणामस्वरूप असामान्य फल निकायों और लंबे डंठल और छोटे पाइलस का विकास होता है। प्रकाश की अनुपस्थिति भी फलों के पिंडों के असामान्य आकार के द्रव्यमान का उत्पादन करती है। बहुत आर्द्र परिस्थितियों में इस मशरूम पर हमला करने के लिए कोब वेब पाया गया है।

4.19.4. औरिकुलरिया पॉलीट्रिचा उगाने के लिए फ्लो शीट

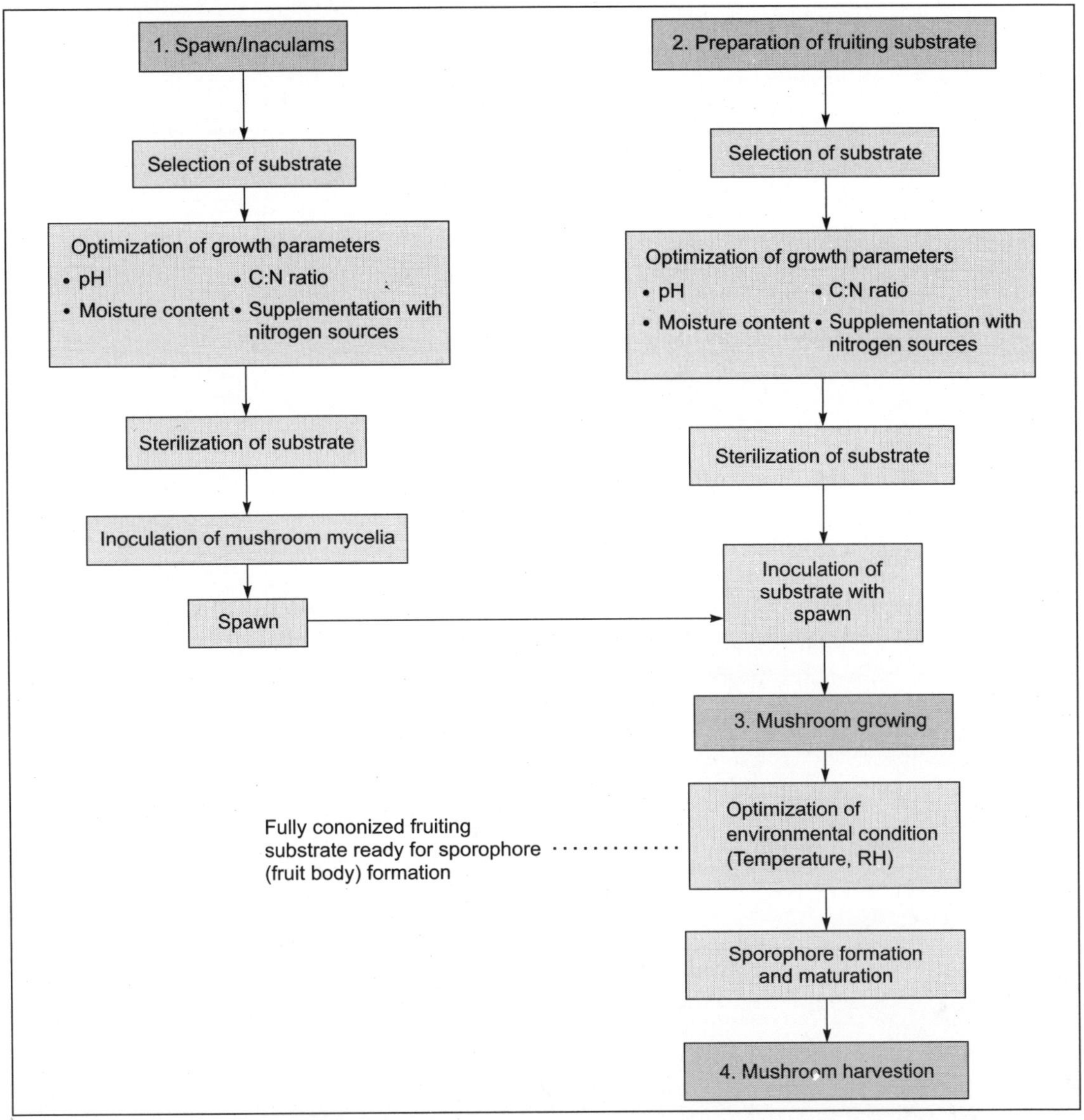

चित्र 4.20. *औरिकुलरिया पॉलीट्रिचा* उगाने के लिए विभिन्न चरणों की फ्लो शीट

5

तनाव सुधार तकनीक

औद्योगिक उद्देश्यों के लिए उपयोग किए जाने वाले अन्य सूक्ष्म जीवों की तरह खाद्य मशरूम का भंडार असीमित नहीं है। यह आमतौर पर माना जाता है कि उच्च उपज देने वाले उपभेदों को बनाए रखने और प्रजनन करने के लिए, मशरूम प्रजनन में नियोजित तकनीकों को अब और फिर संशोधित किया जाना चाहिए और वैज्ञानिक दुनिया में समग्र रूप से और सूक्ष्म जीव विज्ञान और आनुवंशिकी में प्रगति के अनुसार संशोधित और सुधार किया जाना चाहिए।

5.1. चयन द्वारा

वाणिज्यिक मशरूम उपभेद आमतौर पर बहु-बीजाणु या एकल-बीजाणु संस्कृतियों से चयन पर आधारित होते हैं, जिन्हें वानस्पतिक रूप से गुणा किया जाता है। यदि उपभेद अपनी शक्ति खो देते हैं तो उन्हें बहुबीजाणुओं के माध्यम से पुनर्भरण किया जाता है, जो उनकी वांछनीय विशेषताओं को बनाए रखने के लिए प्रवृत्त होते हैं (लैम्बर्ट, 1960)। अधिकांश बीजाणु स्व-उपजाऊ होते हैं और कोई भी संकरण एक ही नस्ल के मायसेलिया के बीच होता है, इसलिए बहु-बीजाणुओं पर आधारित वाणिज्यिक मशरूम उपभेदों और स्व-निषेचित अनाज प्रजातियों की प्रारंभिक भूमि किस्मों के बीच जो सादृश्य बनाया गया है, वह मान्य लगता है (इलियट, 1979ए)। सादृश्य को जारी रखते हुए, एकल बीजाणुओं से प्राप्त संस्कृतियों के बीच चयन करके मशरूम के उपभेदों में सुधार करना संभव होना चाहिए। क्लिगमैन (1943) ने पाया कि एक व्यक्तिगत स्पोरोफोर से एकल-बीजाणुओं द्वारा उत्पादित उपजाऊ संस्कृतियां विकास दर, मायसेलिया की उपस्थिति, स्पोरोफोर आकारिकी, महत्वपूर्ण रूप से उत्पादकता में भिन्न होती हैं। निष्कर्ष निकाला गया कि नई किस्मों की खोज मोनोस्पोरस संस्कृतियों के उपयोग पर आधारित होनी चाहिए।

एक अन्य चयन प्रक्रिया में एक बहुबीजाणु संस्कृति से प्राप्त मायसेलियम को खंडित करना, टुकड़ों को बाहर निकालना और उनसे बढ़ने वाली असतत कॉलोनियों को अलग करना शामिल है (ब्रायन *एट अल.*, 1976)। इस तरह के आइसोलेट्स एकल-बीजाणुओं की तुलना में आनुवंशिक रूप से कम स्पष्ट रूप से परिभाषित होते हैं, लेकिन यह विधि स्पष्ट रूप से एक समान बहुबीजाणु संस्कृतियों के भीतर से आनुवंशिक भिन्नता को ठीक कर सकती है। एक तीसरी चयन विधि मानती है कि स्पोरोफोर फेनोटाइप में अंतर जीनोटाइपिक अंतर को दर्शाता है। फ्रित्शे (1977) ने इस दृष्टिकोण पर विचार किया लेकिन निष्कर्ष निकाला कि स्पोरोफोर वर्णों में अधिकांश देखी गई भिन्नता पर्यावरण के कारण है और यह विधि बहुत प्रभावी नहीं है

फिर भी, वांछित वेरिएंट को ठीक करने के लिए चयनित स्पोरोफोर्स के ऊतक संवर्धन का उपयोग किया गया है। वांछित वेरिएंट को ठीक करने के लिए चयनित स्पोरोफोर्स के टिशू कल्चर का भी उपयोग किया गया है। अल्पावधि में, अकेले चयन की मशरूम के तनाव में कुछ भूमिका होती प्रतीत होती है।

सुधार, लेकिन चयन द्वारा आनुवंशिक सुधार तेजी से कठिन हो जाता है। इसलिए, संकरण के माध्यम से तनाव में सुधार एक सहारा और आवश्यकता भी बन गया है।

5.2. संकरण द्वारा

दो आनुवंशिक रूप से संगत उपभेदों के बीच संभोग की पारंपरिक विधि के अलावा, जिसके माध्यम से डाइकारियन मायसेलिया और फलने वाले शरीर बनते हैं, संकरण के व्यापक स्पेक्ट्रम की ओर कदम निम्नलिखित तरीकों से खाद्य मशरूम के तनाव सुधार में प्राप्त किए जा सकते हैं।

5.2.1. ऑक्सोट्रोफ़ का उपयोग

ऑक्सोट्रोफ़ को प्राकृतिक रूप से प्राप्त किया जा सकता है या उत्परिवर्तजन द्वारा प्रेरित किया जा सकता है। विपरीत ऑक्सोट्रोफ़्स को जोड़ा जा सकता है और उत्पादों की जांच की जा सकती है। निश्चित रूप से, ऑक्सोट्रोफ़्स की व्यवहार्यता का उपयोग किया जाना है। संकरण के लिए उपकरण इस बात पर निर्भर करता है कि उपभेदों में कितनी आसानी से ऑक्सोट्रोफ प्राप्त किए जा सकते हैं।

किसी भी प्रभावी प्रजनन प्रक्रिया की कल्पना करना मुश्किल है जो प्रारंभिक बातचीत को संकेत देने के लिए ऑक्सोट्रोफिक उपभेदों और पोषण संबंधी मजबूरियों पर आधारित नहीं है, बाद के विकास का पता लगाने के लिए, और वास्तविक क्रॉस के उत्पादों के रूप में संतान की पहचान करने के लिए (रैपर *एट अल.*, 1972)। हालांकि, उन्होंने महसूस किया कि यह दृष्टिकोण, अवधारणात्मक रूप से सरल है, व्यवहार में अप्रत्यक्ष और श्रमसाध्य है। निश्चित रूप से इसकी व्यवहार्यता इस बात पर निर्भर करती है कि ऑक्सोट्रोफ कितनी आसानी से प्राप्त किए जा सकते हैं, (रैपर *एट अल.* 1972) गामा-किरणों, यूवी का उपयोग करके कई उपभेदों से मायसेलियल अंशों को विकिरणित किया और दो ऑक्सोट्रोफिक आइसोलेट्स प्राप्त किए। रिकवरी दर कम थी और उन्होंने इसके लिए प्रेरित ऑक्सोट्रोफिक म्यूटेशन की अभिव्यक्ति को मास्क करने वाले हाइपल अंशों की बहुराष्ट्रीय प्रकृति के लिए जिम्मेदार ठहराया। यदि बीजाणुओं को विकिरणित किया जाता है तो इस तरह के मास्किंग से पुनर्प्राप्ति दर भी कम हो सकती है व शेड बीजाणु भी बहुकेंद्रीय होते हैं।

5.2.2. प्रतिरोध मार्करों का उपयोग

मशरूम प्रजनन कार्यक्रमों में उपयोग के लिए ऑक्सोट्रोफ के विकल्प के रूप में हाल ही में एंटीमेटाबोलाइट्स के प्रतिरोधी म्यूटेंट का सुझाव दिया गया है। उपचारित बीजाणु या हाइपल अंश, जो एक ऐसे माध्यम पर विकसित हो सकते हैं जिसमें एंटी-मेटाबोलाइट की निरोधात्मक सांद्रता होती है; मार्कर के रूप में माना जाएगा। पूरक प्रतिरोधी उपभेदों को एक साथ उगाया जाएगा और, दो उपयुक्त एंटीमेटाबोलाइट्स वाले माध्यम में स्थानांतरित करके संकरता की पुष्टि की जा सकती है जैसा कि फाइटोफ्थोरा इन्फेस्टैन्स (शटॉक और शॉ, 1976) में किया गया है। एक संभावित व्यावहारिक अनुप्रयोग रोग के लिए समान एंटीमेटाबोलाइट्स का उपयोग करना होगा एवं प्रतिरोधी मशरूम उपभेदों की व्यावसायिक फसल के दौरान नियंत्रण भी करना होगा।

5.2.3. प्रोटोप्लास्ट फ्यूजन

यौन प्रजनन के लिए सबसे प्रभावी बाधाओं में से एक दो चयनित उपभेदों से फ्यूज करने के लिए हाइप की अक्षमता है। कई प्रयोगशालाओं ने बताया है कि आसमाटिक स्टेबलाइजर की उपस्थिति में कोशिका की दीवार के एंजाइमेटिक ब्रेकिंग द्वारा प्रोटोप्लास्ट को पौधे और माइक्रोबियल कोशिकाओं से अलग किया जा सकता है। इस तरह के प्रोटोप्लास्ट को पॉलीइथाइलीन ग्लाइकॉल (पीईजी) की उपस्थिति में फ्यूज करने के लिए प्रभावी ढंग से प्रेरित किया जा सकता है। थोड़े समय के बाद प्रोटोप्लास्ट अपनी कोशिका भित्ति को पुनः उत्पन्न कर सकते हैं और सामान्य कोशिकाओं या हाइप के रूप में प्रचार करना शुरू कर सकते हैं। यदि आनुवंशिक रूप से भिन्न उपभेदों से कोशिकाओं के बीच संलयन होता है तो ये कोशिकाएं हेटरोकैरियोटिक होती हैं। यह जीवों में इंट्रास्पेसिस क्रॉस की आवृत्ति को बढ़ाने के लिए काम कर सकता है जिसमें प्राकृतिक प्रजनन शायद ही कभी होता है। एकल बीजाणु आइसोलेट्स होमोकैरियोटिक और गैर-स्व-उपजाऊ होते हैं जो नियमित प्रजनन प्रक्रियाओं का उपयोग करने की अनुमति देते हैं। संगत प्रजनन में जंक्शन क्षेत्र में एक स्पष्ट रूप से अलग डिकैरियोन बनता है और यह उपजाऊ संकरों का पता लगाने की सुविधा प्रदान करता है। तकनीक का और भी व्यापक अनुप्रयोग है, और इसका उपयोग कुछ जीवों में अंतर-प्रजातियों और इंटरजेनेरिक क्रॉस के लिए किया जा सकता है, जिन्हें सामान्य रूप से पार नहीं किया जा सकता है। हालांकि इस तरह का दृष्टिकोण कई प्रयोगशालाओं में किया गया है, अब तक, खाद्य मशरूम में कोई स्पष्ट और आर्थिक रूप से लागू परिणाम सामने नहीं आए हैं। *ए. बिटोरकिस* के स्टॉक और विभिन्न साइटों पर एकत्रित सामग्री की क्षमता के बीच बहुत अधिक असमानता है। एकल-बीजाणु आइसोलेट्स व्यक्तिगत रूप से और विभिन्न संयोजनों में प्राप्त और परीक्षण किए गए थे। प्रयोग में, एक वाणिज्यिक तनाव, दो जंगली उपभेदों और जंगली उपभेदों से एकल-बीजाणु आइसोलेट्स के बीच प्रजनन से प्राप्त छह संयोजनों की तुलना की गई; एक संयोजन में 165% 'जंगली' उपभेदों (जो बहुत समान थे) प्राप्त हुए जबकि दूसरे में केवल 45% उपज हुई, वाणिज्यिक तनाव को फ्रित्शे (1977) द्वारा चौथे स्थान पर रखा गया था। *ए. बिटोर्किस* ब्रीडर और ग्रोअर दोनों के लिए उपयोगी साबित हुआ है। *ए. बिटोरर्किस* की तरह अन्य अगरिकस प्रजातियों का शोषण किया जा सकता है लेकिन कुछ का गंभीर मूल्यांकन किया गया है। फ्त्शि (1979) ने *ए. अर्वेन्सिस* के साथ काम किया, इलियट (1978 बी) ने दिखाया है कि *ए. मैक्रोस्पोरस* और *ए. निवेसेंस* (एफ. एच. मोलर) दोनों एकल प्रजनन-प्रकार के कारकों के साथ चार-बीजाणु वाली हेटरोथैलिक प्रजातियां हैं। स्थितियों में *ए. मैक्रोस्पोरस* फल के हेटरोकैरियोन *ए. बिस्पोरस* को उगाने के लिए उपयोग की जाने वाली स्थितियों में लेकिन कृषि संबंधी महत्व को अभी तक दृढ़ नहीं किया गया है।

5.2.4. मशरूम का आणविक जीव विज्ञान

यद्यपि यह एक महत्वपूर्ण क्षेत्र बन गया हैः मशरूम आनुवंशिकी और प्रजनन। इस बात पर जोर दिया जाना चाहिए कि तर्कसंगत आनुवंशिक अध्ययन के साथ-साथ प्रजनन कार्यक्रमों के संचालन के लिए किसी भी प्रजाति में प्रजनन को स्पष्ट रूप से समझा जाना चाहिए। जीवन चक्र के संबंध में तीन प्रकार के मशरूम और प्रजनन के लिए आनुवंशिक नियंत्रण पर विचार किया गया है। यद्यपि ऐसा लगता है कि खाद्य मशरूम के मौजूदा वाणिज्यिक उपभेदों से चयन में कुछ सुधार जारी रह सकता है, अन्य फसल प्रजातियों के अनुरूप, संकरण वास्तविक प्रगति के लिए सर्वोत्तम संभावनाएं प्रदान करता है, विशेष रूप से प्रोटोप्लास्ट संलयन द्वारा मध्यस्थ कई जीन स्थानांतरण के संबंध में, अगले कुछ दशकों के दौरान। आशा है कि यह इस सच्चाई को स्वीकार नहीं करता है कि "सुंदर परिकल्पनाएं बदसूरत तथ्यों से नष्ट हो जाती हैं"।

6

शुरुआती के लिए उपयुक्त प्रजातियाँ

भारत के विभिन्न जलवायु क्षेत्रों में मशरूम की कई प्रजातियों की खेती की जाती है लेकिन वर्तमान में देश भर में मुख्य रूप से तीन मशरूम की खेती की जा रही है। ये सफेद बटन मशरूम (*एगेरिकस बिस्पोरस*), धान-पुआल मशरूम (*वोल्वेरिला वोववेसिया*) और सीप मशरूम (*प्लुरोटस साजोर*-काजू) हैं। इनमें से, *ए. बिस्पोरस* विकसित होने के लिए सबसे लोकप्रिय और आर्थिक रूप से मजबूत है और दुनिया भर में बड़े पैमाने पर इसकी खेती की जाती है। हालांकि, इसकी कम तापमान की आवश्यकता के कारण, इसकी खेती ठंडी जलवायु क्षेत्रों और उत्तरी भारत के मैदानी इलाकों में सर्दियों तक सीमित है। गर्मियों में, उष्णकटिबंधीय धान-पुआल मशरूम भारत के अधिकांश हिस्सों में उगाने के लिए उपयुक्त है। फिर भी यह सब्सट्रेट के प्रति यूनिट वजन बहुत कम उपज और बेहद कम शेल्फ-लाइफ के कारण व्यावसायिक रूप से कम आकर्षक है लेकिन, रसोई-बगीचे की फसल के रूप में इसे पसंद किया जाता है क्योंकि यह बहुत स्वादिष्ट और पौष्टिक होता है। ऑयस्टर मशरूम मध्यम तापमान 22° से 28°C तक बढ़ सकता है। इसलिए, यह भारत के अधिकांश स्थानों के लिए उपयुक्त है। यह दिल्ली, मुंबई, बैंगलोर और अन्य मेट्रो शहरों के अधिकांश होटलों के मेनू में एक परिचित वस्तु भी है, जहां इसे व्यावसायिक रूप से उगाया जा रहा है। उत्तर भारत में, विभिन्न मौसमों के दौरान प्रचलित जलवायु परिस्थितियों का उपयोग पूरे वर्ष मशरूम उगाने के लिए किया जा सकता है। एक वर्ष-वार उत्पादन कार्यक्रम में खेती का सुझाव दिया गया है:

मध्य नवंबर से मध्य मार्च	:	*एगारिकस बिस्पोरस*
फरवरी से मध्य अप्रैल	:	*प्लूरोटस सजोर* काजू
मध्य जून से मध्य सितंबर	:	*वोल्वेरिएला वोल्वासिया*
सितंबर से नवंबर	:	*प्लुरोटस साजोर*-काजू

6.1. बटन मशरूम (शैंपिग्नन, *एगारिकस बिस्पोरस*)

एगारिकस बिस्पोरस को विभिन्न रूप से सफेद मशरूम, बटन मशरूम, शैंपेनन, या सामान्य रूप से उगाए जाने वाले मशरूम के रूप में जाना जाता है। पश्चिमी देशों में यह मशरूम पिछले 60 वर्षों में एक जोखिम भरे उद्यम के रूप में विकसित हुआ है, विशेष रूप से ब्रिटेन और नीदरलैंड में बड़े पैमाने पर अनुमानित और नियंत्रणीय औद्योगिक प्रक्रिया के लिए। आधुनिक मशरूम औद्योगिक विकास में इस उल्लेखनीय उपलब्धि को

किसी भी छोटे पैमाने पर मशरूम अनुसंधान प्रयोगशालाओं, केंद्रों और स्टेशनों पर किए गए जोरदार अनुसंधान गतिविधियों के परिणामस्वरूप योगदान के लिए जिम्मेदार नहीं ठहराया जा सकता है। इस मशरूम को दोहराए गए व्यावहारिक अनुभवों के माध्यम से बहुत अच्छी तरह से स्थापित किया गया है। आमतौर पर, कंपोस्टिंग एक निश्चित अवधि के लिए सबस्ट्रेट्स के ढेर और विभिन्न सूक्ष्म जीवों की गतिविधियों के कारण परिवर्तन को संदर्भित करता है, जिसके परिणामस्वरूप कंपोस्टेड सब्सट्रेट रासायनिक और भौतिक रूप से प्रारंभिक सामग्री से अलग होता है। जब खाद के बिना सीधे मिट्टी में मिला दिया जाता है, तो उच्च C : N अनुपात (जैसे पुआल) के साथ जैविक अपशिष्ट एक अस्थायी नाइट्रोजन की कमी को जन्म दे सकता है जिसके परिणामस्वरूप पौधे की फसल की उपज में कमी आएगी। एक विशेष खाद मुख्य रूप से एगारिकस मशरूम उगाने वाले उद्योग से ली गई है, जिसमें एक खाद तकनीक है जो गेहूं के भूसे को घोड़े की खाद के साथ विकास के लिए विशिष्ट बनाती है। इस पुस्तक में वर्णित अन्य मशरूम उगाने के लिए एक बिंदु पर ध्यान दिया जाना चाहिए कि सब्सट्रेट के उपचार को "कम्पोस्टिंग" के रूप में माना जा सकता है, लेकिन कंपोस्टिंग में अपनाई जाने वाली प्रक्रियाएं और उत्पाद की प्रकृति काफी भिन्न हो सकती है। ऐसा इसलिए है क्योंकि प्रारंभिक सामग्री और सब्सट्रेट में विभिन्न परिवर्तनों के साथ समय की लंबाई मशरूम से मशरूम में भिन्न होती है। जैसा कि ऊपर कहा गया है, कंपोस्टिंग की भूमिका एक चयनात्मक सब्सट्रेट का उत्पादन है जो अधिमानत: मशरूम के मायसेलियम के विकास का समर्थन करेगा। हालाँकि, इस चयनात्मकता के आधार को पूरे सिस्टम के एक कारक या एक पहलू के लिए जिम्मेदार नहीं ठहराया जा सकता है। खाद बनाने के भौतिक, रासायनिक और जैविक पहलू मौलिक रूप से परस्पर जुड़े हुए हैं, लेकिन जांच और चर्चा की सुविधा के लिए कृत्रिम रूप से अलग किए जा सकते हैं। मशरूम उत्पादक खाद बनाने की प्रक्रिया की प्रगति और अंतिम उत्पाद की गुणवत्ता का मूल्यांकन करने के लिए दृष्टि, गंध और स्पर्श की भावना के उदार उपयोग का अभ्यास करना पसंद करते हैं। कंपोस्टिंग की उपलब्धि के सामान्य पहलुओं को संक्षेप में शामिल किया गया है:

1. स्ट्रॉ सॉफ्टनिंग और अन्य संरचनात्मक परिवर्तन।
2. पौध सामग्री का संशोधन ताकि मशरूम को पोषक तत्व उपलब्ध हो सकें।
3. एक उपयुक्त बायोमास और विभिन्न प्रकार के माइक्रोबियल उत्पादों का निर्माण (कुछ इनमें से मशरूम के लिए पोषक स्रोत के रूप में काम कर सकते हैं)।
4. चयनात्मकता की स्थापना, यानी खाद प्रतिस्पर्धी जीवों पर मशरूम के विकास को बढ़ावा देती है।
5. कम्पोस्ट संरचना का संशोधन ताकि उसमें अधिक पानी हो।
6. मशरूम की फसल के लिए पानी के भंडार के रूप में काम करने के लिए कम्पोस्ट नमी सामग्री का निर्माण।

तो, खाद की सकल विशेषताएं, जिसे आमतौर पर संरचना के रूप में संदर्भित किया जाता है, कई जटिल भौतिक, रासायनिक और माइक्रोबियल प्रक्रियाओं का परिणाम होता है कम्पोस्टिंग का समग्र लक्ष्य मशरूम के विकास के लिए चयनात्मक पोषक माध्यम का उत्पादन करना है। इन चयनित पोषक तत्वों से भरपूर सबस्ट्रेट्स को अच्छी गुणवत्ता वाले मशरूम की उच्च उपज का समर्थन करना चाहिए। भारत में मुख्य रूप से दो कंपोस्टिंग तकनीकें आम हैं।

6.1.1. खाद बनाने की संक्षिप्त विधि

खाद तैयार करने के पहले चरण के दौरान, धान के भूसे को परतों में रखा जाता है और ढेर में उर्वरक, गेहूं की भूसी, गुड़ आदि के साथ पर्याप्त पानी डाला जाता है। पूरी चीज को भूसे के साथ अच्छी तरह से मिलाकर एक ढेर में बनाया जाता है (लगभग 4-5 फुट ऊँचा लकड़ी के तख्तों की सहायता से बनाया जा सकता है)। ढेर को पलट दिया जाता है और दूसरे दिन फिर से पानी मिलाया जाता है। चौथे दिन फिर से दूसरी बार जिप्सम डालकर पानी मिलाया जाता है। तीसरा और अंतिम मोड़ बारहवें दिन दिया जाता है जब खाद का रंग गहरा भूरा हो जाता है और उसमें अमोनिया की तेज गंध आने लगती है।

दूसरा चरण पाश्चराइजेशन चरण है। सूक्ष्म जीवों की मध्यस्थता वाली किण्वन प्रक्रिया के परिणामस्वरूप तैयार की गई खाद को अवांछित रोगाणुओं और प्रतिस्पर्धियों को मारने और अमोनिया को माइक्रोबियल प्रोटीन में बदलने के लिए पास्चुरीकृत करने की आवश्यकता होती है। पूरी प्रक्रिया एक स्टीमिंग रूम के अंदर की जाती है जहां 4 घंटे के लिए 60 डिग्री सेल्सियस का हवा का तापमान बनाए रखा जाता है। अंत में प्राप्त खाद 70% नमी और पीएच 7.5 के साथ संरचना में दानेदार होना चाहिए। इसका रंग गहरा भूरा, मीठी अप्रिय गंध और अमोनिया, कीड़े और नेमाटोड से मुक्त होना चाहिए। प्रक्रिया पूरी होने के बाद, सब्सट्रेट को 25 डिग्री सेल्सियस तक ठंडा किया जाता है।

6.1.2. खाद बनाने की लंबी विधि

खाद बनाने की लंबी विधि आमतौर पर उन क्षेत्रों में प्रचलित है जहां भाप पास्चराइजेशन की सुविधा उपलब्ध नहीं है। इस विधि में खाद बनाने के लिए सब्सट्रेट तैयार करने के लगभग छह दिन बाद पहला मोड़ दिया जाता है। दूसरा मोड़ दसवें दिन दिया जाता है और तीसरा तेरहवें दिन जब जिप्सम मिलाया जाता है। चौथा, पाँचवाँ और छठा मोड़ सोलहवें, उन्नीसवें और बाइसवें दिन दिया जाता है। पच्चीसवें दिन सातवां मोड़ 10% बीएचसी (125 ग्राम) मिलाकर दिया जाता है और अट्ठाईसवें दिन आठवां मोड़ दिया जाता है जिसके बाद यह जांच की जाती है कि खाद में अमोनिया की गंध तो नहीं है। कम्पोस्ट स्पॉनिंग के लिए तभी तैयार होता है जब उसमें अमोनिया की गंध न हो; अन्यथा अमोनिया की गंध न आने तक तीन दिनों के अंतराल पर कुछ और मोड़ दिए जाते हैं।

दो महीने की फसल में प्रति 100 किलो ताजा कम्पोस्ट लगभग 10-14 किलो ताजा मशरूम प्राप्त किया जा सकता है। प्राकृतिक परिस्थितियों में कम्पोस्ट तैयार करने के लिए इस्तेमाल की जाने वाली लघु विधि अधिक पैदावार देती है (15-20 किग्रा. प्रति 100 किग्रा कम्पोस्ट)।

6.1.3. किस्में/उपभेद

ऊटी 1 और ऊटी (बीएम) 2 (2002 में जारी) तमिलनाडु कृषि विश्वविद्यालय, विजयनगरम, ऊटी द्वारा व्यावसायिक खेती के लिए जारी किए गए बटन मशरूम के दो प्रकार हैं। अन्य प्रजातियाँ जो भारत में ज्यादातर खेती की जाती हैं, वे हैं S-11, TM-79 और होर्स्ट H 3.

6.2. ऑयस्टर मशरूम

सीप मशरूम (प्लुरोटस प्रजाति) मशरूम की खेती शुरू करने के लिए एक अच्छा विकल्प है क्योंकि इन्हें अन्य प्रजातियों की तुलना में विकसित करना आसान है, और इन्हें मध्यम प्रारंभिक निवेश के साथ छोटे

पैमाने पर उगाया जा सकता है। भारत में सीप मशरूम की कई प्रजातियां खेती के अधीन हैं, पी. साजोर काजू, पी. ओस्टीटस, पी. फ्लोरिडा, पी. सिट्रीनोपिलेटस। उनमें से पी. साजोर काजू सबसे लोकप्रिय और अच्छी तरह से अपनाई जाने वाली प्रजाति है। हालांकि आमतौर पर गेहूं या चावल के जीवाणुरहित पुआल पर उगाए जाते हैं, वे उच्च-सेल्यूलोज अपशिष्ट पदार्थों की एक विस्तृत विविधता पर भी विकसित होते हैं। इनमें से कुछ सामग्रियों में जीवाणु नाशन की आवश्यकता नहीं होती है, केवल पाश्चराइजेशन की आवश्यकता होती है, जो कम खर्चीला होता है। इसे सीधे फसल अवशेषों की व्यापक सत्यता से प्राप्त सब्सट्रेट पर उगाया जा सकता है, जैसे कि यह लिग्निनोसेल्यूलोसिस में समृद्ध जैविक कचरे का उपयोग कर सकता है, यहां तक कि अनाज या बाजरा के भूसे पर भी, तिलहन, नारियल, जूट, दाल अपशिष्ट आदि का उपयोग सब्सट्रेट के लिए किया जाता है।

6.2.1. विकास आवश्यकताएँ

माइसेलियम का इष्टतम बढ़ता तापमान 23–28°C है। फलने वाले शरीर का इष्टतम विकास तापमान 18–24 डिग्री सेल्सियस है। मशरूम बैग/बेड बनाने में उपयोग किए जाने वाले सब्सट्रेट का इष्टतम पीएच 6.8–8.0 है। सब्सट्रेट में C : N अनुपात 30–60 : 1 की सीमा में है। फलने वाले निकायों के विकास के लिए हवा का एक बड़ा संचालन और उचित प्रकाश की आवश्यकता होती है।

6.2.2. कुछ सामान्य स्पॉन सबस्ट्रेट्स

(*i*) गेहूं का दाना + 1.5% जिप्सम या चूना। (*ii*) कपास के बीज की पतवार 88%, गेहूं की भूसी 10%, चीनी 1% और जिप्सम 1%। (*iii*) चूरा 78%, गेहूं की भूसी 20%, चीनी 1% और जिप्सम 1% (*vi*) चूरा 58%, कॉफी खर्च की गई चाय की पत्तियाँ 20%, जलकुंभी/अनाज पुआल 20%, चीनी 1% और जिप्सम 1%.

6.2.3. अन्य सामान्य खेती सबस्ट्रेट्स

(*i*) कपास बीज पतवार 95%, जिप्सम 2%, चूना 1% और कैल्शियम सुपरफॉस्फेट 2%। (*ii*) चावल का भूसा 80%, कपास अपशिष्ट 18%, जिप्सम 1% और चूना 1%। (*iii*) जलकुंभी 80%, अनाज पुआल 17%, जिप्सम 2% और चूना 1%।

6.2.4. खेती की विधि

जलकुंभी के साथ मिश्रित कपास अपशिष्ट या चावल के भूसे को सब्सट्रेट के रूप में उपयोग किया जाता है। कपास के कचरे के बड़े टुकड़ों को छोटे भागों में फाड़ दें या पुआल और जलकुंभी को छोटे खंडों में काट लें। लगभग 60–65 प्रतिशत नमी प्राप्त करने के लिए 2 प्रतिशत (w/w) चूना डालें और पर्याप्त पानी के साथ मिलाएं। सामग्री को ढेर करें, प्लास्टिक शीट से ढक दें और रात भर के लिए छोड़ दें। सब्सट्रेट को छोटी टोकरियों में या पास्चुरीकरण के लिए अलमारियों पर लोड करें या सब्सट्रेट को 25 मिनट के लिए उबले हुए पानी से पकाएं। अतिरिक्त पानी को निकालने के लिए तार की जाली पर या लकड़ी की चटाई पर पुआल फैलाएं, लगभग 25 डिग्री सेल्सियस तक ठंडा होने के बाद, लगभग 2 प्रतिशत (w/w) स्पॉन मिलाएं और फिर लकड़ी के बक्से में या पॉलीथीन बैग में भरकर रखें। माइसेलियम के विकास के लिए 3 से 4 सप्ताह छोड़ दें। इन स्तंभों को लगभग 24–28 डिग्री सेल्सियस पर अधिमानतः अंधेरे में रखें। जब मशरूम के माइसेलियम ने तीन से चार सप्ताह के बाद सब्सट्रेट के पूरे कॉलम को प्रभावित किया है, तो प्लास्टिक रैपिंग को हटा दें और सफेद रोशनी चालू करें। फिर पॉलीथीन को बाहर निकालकर नमी बनाए रखने के लिए

उचित छिड़काव की आवश्यकता होती है। प्लुरोटस साजोर काजू (ग्रे ऑयस्टर मशरूम) प्लुरोटस (ऑयस्टर) मशरूम के समूह में उच्च तापमान प्रजातियों के बराबर है, फलने के लिए आवश्यक उच्च तापमान के साथ उष्णकटिबंधीय/उपोष्णकटिबंधीय क्षेत्रों में इस मशरूम की एक आशाजनक संभावना है। अपेक्षाकृत कम जटिल प्रक्रियाओं के साथ इसकी खेती आसान है।

सतह को सूखने से बचाने के लिए समय-समय पर पानी देना आवश्यक है। लगभग तीन से चार दिनों में सफेद प्रिमोर्डिया पूरी सतह पर दिखाई देने लगता है। एक मशरूम फल में पिन हेड्स उगेंगे, दो से तीन दिनों के बाद, प्लुरोटस मशरूम कटाई के लिए तैयार हैं। लगभग 4 से 5 बार काटा जाता है। सीप मशरूम उगाने का एक अन्य लाभ यह है कि सब्सट्रेट का एक उच्च प्रतिशत फलने वाले निकायों में परिवर्तित हो जाता है, जिससे संभावित लाभप्रदता बढ़ जाती है। सीप मशरूम की खेती में एक महत्वपूर्ण कमी है: कुछ लोगों को बीजाणुओं से एलर्जी होती है। इन मामलों में, उत्पादन सुविधा में सुरक्षित रूप से काम करने के लिए वायु-सफाई उपकरण या श्वासयंत्र आवश्यक हैं।

हालांकि, कई सीप मशरूम किस्मों के अल्प शैल्फ जीवन के कारण, यह प्रजाति स्थानीय उत्पादकों को विशेष लाभ प्रदान कर सकती है जो सीधे बाजार में आते हैं और लगातार एक ताजा, उच्च गुणवत्ता वाला उत्पाद वितरित कर सकते हैं। सीप मशरूम एक स्थायी कृषि प्रणाली का एक अभिन्न अंग बन सकता है। कई प्रकार के जैविक सीप मशरूम उत्पादन का समर्थन करने के लिए फसल उत्पादन या खाद्य प्रसंस्करण उद्योग से अपशिष्ट का उपयोग किया जा सकता है।

6.2.5 किस्में/उपभेद

अनंतन केएयू से निकलने वाली एक छोटी अवधि की किस्म है, सख्त, मांसल, शुद्ध सफेद रंग की, गेहूँ, धान और ज्वार की भूसी में उगाई जा सकती है। ऑयस्टर मशरूम की किस्म Co-1, Co-2 भी भारत में लोकप्रिय हैं।

6.3. धान का पुआल मशरूम (भारतीय मशरूम, *वोल्वरिएला वोल्वेसिया*)

यह भारत में खेती की जाने वाली पहली खाद्य उष्णकटिबंधीय मशरूम है, जो गर्मी के मौसम के लिए बहुत बेहतर है, जहां तापमान 38 डिग्री सेल्सियस तक पहुंच जाता है। खाद्य पुआल मशरूम, वोल्वरिएला वोल्वेसिया उष्णकटिबंधीय का एक कवक है और उपोष्णकटिबंधीय और पारंपरिक रूप से भारत और दक्षिण पूर्व एशियाई देशों में कई वर्षों से चावल के भूसे में खेती की जाती है। यह पुआल मशरूम की खेती के इतिहास में एक महत्वपूर्ण मोड़ था क्योंकि कपास-अपशिष्ट खाद ने पाश्चराइजेशन प्रक्रिया के माध्यम से मशरूम की खेती को औद्योगिक पैमाने पर ला दिया है। मशरूम की खेती के लिए कई तकनीकें अपनाई जाती हैं, जो 28 36 डिग्री सेल्सियस के तापमान रेंज और 75-85% की सापेक्ष आर्द्रता में पनपती हैं। प्रौद्योगिकी का चुनाव आमतौर पर व्यक्तिगत पसंद, और सबस्ट्रेट्स की उपलब्धता और उपलब्ध संसाधनों की मात्रा पर निर्भर करता है। जबकि मशरूम के औद्योगिक पैमाने के उत्पादन के लिए अधिक परिष्कृत इनडोर तकनीक की सिफारिश की जाती है। अधिकांश अन्य प्रौद्योगिकियां कम लागत वाली होती हैं और ग्रामीण क्षेत्र के विकास के लिए उपयुक्त होती हैं, खासकर जब उत्पादन सामुदायिक स्तर पर स्थापित होता है। भारत में मुख्य रूप से तीन प्रजातियों की खेती की जाती है वी. वोल्वेसिया, वी. डिसप्लेसिया एवं वी. एस्कुलेंटा। वी. डिसप्लेसिया खेती में लोकप्रिय हो रहा है, वोल्वरिएला मशरूम के लिए गेहूं, कपास और धान की भूसी सबसे अच्छी रोपण सामग्री है। सरल विधि यह है कि गेहूँ या धान के बिना काटे भूसे के बंडल को 18 घंटे के लिए पानी

में भिगोकर या एक घंटे के लिए उबाल लें। अतिरिक्त पानी गिराकर बाहर निकाल लें। गेहूँ के स्पॉन की दो परिवर्तित परतों के साथ 4 परतों की क्यारियों में स्तरित करें। अच्छे वातन और अतिरिक्त पानी की निकासी की उम्मीद की जा रही थी। पानी के छिड़काव से नमी बनी रहेगी। स्पॉनिंग के 25 से 30 दिनों के बाद फलने वाले शरीर तुड़ाई के लिए तैयार हो जाते हैं। एक सीजन में लगभग 4 से 5 बार फसल की कटाई होती है।

6.4. शीटकेक मशरूम

शियाटेक (लेंटिनस एडोड्स) भारत में ज्यादा लोकप्रिय नहीं है लेकिन वैश्विक स्तर पर यह बटन मशरूम के बाद दूसरे स्थान पर है। यह कम इनपुट के रूप में अच्छी तरह से अनुकूल है। वैकल्पिक उद्यम क्योंकि वे सीप मशरूम की तरह मध्यम प्रारंभिक निवेश के साथ छोटे पैमाने पर उगाए जा सकते हैं। शियाटेक की खेती की पूरी तरह से जांच की गई है और संयुक्त राज्य के अधिकांश क्षेत्रों में एक वाणिज्यिक बाजार पहले से मौजूद है। शीटकेक मशरूम को अंदर या बाहर लॉग पर उगाया जाता है। अंदर, उन्हें संपीड़ित चूरा लॉग या बोतलों या बैग में भी उगाया जा सकता है।

6.4.1. लॉग उत्पादन

दृढ़ लकड़ी लगभग 4″ से 6″ व्यास में लॉग करती है और आसानी से संभाली गई लंबाई को काट दिया जाता है। ओक्स, कॉटनवुड, बीच, बर्च, विलो और अन्य गैर-सुगंधित दृढ़ लकड़ी उपयुक्त प्रजातियां हैं। घने जंगल नरम लोगों की तुलना में दोगुने तक उत्पादन करते हैं। छोटे व्यास के लॉग बड़े की तुलना में अधिक तेजी से उत्पादन करते हैं, लेकिन कम समय के लिए। मिट्टी के संपर्क और छाल को नुकसान से बचाने के लिए लॉग को सावधानी से संभालें। यह प्रतिस्पर्धी कवक द्वारा संदूषण को रोकने में मदद करेगा। अपने उत्पादन प्रणाली के लिए उपयुक्त स्ट्रेन से स्पॉन के साथ लॉग को टीका लगाएं। स्पॉन की एक विस्तृत विविध ता है जिसमें से चुनना है और कई टीकाकरण विधियां हैं। टीकाकरण के बाद, स्पॉन एक धागे जैसा नेटवर्क विकसित करता है जो पूरे लॉग में बढ़ रहा है। इस समय के दौरान, लट्ठों को धूप और हवा से निर्जलीकरण से बचाने की आवश्यकता होती है। माइसेलियम को जीवित और विकसित रखने के लिए आवश्यक आर्द्रता बनाए रखने के लिए लट्ठों को स्प्रे या धुंध दें। जब माइसेलियम ने लट्ठों पर पूरी तरह कब्जा कर लिया है और तापमान और आर्द्रता फलने के लिए सही है, तो लॉग की सतह पर छोटे पिनहेड्स से माइसेलियम शुरू हो जाएगा। अगले कुछ दिनों में पिनहेड मशरूम में विकसित हो जाते हैं। फलने को प्रोत्साहित करने के लिए, कुछ उत्पादक लट्ठों को पानी की टंकियों में भिगो देते हैं और/या उन्हें भौतिक प्रभाव या द्रुतशीतन से झटका देते हैं। अन्य लोग बढ़ते वातावरण में लट्ठों को छोड़ देते हैं और जब वे स्वाभाविक रूप से फलते हैं तो फसल काटते हैं। शीटकेक के सबसे अच्छे ग्रेड में कैप होते हैं जो अभी भी किनारे पर थोड़ा सा कर्ल करते हैं। इसके अलावा, एक प्रीमियम उत्पाद प्राप्त करने के लिए, कटाई के बाद के भंडारण, पैकेजिंग और शिपिंग पर ध्यान देना चाहिए। कई शीटकेक को व्यवस्थित रूप से उठाया जाता है। हालांकि अन्य मशरूम की तुलना में शीटकेक को व्यवस्थित रूप से उत्पादित करना आसान है। उत्पादक को इन कीटों की निगरानी, शीघ्रता से पहचान और नियंत्रण करना चाहिए अन्यथा कुछ फसल खत्म हो जाएगी।

6.4.2. चूरा पर बढ़ते शियाटेक

यह विधि उच्च स्तर की वापसी की अनुमति दे रही है, लेकिन लॉग उत्पादन की तुलना में अधिक पूंजी निवेश और अधिक कुशल प्रबंधन की भी मांग कर रही है। चूरा को पास्चुरीकृत या स्टरलाइज करने के लिए चैंबर और स्टीम प्रोसेसर एक महत्वपूर्ण प्रारंभिक निवेश का प्रतिनिधित्व कर सकते हैं। हालांकि, अभिनव

उत्पादकों ने पूरक सामग्री को मिश्रित करने के लिए कंक्रीट मिक्सर का उपयोग किया है और बैरल में पास्चुरीकृत सब्स्ट्रेट बनाया है, इनका उपयोग करते हुए पारंपरिक पाश्चराइजेशन के बजाय हाइड्रोजन पेरोक्साइड अपेक्षाकृत हालिया नवाचार है। चूरा पर मशरूम उगाने के लिए विशेष रूप से सावधानीपूर्वक निगरानी और ब्लॉकों, बोतलों या बैगों के समय पर प्रसंस्करण पर ध्यान देने की आवश्यकता है। सामान्य तौर पर, मशरूम उगाने के लिए ऑपरेशन ओक या अन्य कठोर लकड़ी के चूरा माध्यम का उपयोग कर सकता है। बुनियादी कदम हैं *(i)* चूरा, सप्लीमेंट और पानी को मिलाना *(ii)* मिश्रण को बैग में रखना *(iii)* बैग को आटोक्लेव करना और बैग को ठंडा करना *(iv)* इनोक्यूलेट करना और बैग को सील करना *(v)* पूर्ण प्राप्त करने के लिए 90 दिनों के लिए इनक्यूबेट करना चूरा मिश्रण का उपनिवेशीकरण, दूसरे शब्दों में, तैयार फलन के लिए माइसेलियम को स्थापित करने की अनुमति देने के लिए *(vi)* उपनिवेशित और स्थापित चूरा लॉग/बैग/ब्लॉक को 21 दिनों के चक्र का उपयोग करके 16° से 18°C पर 6 बार फल दें और *(vii)* ताजा बाजार के लिए कटाई, क्लिप स्टेप्स, ग्रेड, बॉक्स और कोल्ड स्टोर, या सूखे बाजार के लिए बॉक्स से पहले कटाई, सूखी, कट स्टेप्स, ग्रेड और फिर से सूखा। उत्पादन में उपयोग किए जाने वाले प्रमुख उपकरणों में मिक्सर/कन्वेयर, आटोक्लेव, गैस बॉयलर, कूलिंग टनल, लैमिनर फ्लो कैबिनेट, बैग सीलर, आर्द्रीकरण के लिए एयर कंप्रेसर, इनक्यूबेट करने के लिए अलमारियां शामिल हैं। ऊष्मायन दो कमरों और दो शिपिंग कंटेनरों में किया जा सकता है। दो शिपिंग कंटेनर फ्रूटिंग रूम के पास स्थापित किए जा सकते हैं। ऊष्मायन के दौरान तापमान 18 डिग्री से 25 डिग्री सेल्सियस के बीच रखा जाता है। फलन 6 कमरों में किया जा सकता है ताकि ब्लॉक/लॉग को एक इकाई के रूप में स्थानांतरित किया जा सके। कंपार्टमेंटलाइज़ेशन के साथ, प्रत्येक कमरे में ब्लॉकों को आर्द्र ठंड, आर्द्र गर्मी और शुष्क गर्मी के चक्र के अधीन किया जा सकता है।

6.5. रेशी मशरूम (लिंग जी, गनोडर्मा ल्यूसिडम)

उपलब्धता की यह कमी काफी हद तक मशरूम के अत्यधिक पोषित और महंगे होने के लिए जिम्मेदार थी। भारत में प्राचीन काल के दौरान, कोई भी व्यक्ति जो प्राकृतिक वातावरण से मशरूम को उठाता था और उसे एक उच्च पदस्थ अधिकारी के सामने प्रस्तुत करता था, आमतौर पर अच्छी तरह से पुरस्कृत किया जाता था। इस मूल्यवान मशरूम की कृत्रिम खेती 1970 के दशक की शुरुआत में और 1980 के बाद से सफलतापूर्वक हासिल की गई थी। वर्तमान में, व्यावसायिक उत्पादन के लिए सबसे व्यापक रूप से अपनाई जाने वाली विधियाँ लकड़ी के लॉग, छोटे लकड़ी के खंड, ट्री स्टंप, चूरा बैग और बोतल प्रक्रियाएँ हैं। लॉग खेती के तरीकों में प्राकृतिक लॉग और पेड़ के स्टंप का उपयोग शामिल है, जो सीधे प्राकृतिक परिस्थितियों में स्पॉन के साथ लगाए जाते हैं। तीसरी वैकल्पिक तकनीक में लगभग 12 सेमी व्यास और लगभग 15 सेमी लंबे निष्फल लघु लॉग का उपयोग शामिल है जो अच्छे मायसेलियल रनिंग की अनुमति देता है। यह विधि एक छोटे से बढ़ते चक्र, उच्च जैविक दक्षता, फलने वाले निकायों की अच्छी गुणवत्ता, और इसके परिणामस्वरूप, बेहतर आर्थिक लाभ प्रदान करती है। हालांकि, यह उत्पादन प्रक्रिया अधिक जटिल है और प्राकृतिक लॉग और ट्री स्टंप विधियों की तुलना में उत्पादन लागत बहुत अधिक है।

इस उत्पादन प्रक्रिया में, लकड़ी के लट्ठे चौड़ी पत्ती वाले पेड़ों से तैयार किए जाने चाहिए, अधिमानतः ओक से। पेड़ों की कटाई आमतौर पर सुप्त अवधि के दौरान की जाती है, जो पतझड़ में, पतझड़ के बाद और अगले वसंत में नए पत्तों के उभरने से पहले होती है। लॉग की इष्टतम नमी सामग्री लगभग 45–55% है शॉर्ट-लॉग खेती विधि के लिए व्यवस्थित प्रवाह इस प्रकार है:

1. पेड़ का चयन और कटाई, छोटे खंडों में लॉग को काटना।

2. खंडों को प्लास्टिक की थैलियों में स्थानांतरित करें।
3. बंध्याकरण, फिर टीकाकरण, फिर स्पॉन रनिंग और लॉग को मिट्टी में दफनाना।
4. विकास के दौरान फलने वाले पिंडों को पिनहेड अवस्था से परिपक्वता तक झुकाना।
5. फलदार निकायों की कटाई।
6. फलने वाले पिंडों को विद्युत सुखाने वालों द्वारा सुखाना।
7. पैकेजिंग।

यहां यह ध्यान दिया जाना चाहिए कि तैयार किए गए लॉग/सेगमेंट को आमतौर पर ग्रीनहाउस या प्लास्टिक शेड के अंदर मिट्टी में दबा दिया जाता है। मिट्टी को जल निकासी, वायु पारगम्यता और जल प्रतिधारण की इष्टतम स्थितियों की अनुमति देनी चाहिए, लेकिन अत्यधिक आर्द्रता से बचा जाना चाहिए।

कंटेनर के रूप में प्लास्टिक की थैलियों या बोतलों का उपयोग करने वाले सामान्य खेती सब्सट्रेट में निम्नलिखित शामिल हैं (कृपया ध्यान दें कि ये संदर्भ के लिए हैं और चयनित उपभेदों के अनुसार संशोधित किए जा सकते हैं): (*i*) चूरा 78%, गेहूं की भूसी 20%, जिप्सम 1% और सोयाबीन पाउडर 1%; (*ii*) खोई 75%, गेहूं की भूसी 22%, गन्ना चीनी 1%, जिप्सम 1% और सोयाबीन पाउडर 1%; (*iii*) कपास के बीज का छिलका 88%, गेहूं का चोकर 10%, गन्ना चीनी 1% और जिप्सम 1%; (*iv*) चूरा 70%, मकई कोब पाउडर 14%, गेहूं की भूसी 14%, जिप्सम 1% और अनाज पुआल राख 1%; (*v*) मक्के का चूरा 78%, गेहूँ/चावल की भूसी का 20%, जिप्सम 1% और भूसे की राख 1%। बंध्याकरण के बाद, प्लास्टिक की थैलियों को क्षैतिज रूप से रखा जा सकता है।

6.6. दूधिया मशरूम (*कोलोसाइबे इंडिका*)

दूधिया रंग का बड़ा और स्वाद वाला फल शरीर, गेहूं या चावल की भूसी की आपूर्ति के साथ चावल या गेहूं के भूसे पर 24 डिग्री से 30 डिग्री सेल्सियस में स्पॉन उगाया जा सकता है। कैल्शियम कार्बोनेट के साथ मिट्टी के रेत के मिश्रण के साथ गाय के गोबर को प्राथमिकता दी जाती है।

6.7. विशाल मशरूम (*स्ट्रोफारिया रगुसो-एनुलाटा*)

दुनिया में लगभग दस विभिन्न प्रजातियों की खेती की जाती है जिनमें बड़े आकार के फल होते हैं। भारत में, अधिमानतः जंगल के कूड़े, एफवाईएम और काई के मिश्रण, चावल और गेहूं के भूसे पर खेती की जाती है। स्पॉनिंग के लिए 20° से 30°C और आवरण के लिए 16° से 20°C तापमान की आवश्यकता होती है। प्रारंभिक 3-4 फ्लश में जैविक दक्षता 90-95% हो सकती है।

6.8. ब्लैक ईयर मशरूम (*ऑरिकुलेरिया पॉलीट्रिचा*)

सीप मशरूम के समान खेती की तकनीक चावल या गेहूं की भूसी के मिश्रण के साथ गेहूं या चावल के भूसे का उपयोग आवरण सब्सट्रेट के रूप में किया जाता है, कुछ समय चूरा और गन्ना खोई का भी उपयोग किया जाता है। 22° से 28°C तापमान पर अच्छी तरह से निष्पादित करें।

7

मशरूम के रोग और उनका प्रबंधन

मशरूम में पोषक तत्वों का समृद्ध स्रोत, मुख्य रूप से प्रोटीन और अन्य खनिज विटामिन जैसे बायोएक्टिव घटक, जैसे फेनोलिक यौगिक, टरपीन, स्टेरॉयड और पॉलीसेकेराइड पाए जाते हैं। मशरूम, किसी भी अन्य खेती की फसल की तरह, रोगजनकों और कीटों के हमले के अधीन है। कवक, बैक्टीरिया और वायरस मशरूम की फसलों में विभिन्न प्रकार की बीमारियों का कारण बनते हैं। मशरूम का अस्तित्व और गुणन कई कारकों से जुड़ा होता है, जो व्यक्तिगत रूप से कार्य कर सकते हैं या उनके बीच परस्पर प्रभाव डाल सकते हैं। खाद्य मशरूम के उत्पादन में नाटकीय नुकसान कई सूक्ष्म जीवाणु रोगों के कारण होता है, जो खेती में तीव्रता से होता है। तापमान, आर्द्रता, कार्बन डाइऑक्साइड के स्तर CO_2 और कीटों के अस्तित्व जैसे पर्यावरणीय कारक खाद्य मशरूम में संक्रमण की सुविधा प्रदान करते हैं। इन क्षेत्रों के कारण बैक्टीरिया और कवक मूल के मशरूम के रोग अक्सर मशरूम उत्पादकों को चुनौती देते हैं। मशरूम के उत्पादन में व्यावसायिक रूप से बड़े पैमाने पर वृद्धि हुई है, इसलिए विभिन्न वायरल संक्रमणों के कारण मशरूम उत्पादकों के सामने गंभीर चुनौतियों का सामना करना पड़ता है, फंगल वायरस के रूप में जाना जाने वाला माइको-वायरस लगातार फंगल टैक्सोनोमिक समूहों को संक्रमित करता है जिसमें फाइटोपैथोजेनिक कवक और मशरूम शामिल हैं। विभिन्न संक्रमणों के कारण मशरूम पर कुछ महत्वपूर्ण फेनोटीपिक प्रभाव देखे गए हैं। विभिन्न बीमारियों को नियंत्रित करना बहुत मुश्किल है, लेकिन खेत का सावधानीपूर्वक प्रबंधन और अत्यधिक स्वच्छता बड़े हमलों को रोकती है। फसल के समय जो रोग अभी भी स्पर्शोन्मुख हैं, वे शेल्फ जीवन की गुणवत्ता को गंभीर रूप से प्रभावित करते हैं।

मशरूम की खेती में, चयनित कवकनाशी आमतौर पर क्लोरीन (घरेलू ब्लीच) जैसे लागू होते हैं, जिसमें काफी लागत शामिल होती है। इसके अतिरिक्त, पत्तियों की खेती में रसायनों के उपयोग से अवांछित अवशेष, जिनमें से कई के उपयोग पर प्रतिबंध लगा दिया गया है। अधिकांश रसायन जिन्हें अभी भी अनुमति दी गई है, वे प्रमुख मशरूम रोगों को पर्याप्त रूप से नियंत्रित करने में विफल रहे हैं क्योंकि प्रतिरोध आसानी से प्रेरित होता है इसलिए अच्छे विकल्प खोजने होंगे।

7.1. सामान्य रोग

मशरूम की खेती में जीवाणु, कवक या विषाणु रोग एक बड़ी समस्या है (तालिका 7.1)। कम उत्पादकता के कारण उत्पादों का एक उच्च प्रतिशत खो जाता है। गुणवत्ता में कमी और शेल्फ जीवन को छोटा करना।

तालिका 7.1. मशरूम की फसलों के लिए हानिकारक रोग और रोगजनक

क्रमांक	स्रोत	बीमारी	पैथो-वार्स
1.	जीवाणु	जीवाणु बैक्टीरियल पीलापन	स्यूडोमोनास रिएक्टंस
		ब्राउन ब्लॉच, सॉफ्ट रोल	पी. अगारिकी, पी. तोलासी, पैंटोआ एसपीपी
		स्टाइप नेक्रोसिस	इविंगेला अमेरिकाना
2.	मोल्ड	ड्राई बबल	लेकेनिसिलियम कवककोला, वर्टिसिलियम
		गीला बुलबुला	माइकोगोन एसपी
		कम्पोस्ट में हरी कम्पोस्ट और ग्रीन मोल्ड चालू	ट्राइकोडर्मा एट्रोविराइड टी सिट्रीनोविराइड, टी हेजियानम, टी. जोंगिब्राचियाटम, टी. प्लुरोटम, टी. प्लुरोटिकोला, टी. विरेन्स
		कोबवेब	क्लैडोबोट्रियम माइकोफिलम
		ब्राउन स्पॉट	ग्लियोक्लेडियम गुलाब
3.	वाइरस	वापस मरो	ऑयस्टर मशरूम गोलाकार वायरस
		फ्रांस	ऑयस्टर मशरूम आइसोमेट्रिक वायरस
		–	प्लुरोटस ओस्ट्रेटस-संक्रमित गोलाकार
		–	पेरिंगिट गोलाकार वायरस (पीईएसवी)
		–	पी. पल्मोननस वायरस (पीपीवी)

7.2. रोगों का स्रोत

यह सामान्य है कि जहां फसल में रोग का प्रकोप होता है वहां रोग की उत्पत्ति के बारे में पूरी तरह से रहस्यमय उत्पादक होता है। नियंत्रण उपायों में शामिल हैं। कवकनाशी के न्यूनतम उपयोग के साथ बहुत अच्छी स्वच्छता को एकीकृत करना। ठीक से एक कठोर स्वच्छता कार्यक्रम लागू करें। यह बहुत स्पष्ट होना आवश्यक है कि बीमारियों के कारण की समझ, वे कहाँ से आती हैं और कैसे होती हैं।

7.2.1. मिट्टी

मशरूम के लगभग सभी सामान्य कवक और जीवाणु रोग मिट्टी में उत्पन्न होते हैं। इस प्रकार मिट्टी मशरूम उत्पादक और हर संभव की दुश्मन है। प्रदूषण के स्रोतों को समाप्त किया जाना चाहिए। मिट्टी मशरूम में मिल सकती है, कई मायनों में यह उत्पादन प्रणाली और सबसे आम प्रणाली में शामिल हैं:

1. वाहनों के पहियों पर या जूतों पर मिट्टी
2. हवा से उड़ती धूल
3. पानी में मिट्टी, मिट्टी के किनारे से यार्ड की ओर बहती है
4. आवरण की मिट्टी संदूषण के रूप में इसे तैयार किया जा रहा है
5. जमीन चूना पत्थर या अपशिष्ट चूने का मिट्टी संदूषण।

7.2.2. पानी

आवरण को गीला करने के लिए गंदे पानी के उपयोग से बीमारी का प्रकोप हो सकता है परीक्षणों से पता चला है कि बुलबुला बीजाणु (वर्टिसिलियम और माइकोगोन एसपी) आसानी से हो सकते हैं जो कि गंदे पानी में कई महीनों तक जीवित रहते हैं।

7.2.3. पीट

एक दलदल में पीट ऊपरी परत को छोड़कर अपेक्षाकृत जीवाणुरहित है। यदि आवरण का स्रोत है तो यह लगभग निश्चित रूप से पीट की कटाई के बाद संदूषण से रोगग्रसित होगा। अपशिष्ट चूना (SBL) चीनी निष्कर्षण प्रक्रिया से आ रहा है। कारखाना बहुत साफ है, क्योंकि इसे उच्च तापमान के अधीन किया गया है, हालांकि यह बाद में एक गंदे क्षेत्र में संग्रहीत किया जाता है जिससे यह दूषित हो सकता है।

7.2.4. खाद

यह बहुत कम संभावना है कि ठीक से बनाई गई खाद बीमारियों का स्रोत हो, जैसे बुलबुला या मकड़ी के जाले के रूप में, क्योंकि खाद अपने में एक पाश्चराइजेशन चरण के माध्यम से तैयार की जाती है। इसमें कुछ के लिए कम्पोस्ट तापमान को 56–58 डिग्री सेल्सियस पर बनाए रखना आवश्यक है, जो इन बीमारियों को पैदा करने वाले सभी बीजाणुओं को मार देंगे। अभी भी कुछ अनिश्चितता और बहस है कि क्या हरे रंग की फफूंद ट्राइकोडर्मा एसपी कंपोस्टिंग प्रक्रिया से बचा सकते हैं, क्योंकि इसमें बहुत अच्छी स्वच्छता प्रक्रियाएं कम्पोस्ट यार्ड की उस बीमारी को बहुत निचले स्तर तक कम करने में सफल रही हैं।

7.2.5. स्पॉन

मशरूम स्पॉन उन कारखानों में बनाया जाता है, जहां स्वच्छता के सर्जिकल स्तर (सड़न रोकने वाली स्थिति) का उपयोग किया जाता है ताकि स्पॉन के लिए बीमारी का स्रोत बनना लगभग असंभव हो। स्पॉन को खाद में डालते समय बहुत सावधानी बरतनी पड़ती है।

7.3. रोग का प्रसार

प्रोपेग्युल्स रोग फैलाने का मुख्य तरीका है। ये छोटे अदृश्य हैं, रोग पैदा करने वाले कवक द्वारा बहुत बड़ी संख्या में बीज उत्पन्न होते हैं। इन्हें नंगी आंखों से नहीं देखा जा सकता है, केवल शक्तिशाली सूक्ष्मदर्शी द्वारा ही देख सकते हैं। नतीजतन, उत्पादक पूरी तरह से अनजान हैं कि वे बीमारी फैला रहे हैं और यह मुख्य में से एक नियंत्रण में समस्याएं है।

7.3.1. प्राथमिक बीजाणु फैलाव

रोग पैदा करने वाले एजेंटों पर बनने वाले बीजाणु, कवक या बैक्टीरिया से अलग हो जाते हैं और कई तरह से फैलते हैं जिनमें शामिल हैं: (*i*) वायु धाराएं – हवा (*ii*) मक्खियां – बीजाणु पैरों, पैरों और पंखों से चिपक जाते हैं (*iii*) लोगों के कपड़े, हाथ आदि। (*iv*) पानी के छींटे बुलबुले के साथ बहुत महत्वपूर्ण हैं (*v*) उपकरण; (*vi*) सामग्री जैसे खाद और आवरण।

7.3.2. द्वितीयक बीजाणु फैलाव

एक बार जब बीजाणु किसी संक्रमण स्थल पर पहुंच जाते हैं, चाहे वह खाद में हो या आवरण में, वे अंकुरित होकर माइसेलियम का उत्पादन करेंगे, जो रोग को जन्म देगा और बड़ी संख्या में बीजाणु पैदा करेगा। इनोकुलम स्तर, तापमान और आर्द्रता के आधार पर भिन्न होता है। रोग के प्रारंभिक निम्न स्तर से द्वितीयक प्रसार की मुख्य विधियों में निम्नलिखित में से कोई एक या सभी शामिल हैं: *(i)* पानी देना रोग बीजाणुओं को फैलाने का एक बहुत ही कुशल तरीका है *(ii)* लोग - कपड़े, हाथ और उपकरण सहित *(iii)* मक्खियाँ, विशेष रूप से सायरिड्स, एक बहुत अच्छा परिवहन तंत्र है क्योंकि बीजाणु उनके पैरों, पंखों और शरीर से चिपके रहते हैं। मक्खी की निगरानी और प्रारंभिक नियंत्रण एक एकीकृत रोग नियंत्रण प्रणाली है। *(iv)* वायु संचलन का एक अनिवार्य तत्व है। कुछ बीजाणु जैसे कि मकड़ी के जाले आसानी से हवा में चले जाते हैं।

7.4. जीवाणु रोग

बैक्टीरियोसिस एक अप्रत्याशित बीमारी है जो पहले या दूसरे स्पोरोफोर फ्लश के दौरान हो सकती है, जिससे उपज में काफी कमी आती है। विनाशकारी रोग स्तर बढ़ते कक्षों में उच्च सापेक्ष आर्द्रता स्तरों पर होने वाली पर्यावरणीय परिस्थितियों से प्रेरित होते हैं। बैक्टीरियल ब्लॉच प्रकोप के अनुकूल आवरण परत में पानी की अधिकता और बढ़ते घर में कम वातन दर होती है। ये स्थितियां रूपात्मक रूपों या आक्रामक पैथोवारों की घटना को प्रेरित कर सकती हैं: स्यूडोमोनास रिएक्टंस और स्यूडोमोनास टोलासी।

लो कैंटोर और लैकोबेलिस के अनुसार, खेती किए गए प्लुरोटस ओस्ट्रेटस पर घावों के एटियलजि में स्यूडोमोनास एसपीपी, पी. टोलसिल और पी. रिएक्टंस के बीच बातचीत से बना एक जटिल कार्य शामिल है, हालांकि व्यक्तिगत रूप से ये बैक्टीरिया अलग-अलग लक्षण पैदा करते हैं। पी. टोलासिल लगातार पी. ओस्ट्रेटस छद्म ऊतकों पर भूरे-लाल धब्बों के साथ जुड़ा हुआ है। स्यूडोमोनास एसपीपी और पी. रिएक्टन्स ज्यादातर पी. ओस्ट्रेटस स्पोरोकार्प्स पर सतही पीले घावों से जुड़े होते हैं, जो रोगजनक का परख में स्पोरोकार्प्स के पीले रंग के मलिनिकरण का कारण बनते हैं।

कम सापेक्ष आर्द्रता, तापमान, कार्बन सहित पर्यावरण नियंत्रण डाइऑक्साइड स्तर, साथ ही खेती के कमरों की सफाई में महत्वपूर्ण भूमिका निभाते हैं। रोग के प्रसार को कम करना। नायर और ब्राडली ने इस पर जोर दिया। तापमान को नियंत्रित करके मशरूम की टोपी को सूखा रखने का महत्व होता है जिससे बैक्टीरिया के प्रसार को रोकने के लिए आर्द्रता और वेंटिलेशन प्राप्त हो सके।

7.4.1. जीवाणु पीलापन

प्लुयोरोटस एरनगिल की खेती के दौरान देखे जाने वाले रोगों में, बढ़ने की प्रक्रिया जो भी हो, यह पीलापन है जो क्षति का सबसे गंभीर कारण बन सकता है। यह रोग पाइलस के पीले रंग के मलिनिकरण की विशेषता है और हाइड्रोपिक, पूरे तने पर अक्सर लम्बी और जमाने वाले क्षेत्र पर उपस्थित होता है। रोगसूचक बेसिडिओमाइकोटा फिर बढ़ना बंद कर देता है और लाल भूरे रंग का हो जाता है और इससे प्रभावित होता है। सड़न रोगग्रस्त स्पोरोफोर्स एक गंध छोड़ते हैं, जो लगभग शराब की तरह होती है। पहली बार में सुखद, लेकिन तेजी से आक्रामक और मिचली करने वाला हो जाता है।

(स्यूडोमोनास एगारिक) और पी. रिएक्टन्स को पी. एरिंजि और पी. ओस्ट्रिएटस (जैक.) पी. कुम दोनों में पीलेपन के सबसे संभावित कारण एजेंट के रूप में सूचित किये जाते हैं। पी. रिएक्टन्स फ्लोरोसेंट स्यूडोमोनास के समूह से संबंधित हैं और इसे मशरूम हाइफोस्फीयर (ब्रूनो *एट अल.* 2013; किम *एट अल.*, 2007) में रहने वाले सैप्रोफाइटिक बैक्टीरिया माना जाता है। अन्य जीवाणु प्रजातियों को रोगसूचक बेसिडियोमाइकोटा (स्यूडोमोनास कोस्टेंटिनी, बैसिलस सेरेस एंटरोबैक्टर एमनिजेनस, स्फिंगोमोनास एसपीपी. स्टैफिलोकोकस एपिडेमिडिस, पैंटोआ एसपीपी. और मोराक्सेला ओस्लोएंसिस) से अलग किया गया है। बेसेट एट अल. (1985) ने बताया कि पी. ऑस्ट्रिएटस में पी. अगरिसी की वजह से पीला धब्बा इस पर एक साफ पीला तरल बनाता है।

पहले क्लस्टर की सतह, और फिर गंभीरता में वृद्धि के साथ विकृत। पीरिंग के विभिन्न व्यावसायिक उपभेदों द्वारा प्रदर्शित संवेदनशीलता/प्रतिरोध में अंतर रोग की घटनाओं में महत्वपूर्ण भूमिका निभा सकता है। प्राथमिक उपस्थिति से लेकर व्यावसायिक परिपक्वता तक, बेसिडिओमा के विकास के सभी चरणों में पी एरिंजि का पीलापन हो सकता है। मशरूम उत्पादक आमतौर पर निराशाजनक परिणामों के बावजूद, पीलेपन को रोकने या इसके विकास को रोकने के लिए प्रयास करते हैं और सोडियम हाइपोक्लोराइट या इंडिन युक्त रसायनों को इमिगेशन पानी में जोड़कर फैलते हैं। इस बीमारी को रोकने या नियंत्रित करने के लिए एक पर्याप्त विधि का पता लगाने के लिए काफी शोध किया गया है। नियंत्रण, जैसे सापेक्ष वायु आर्द्रता को कम करना और क्लोरीन घोल (कैल्शियम क्लोराइड और क्लोरीनयुक्त यौगिकों) की कम सांद्रता के साथ पानी देना वर्तमान में धब्बा रोग नियंत्रण के लिए सबसे अधिक उपयोग किया जाने वाला रसायन है। जब मशरूम गीले रहते हैं, हालांकि, क्लोरीन की मात्रा बहुत कम होती है। जीवाणु आबादी एक ऐसी दर से प्रजनन करती है जो ऑक्सीकरण एजेंट के प्रभाव को बेअसर कर देती है। कई अन्य कीटाणुनाशक और एंटीबायोटिक्स, जैसे कि क्लोरैमाइन्स टी और ब्रोनोपोल, आवश्यक तेल, और कासुगामाइसिन, को भी जीवाणु धब्बा रोग को नियंत्रित करने की उनकी क्षमता के लिए आजमाया गया है।

7.4.2. बैक्टीरियल ब्लॉच

पी. टोलासी एक जीवाणु है, जो बटन मशरूम अगारिकस सपप. में, फ्लामुलिना सपप. में, ऑयस्टर मशरूम प्लुयोरोटस सपप. में और (शियाटेक लेंटिनस इडेडिस कोमो'न जिलाजोव्सका *एट अल.* 2007) में बैक्टीरिया के धब्बे का कारण बनता है। पी. तोलासी जीवाणु के कारण होने वाला जीवाणु भूरा धब्बा रोग, सीप मशरूम के लिए सबसे गंभीर जीवाणु रोगों में से एक रहा है। यह रोग अक्सर एक बड़े भौगोलिक क्षेत्र में होता है। हर साल बीमारी की घटनाएं अलग-अलग होती है। एक बार जब रोग एक खेत में हो जाता है, तो इसे नियंत्रित करना बहुत मुश्किल हो जाता है, इससे पहले कि सभी सब्सट्रेट बैग को खेत से हटा दिया जाता है, तोलासिन, पी. टोलासी द्वारा उत्पादित एक बाह्य लाइपोडेप्सिपेप्टाइड विष, प्रमुख विषाणु कारक साबित हुआ है। जब पी. एस्ट्रेटस में भूरे रंग का धब्बा लक्षण विकसित होता है, तो यह पी. टोलासी द्वारा निर्मित एक अस्थिर विष, टॉयसिन के कारण सड़ना जारी रखता है।

टोलासी केवल तभी होता है जब पी. ओस्ट्रिएटस के संपर्क में प्रारंभिक डेटा इस परिकल्पना का समर्थन करता है कि पी. टॉलासी स्ट्रेन पोस्ट्रीटस में बीमारी का कारण बनता है और इसमें ऐसे तंत्र होते हैं जो उन्हें विशेष रूप से पी. ओस्ट्रेटस के साथ बातचीत करने में सक्षम बनाते हैं। रोगजनक पाइलस पर धब्बा के लक्षणों का कारण बनता है, झिल्ली के छिद्र बनाता है और सेलुलर झिल्ली संरचना को बाधित करता है (मोक्वेट एट *अल.*, 1996)।

चित्र 7.1. मशरूम की फसल *स्यूडोमोनास तोलासी* के कारण होने वाला जीवाणु धब्बा

इस रोग की विशेषता मशरूम की टोपी पर भूरे रंग के घावों के निर्माण और स्टिपों में बैक्टीरिया के विकास और मलिनिकरण द्वारा होती है: इन घावों में थोड़े अवतल धब्बे होते हैं, जो गोल या फैल सकते हैं। आमतौर पर, स्पॉटिंग मशरूम कैप के किनारे पर या उसके पास होती है। ब्लॉच तब होते हैं जब पानी भरने के बाद मशरूम 4-6 घंटे तक गीला रहता है: भूरे रंग के धब्बे और धब्बे बढ़ जाते हैं और दूसरों के साथ मिल जाते हैं। प्रभावित क्षेत्र धँसा हुआ है और चिपचिपी सामग्री से ढका हुआ है हालांकि, यह रोग पाइलस ऊतकों की केवल ऊपरी बाहरी परतों को प्रभावित करता है और पाइलस सतह से 2-3 मिमी नीचे तक सीमित होता है।

शुरुआत के दौरान बैक्टीरिया पाइलस की सतह पर पहुंच सकते हैं और उपनिवेश बना सकते हैं। जब युवा पाइलस अभी भी सब्सट्रेट के संपर्क में है, तो शरीर के विकास के चरण में फलने-फूलने वाले सब्सट्रेट से अधिक जीवाणु आबादी के परिणामस्वरूप अधिक गंभीर संक्रमण हो सकता है। प्राइमर्डियल की बीमारी की घटना सीधे सब्सट्रेट से बैक्टीरिया के उपनिवेशण से हो सकती है। पाइलस में रोग की गंभीरता, परीक्षण किए गए उपभेदों के लिए प्राइमोर्डिया रोग की घटनाओं के अनुरूप है, जिसमें स्पॉन्ड सब्सट्रेट पर टीकाकरण होता है। इस रोग का प्रबंधन करने के लिए मशरूम के ऊपर हवा की गति बढ़ाकर मशरूम की सतह से नमी को वाष्पित करते हैं।

7.4.3. नरम सड़ांध

नरम सड़ांध को कम करने के लिए प्रारंभिक फलने वाले शरीर के विकास चरणों के दौरान पैदा हुए सब्सट्रेट से पाइलस में रोगजनक के हस्तांतरण को नियंत्रित करना महत्वपूर्ण है। जीनस पैंटोआ में कई प्रजातियां शामिल हैं जो आमतौर पर पौधों से जुड़ी होती हैं, या तो एफिाइट्स के रूप में या रोगजनकों के रूप में (यांग *एट अल.*, 2011)। नकारात्मक जीवाणु पैंटोइया एसपीपी. पी. एरिंजि के स्टिप और पाइलस पर पानी से लथपथ घावों के लक्षणों के साथ नरम सड़न रोग के कारक एजेंट के रूप में भी सूचित किया गया है। नरम सड़ांध रोग के विशिष्ट लक्षणों में संक्रमण के प्रारंभिक चरण में गहरे भूरे रंग की पानी की बूंद शामिल है, इसके बाद मशरूम को खेती के कमरे में स्थानांतरित करने के एक दिन के भीतर मशरूम के तने और टोपी पर पानी से भीगे हुए घावों का विकास होता है। घाव धीरे-धीरे फैलते हैं और चिपचिपा, बलगम जैसे तरल पदार्थ का निर्माण करते हैं, जो अंत में विकास के दौरान एक आक्रामक गंध के साथ एक नरम नरम सड़ांध

की ओर जाता है। पी. एरिंजि के फलने वाले शरीर पर घावों से पैंटोइया बेजिंगेंसिस (विकास 10-37 डिग्री सेल्सियस पर होता है) का तनाव पानी से लथपथ घावों और स्टेप्स और पाइल में नरम सड़ांध के लक्षण प्रदर्शित करना (किम *एट अल.*, 2007)।

वर्तमान में, सक्रिय क्लोरीन युक्त यौगिक सबसे अधिक हैं जीवाणु रोग नियंत्रण के लिए प्रयुक्त रसायन। सांद्रता के साथ पानी देना 175 पीपीएम सक्रिय क्लोरीन पी के नरम सड़न रोग को कम करने के लिए प्रभावी था मशरूम की उपज को प्रभावित किए बिना इरिंजि।

7.4.4. स्टाइप नेक्रोसिस

इविंगेला अमरिकाना की पहचान एक अवसरवादी रोगजनक के रूप में की गई थी। विषय में एंटरोबैक्टीरियासी, उनके प्रसार और उनके योगदान के बारे में बहुत कम जाना जाता है खेती किए गए मशरूम के कुल माइक्रोबियल भार के लिए। ई. अमेरिकाना की पहचान की गई एकत्र किए गए रोगसूचक नमूनों पर आंतरिक स्टाइप नेक्रोसिस के कारक एजेंट के रूप में मशरूम के खेतों से।

आंतरिक स्टीप नेक्रोसिस के लक्षण मशरूम के तने के केंद्र में एक परिवर्तनशील ब्राउनिंग प्रतिक्रिया के रूप में प्रकट होते हैं। अनुदैर्ध्य खंड में जांच की गई, भूरे रंग के ऊतक डंठल के आधार से टोपी तक फैले हुए हैं, लेकिन शायद ही कभी टोपी ऊतक में प्रवेश करते हैं। प्रभावित मशरूम दिखने में गीले हो सकते हैं, लेकिन अक्सर, कटाई के समय भूरे रंग के ऊतक सूख जाते हैं और एक खोखला केंद्र छोड़कर पूरी तरह से गिर जाते हैं। सभी मामलों में, लक्षण केवल कटाई के समय ही दिखाई देते हैं। आंतरिक स्टाइप नेक्रोसिस रोग की घटना कभी-कभी प्रारंभिक विकास चरण में मशरूम के डंठल के जल-जमाव से जुड़ी हुई है, और इसलिए हर समय बिस्तर की सतह से अच्छा वाष्पीकरण बनाए रखना महत्वपूर्ण है। पी. ओस्ट्रेटस में, लक्षणों में नरम सड़ांध और ऊतकों का हल्का भूरापन शामिल था।

7.5. कवक रोग

7.5.1. सूखा बुलबुला

लेकेनिसिलियम कवककोला मशरूम में एक विनाशकारी रोगजनक है। उद्योग, जो प्लुरोटस एसपीपी के वाणिज्यिक उत्पादन में महत्वपूर्ण नुकसान का कारण बनता है। यह फफूंद व्यावसायिक रूप से उगाए जाने वाले मशरूम में शुष्क बुलबुला रोग का कारण बनता है। हालांकि अन्य प्रजातियों के लिए इसकी रोगजनकता स्थापित नहीं की गई है, इसे कई अन्य बेसिडिओमाइसीट्स से अलग किया गया है। स्वस्थ पी. ओस्ट्रिएटस की नोक पर, ये आइसोलेट्स बीमारी का कारण बनते हैं और उन्हें फिर से अलग किया जा सकता है। एल. कवककोला का उल्लेख प्लुरोटस पल्मोनरीस के रोग़ज़नक़ के रूप में भी किया गया है। हालांकि, एल कवककोला अक्सर जंगली मशरूम पर नहीं पाया जाता है, इसकी एक विस्तृत मेजबान सीमा नहीं होती है और अधिक बार पहले से ही सड़ने वाले मशरूम को संक्रमित कर सकती है।

संक्रमण के समय स्पोरोफोर्स के विकास के चरण में दो अलग-अलग लक्षण सिंड्रोम देखे जाते हैं। पिन पर स्पोरोफोर्स का संक्रमण या बटन चरण के परिणामस्वरूप विशिष्ट सूखे बुलबुले, अनाकार का विकास हुआ इसके विपरीत स्पोरोफोर ऊतक के द्रव्यमान, परिपक्व स्पोरोफोर्स ने क्रैकिंग दिखाया और ऊतकों और उदास,

भूरे, परिगलित क्षेत्रों का कर्लिंग। उन्नत में चरण, माइसेलियम और कोनिडिया का एक धूसर कपड़ा अक्सर इसकी सतह को कवर करता है।

एल कवककोला का नियंत्रण सख्त स्वच्छता, पर्यावरण के नियमन और नियमित कवकनाशी स्प्रे कार्यक्रम पर निर्भर करता है। शुष्क बुलबुले के नियंत्रण के लिए कुछ रसायनों का उपयोग किया जा सकता है क्योंकि मेजबान कवकनाशी के प्रति भी संवेदनशील होता है। विशेष रूप से, शुष्क बुलबुले रोग को नियंत्रित करने के लिए उपयोग किए जाने वाले कवकनाशी के खिलाफ एल कवककोला के प्रतिरोध के विकास की सूचना मिली है। शुष्क बुलबुला रोग के लिए प्रभावी और वर्तमान में कानूनी रासायनिक नियंत्रण स्पोरगोन (सक्रिय संघटकरू प्रोक्लोराज मैंगनीज) है। ल. कवककोला की स्पोरोगोन के प्रति संवेदनशीलता कम हो गई है; इसलिए स्पोरगोन की बढ़ती सांद्रता का उपयोग शुष्क बुलबुला रोग से निपटने के लिए किया जाना चाहिए एक अन्य प्रबंधन तकनीक जिसे हाल ही में शोध किया गया है, एल कवककोला के संक्रमित मेजबानों पर वाष्पशील 1-ऑक्टेन-3-ओएल का उपयोग है जबकि प्रबंधन पर इसके प्रभावों का योगदान करने के लिए और अधिक शोध की आवश्यकता है। यह दिखाया गया है कि 1-ऑक्टेन-3-ओल एल कवककोला के अंकुरण को रोकता है और यह बढ़ा हुआ स्तर रोगजनक को प्रभावी ढंग से नियंत्रित कर सकता है।

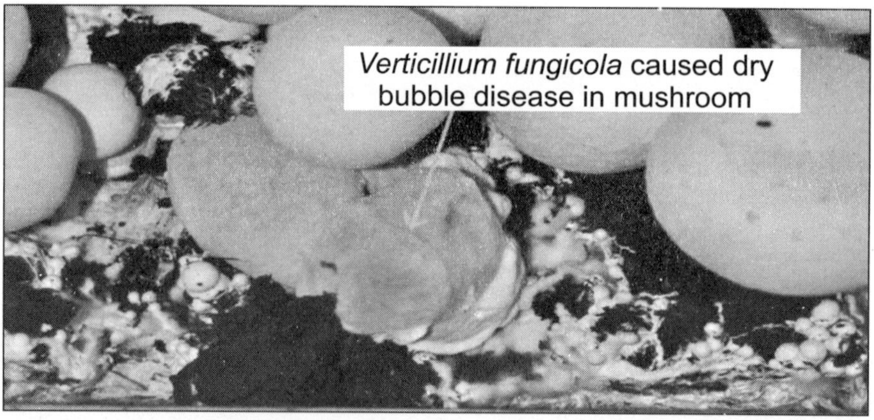

चित्र 7.2. *वर्टिसिलियम* कवककोला (रोग पैदा करने वाले रोगज़नक़) से संक्रमित मशरूम सूखा बुलबुला ऊतक लक्षणों के द्रव्यमान को विकसित करना

7.5.2. हरा मोल्ड

सीप मशरूम का व्यावसायिक उत्पादन ग्रीन मोल्ड महामारी से गंभीर रूप से प्रभावित हुआ है। संवर्धित सीप मशरूम के हरे फफूंद रोग के कारक एजेंट ट्राइकोडर्मा एसपीपी हैं। (टी. एस्परेलम, टैट्रोविंडे, टी. सिट्रिनोविराइड, टी. हेजियानम, टी. लॉन्गिब्राचियाटम, टी. प्लुरोटम, टी. प्लुरोटिकोला और टी. विरेन)। ट्राइकोडर्मा प्रजातियां अलैंगिक हैं, जीनस हाइपोक्रिआ (एस्कोमाइकोटा, पाइरेनोमाइसेट्स हाइपोक्रेलेस, हाइपोक्रेसी) से संबंधित टेलोमोर्फ के साथ सोड-इनहेबिटिंग फिलामेंटस कवक ट्राइकोडर्मा प्लुरोटम केवल खेती वाले पी. ओस्ट्रिएटस और इसके सब्सट्रेट पर पाया गया है। इसके विपरीत, ट्राइकोडर्मा प्लुरोटिकोला जंगली और खेती वाले पी. ओस्ट्रेटस दोनों पर पाया गया है। साथ ही सीप मशरूम के प्राकृतिक और उत्पादक सब्सट्रेटम पर ट्राइकोडर्मा ग्रीन मोल्ड संक्रमण खाद्य बेसिडिओमाइसीट्स में लंबे समय से जाना जाता है। ऑयस्टर मशरूम

सबस्ट्रेट्स में हरे फंगल स्पोरुलेशन की उपस्थिति वे विशिष्ट हरे मोल्ड लक्षण हैं। गंभीर प्रकोपों में, दूषित सब्सट्रेट से मशरूम का उत्पादन नहीं होता है।

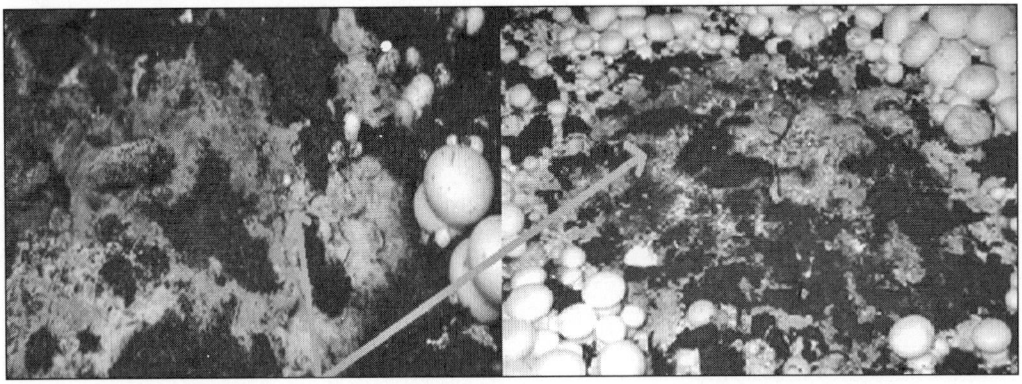

चित्र 7.3. दूषित सब्सट्रेट द्वारा *टी. हेर्जियानम* से संक्रमित मशरूम

पोस्ट्रीटस के ग्रीन मोल्ड संक्रमण द्वारा प्रेषित माना जाता है: मशरूम की खेती के लिए सब्सट्रेट वू एट *अल.* (2004) ने देखा है कि ट्राइकोडर्मा प्रजातियां सब्सट्रेट तैयारी के प्रारंभिक चरण में मौजूद हैं, लेकिन बाद में पास्चराइजेशन के साथ गायब हो जाती हैं, हालांकि, उन्हें फिर से पाया जा सकता है। प्लुरोटस एसपीपी. के साथ टीकाकरण के बाद सब्सट्रेट में। (स्पॉनिंग), स्पॉन रन (ऊष्मायन चरण) के दौरान और कटाई चक्र में। सब्सट्रेट ज्यादातर स्पॉन रन के दौरान ग्रीन मोल्ड संक्रमण के संपर्क में आता है, जब मशरूम मायसेलिया द्वारा चयापचय गर्मी उत्पन्न होने के कारण सब्सट्रेट तापमान 30 डिग्री सेल्सियस तक बढ़ जाता है, जबकि 15°C पर कोई वृद्धि नहीं देखी जाती है ट्राइकोडर्मा एसपीपी विकास के लिए इष्टतम पीएच अम्लीय-तटस्थ स्थिति है (पीएच 5-7) यह जानकारी बताती है कि सब्सट्रेट के पीएच को 8-9 में समायोजित करने से ट्राइकोडर्मा एसपीपी. की वृद्धि धीमी हो सकती है, जिसके परिणामस्वरूप संक्रमण फैलने में कमी आती है। ट्राइकोडर्मा एसपीपी. की मायसेलियल ग्रोथ। 10 घंटे के लिए 60 डिग्री सेल्सियस पर पाश्चुरीकरण द्वारा पूरी तरह से बाधित है। हरे मोल्ड की माइसेलियल वृद्धि 80% सापेक्ष आर्द्रता की स्थिति में अधिकतम हुई प्रोक्लोराज, निषेध के लिए सबसे प्रभावी कवकनाशी दिखाया गया था।

प्रोक्लोरेज़, हरे रंग के सांचों में मायसेलिया वृद्धि के निषेध के लिए सबसे प्रभावी कवकनाशी दिखाया गया था, क्योंकि इस कवकनाशी का विश्लेषण करते समय प्रतिरोधी ट्राइकोडर्मा एसपीपी. आइसोलेट्स की मात्रा सबसे कम थी। प्रोक्लोराज, बेनोमाइल, थियाबेंडाजोल और प्रोपिनेब को उचित तरीके से बेनोमाइल-अतिसंवेदनशील आइसोलेट्स के बीजाणु अंकुरण को रोकने के लिए पाया गया, जबकि क्लोरोथैलोनिल बेनोमाइल प्रतिरोधी उपभेदों के लिए प्रभावी था।

7.5.3. वेट बबल

माइकोगोन पर्निसियोसा वेट बबल डिजीज का कारण बनता है और दिखाई देने वाले लक्षण लगभग लेकेनिसिलियम एसपीपी. के समान होते हैं। मुख्य लक्षण ऊतक के बड़े अविभाजित और अनियमित द्रव्यमान का विकास है। अन्य लक्षणों में भारी सूजन वाली धारियों और विकृत टोपी के साथ गंभीर रूप से विकृत

मशरूम शामिल हैं, मस्से जैसी वृद्धि और कैप स्पॉटिंग एम्बर रंग के तरल की बूंदें बुलबुले की सतह पर दिखाई दे सकती हैं और ऊतक नरम और सड़ा हुआ हो जाता है। गंभीर मामलों में, सफेद मायसेलियम आसपास के आवरण पर विकसित हो सकता है जो बीजाणुओं के परिपक्व होने पर भूरे रंग का हो जाएगा।

माइकोगोन पेर्निसियोसा दो प्रकार के बीजाणु पैदा करता है, एक छोटा नाजुक अल्पकालिक एपोर और एक बड़ा, कठिन लंबे समय तक रहने वाला क्लैमाइडोस्पोर। माइकोगोन पेमिसियोसा प्रकृति में जंगली मशरूम पर होता है और इसलिए सख्त दीवार वाले बीजाणु मिट्टी में मौजूद हो सकते हैं। सख्त दीवार वाले बीजाणु मशरूम के खेतों पर कार्बनिक मलबे में जीवित रह सकते हैं जैसे कि संक्रमित फसलों से खाद और आवरण के मलबे, एम. पेर्निसियोसा का प्रकोप, इसलिए, आमतौर पर मिट्टी या अन्य धूल और मलबे के साथ आवरण या पानी की आपूर्ति के संदूषण से जुड़ा होता है, जिसके परिणामस्वरूप गठन होता है। ऊतक के विशिष्ट बड़े मिशापेन द्रव्यमान, यदि किसी का ध्यान नहीं जाता है या अनुपचारित छोड़ दिया जाता है, तो गीले बुलबुले शुरू में छोटे अल्पकालिक बीजाणुओं के द्रव्यमान का उत्पादन करते हैं और फिर बड़े सख्त क्लैमाइडोस्पोरस, और दोनों द्वारा फैलेंगेः आसन्न फसल पर पानी के छींटे, साथ ही आसपास की सतहों और फर्श पर। बीजाणु फर्श पर आवरण और खाद के मलबे के साथ मिश्रित हो जाएंगे और फिर खेत के चारों ओर जूतों पर फैल जाएंगे, साथ ही साथ धूल के अंश में खेत के चारों ओर उड़ जाएंगे। यह दूषित धूल और मलबा नए संक्रमण का कारण बन सकता है, यदि आवरण और आवरण उपकरण दूषित होते हैं या यदि ठंडे बस्ते और बढ़ते कमरे फसलों के बीच पूरी तरह से कीटाणुरहित नहीं होते हैं। बीजाणु चिपचिपे नहीं होते हैं और इसलिए मक्खियों द्वारा नहीं फैलते हैं।

चित्र 7.4. ***माइकोगोन पर्निसियोसा*** **गीला बुलबुला दिखा रहा है और मशरूम का आकार बदल गया है**

इलाज के लिए सभी क्षेत्रों को स्पष्ट रूप से चिह्नित करें एम. पर्निसियोसा के स्थानीयकृत अलग-अलग टुकड़ों को डिस्पोजेबल दस्ताने या प्लास्टिक बैग का उपयोग करके सावधानी से हटाया जा सकता है। एक बार जब गीले बुलबुले का टुकड़ा बैग या दस्ताने में हो, तो बैग या दस्ताने को सावधानी से उल्टा करके सुरक्षित रूप से बंद कर दें और सुरक्षित रूप से निपटाने दें। रोगग्रस्त क्षेत्र को पैच के किनारे से कम से कम 5 सेमी तक मजबूत पेपर टिश्यू (दोहरी मोटाई) के साथ कवर करें, जिसे आसानी से संभालने और स्थिति के लिए पानी से सिक्त किया गया हो। ऐतिहासिक रूप से, इस उद्देश्य के लिए उल्टे प्लास्टिक के कंटेनर

और नमक का उपयोग किया जाता था। यदि कागज के नीचे मशरूम उग रहे हैं, तो उन्हें बढ़ने से रोकने के लिए आवरण के साथ संबंध तोड़ने का प्रयास करें। यह सुनिश्चित करने के लिए नियमित रूप से उपचारित क्षेत्रों की जाँच करें कि आस-पास कोई पुनः वृद्धि नहीं हुई है जहाँ गीले बुलबुले के लक्षण एक विस्तृत क्षेत्र में होते हैं, जिसमें कई गीले बुलबुले, धब्बेदार और मिहापेन मशरूम एक साथ होते हैं, इसका मतलब है कि गीले बुलबुले के एक अनिर्धारित टुकड़े को अंत में पानी पिलाया गया था। पिछले फ्लश और दूषित पानी के छींटे ने अब बिस्तर के एक बड़े क्षेत्र को संक्रमित कर दिया है। इसका प्रभावी ढंग से इलाज करना मुश्किल है। क्षेत्र को पहले की तरह कवर करें और फ्लश के अंत में फसल को समाप्त करने पर विचार करें। फिर से पानी न दें। एक और फ्लश में ले जाना स्वच्छता प्रक्रियाओं की समीक्षा की जानी चाहिए ताकि यह सुनिश्चित हो सके कि उनका पालन किया जा रहा है।

7.5.4. कोबवेब

क्लैडोबोलरीयम की विभिन्न प्रजातियां, जिनमें सी. डेंड्रोइड्स, सी. मायकोफिलम, सी. वेरियम, सी. मल्टीसेप्टेटम, और सी. वर्टिसिलैटम शामिल हैं। कोबवेब रोग की खेती वाले मशरूम एगारिकस बिस्पोरस में कारक एजेंट के रूप में जाने जाते हैं और पाए जाते हैं। हालांकि, 2009-2010 में, कुछ व्यावसायिक रूप से उगाए गए पी. एरींग ने ए. बिस्पोरस में क्लैडोबोट्रीम मायकोफिलम के कारण होने वाले कवक रोग के समान लक्षण दिखाना शुरू कर दिया।

बीजाणु अपेक्षाकृत बड़े और बहुकोशिकीय होते हैं, जिन्हें आसानी से हटाया जा सकता है। स्पोरुलेटिंग कॉलोनी से बाहरी गड़बड़ी जैसे पानी, हवा परिसंचरण प्रणाली, और कटाई कोनिडिया 4 घंटे में अंकुरित और विकसित होने में सक्षम थे। यह तथ्य बताता है कि बीजाणु बहुत आसानी से हवा में फैल जाते हैं और कोनिडिया की वृद्धि होती है। पी. एरिंगी में कोबवेब रोग का महत्वपूर्ण कारक प्रभावित फसलें पुनः प्रयोज्य प्लास्टिक की बोतलों के सब्सट्रेट को दूषित कर सकती हैं, और परिवहन प्रणाली, और रोगजनक तेजी से खेत से खेत में फैल सकता है। यह संचरण का मुख्य तरीका है जिसके द्वारा रोगजनकों को वितरित किया जाता है।

चित्र 7.5. “*क्लैडोबोट्रियम* एसपीपी. के कारण भूरे रंग के मशरूम पर उगने वाला कोबवेब रोग।

मुख्य लक्षणों में से एक मशरूम की सतह पर फंगल मायसेलियम की कोबवेब जैसी वृद्धि है। सतह पर कॉलोनियां तेजी से मशरूम को अभिभूत करती हैं और 3-4 दिनों के भीतर कई बीजाणुओं का विकास करती हैं। मायसेलियम जल्दी से राजा सीप मशरूम मलबे, पिन-हेड्स, डंठल, पाइलस और गलफड़ों को कवर कर

सकता है, जिसके परिणामस्वरूप अंततः पूरे फल शरीर का अपघटन होता है। उपनिवेशित सतह हल्के भूरे या पीले रंग की हो जाती है, स्टाइप सतह के टूटने के साथ। फल शरीर अंततः गहरे भूरे रंग का हो जाता है और एक आक्रामक गंध के साथ बासी हो जाता है।

कवक रोगजनक मेट्राफेनोन (0.025 पीपीएम), प्रोक्लोराज मैंगनीज (0.3 पीपीएम), क्लोरोथालोनिल (0.45 पीपीएम), बेनोमाइल और कार्बेन्डाजिम (< 1.0 पीपीएम) के साथ-साथ थियोफैनेटमिथाइल (2.0–8.0 पीपीएम) और थियाबेंडाजोल के प्रति संवेदनशील है। (85 पीपीएम)। इस जोखिम को कम करने के लिए, बेनोमाइल और कार्बेन्डाजिम का उपयोग सावधानी के साथ तभी किया जाना चाहिए जब मशरूम उत्पादकों को यह निश्चित रूप से पता हो कि वे जिस रोगजनक को नियंत्रित करना चाहते हैं वह बेंजिमिडाजोल के प्रति संवेदनशील हैं। इसके अलावा, प्रोक्लोरेज़ मैंगनीज और थियोफेनेट मिथाइल के साथ सक्रिय संघटक के संयोजन से रोगजनक के प्रतिरोधी बनने के जोखिम को रोकने या कम करने में मदद मिल सकती है।

तालिका 7.2. मशरूम में कवक रोगों को नियंत्रित करने के लिए उपयोग किए जाने वाले सामान्य रसायन

फफूँदनाशी	रोगज़नक़ के खिलाफ	ख़ुराक
बेनोमाइल और कार्बेंडाजिम	*डैक्टाइलियम, माइकोगोन, ट्राइकोडर्मा, वर्टिसिलियम*	240 ग्राम/100 मी^{2} मिलाए आवरण के साथ या पानी में @ 240 ग्राम/200 एल/100 मीटर^2
क्लोरोथैलोनिल	*माइकोगोन, वर्टिसिलियम*	200 मिलीलीटर/200 लीटर/100 मीटर^2 पहला स्प्रे आवरण के 1 सप्ताह बाद और दूसरा 2 सप्ताह के बाद
प्रोक्लोरोज़ मैंगनीज	*डैक्टाइलियम, माइकोगोन, वर्टिसिलियम*	सिंगल स्प्रे के लिए 300 ग्राम/ 100 एल/100 मीटर^2 या 113 ग्राम/100 एल/100 मीटर^2 अगर 2 स्प्रे
थियाबेंडाजोल	*डैक्टाइलियम, माइकोगोन, वर्टिसिलियम*	240 ग्राम/100 मी^{2} मिलाएं आवरण के साथ या 240 ग्राम/200 एल/100 मीटर^2 @ पानी में
ज़िनेब	*डैक्टाइलियम, माइकोगोन, वर्टिसिलियम*	350 ग्रा./100 मीटर^2, (धूल) आवरण के बाद हर हफ्ते। आवरण के बाद और फ्लश के बीच 5 एल/10 मीटर^2 के @ 1 किलो/1000 एल

7.6. वायरल रोग

माइकोवायरस कवक में व्यापक हैं, जिसमें पादप रोगजनक कवक भी शामिल है, ज्यादातर मामलों में, उन्हें गुप्त होने या मेजबान कोशिकाओं में अव्यक्त संक्रमण के लिए कुछ लक्षण दिखाने की सूचना दी गई है। दिलचस्प बात यह है कि पूरे संस्कृति में लक्षण तब देखे गए जब एक निश्चित मशरूम स्पॉन को टीका

लगाया गया था। पी. टॉलासिल द्वारा बैक्टीरियल रोग जैसे ब्राउन ब्लाच रोग आमतौर पर संस्कृति के एक स्थानीय क्षेत्र तक ही सीमित होते हैं। इससे यह निष्कर्ष निकला कि लक्षण वायरस संक्रमित स्पॉन से उत्पन्न होते हैं। माइकोवायरल संक्रमण के लक्षणों में मंद मायसेलिया और फलने-फूलने वाले शरीर के विकास में अव. रोध और फलने वाले शरीर की विकृतियाँ शामिल हैं। 1980 में, पी. पल्मोनरी वायरस (Ppv) को मायसेलिया से अलग कर दिया गया था और पी. पल्मोनरियस, पी. एरिंगी गोलाकार वायरस (PSV) के बेसिडियोकार्प्स को गंभीर महामारी के लक्षणों के साथ, पी. एरिंगी मशरूम से अलग कर दिया गया था। ट्रांसमिशन इलेक्ट्रॉन माइक्रोस्कोप ने दिखाया कि यह 31-एनएम-व्यास के साथ गोलाकार था। पी. एरिंगी के फलने वाले शरीर में छोटे और मोटे तने और अनियमित आकार वाली चपटी टोपियां जैसे लक्षण दिखाई दिए। बेसिडियोकार्प के ऊतक से ली गई मायसेलिया ने एक ठोस माध्यम पर असामान्य रूप से मंद वृद्धि का प्रदर्शन किया। वायरस का इलाज अनिवार्य रूप से लक्षणों को समाप्त करता है, यह दर्शाता है कि वे रोग के प्रेरक एजेंट हैं। इसलिए, यह अनुमान लगाया जा सकता है कि कई अप्राप्य मशरूम रोग माइकोवायरल संक्रमण से संबंधित हो सकते हैं।

7.6.1. "ला फ्रांस" रोग

ऑयस्टर मशरूम आइसोमेट्रिक वायरस (OMIV), जो एक गोलाकार वायरस है जिसमें दो dsRNA जीनोम होते हैं और इसका व्यास 30 एनएम होता है। सीप मशरूम पर वायरल रोग के विशिष्ट लक्षण "ला फ्रांस" रोग से काफी मिलते-जुलते हैं जो ए. बिस्पोरस में एक प्रसिद्ध वायरल रोग है, जिसमें शरीर के गठन में देरी होती है। स्टाइप का छोटा होना, असामान्य आकार और पतले मशरूम कैप प्रमुख लक्षण हैं; कुछ संक्रमित मशरूम पर फलने वाले शरीर बिल्कुल नहीं बनते हैं और वायरल से संक्रमित हाइप बहुत धीरे-धीरे अगर पर बढ़ते हैं और उनका घनत्व बहुत कम होता है।

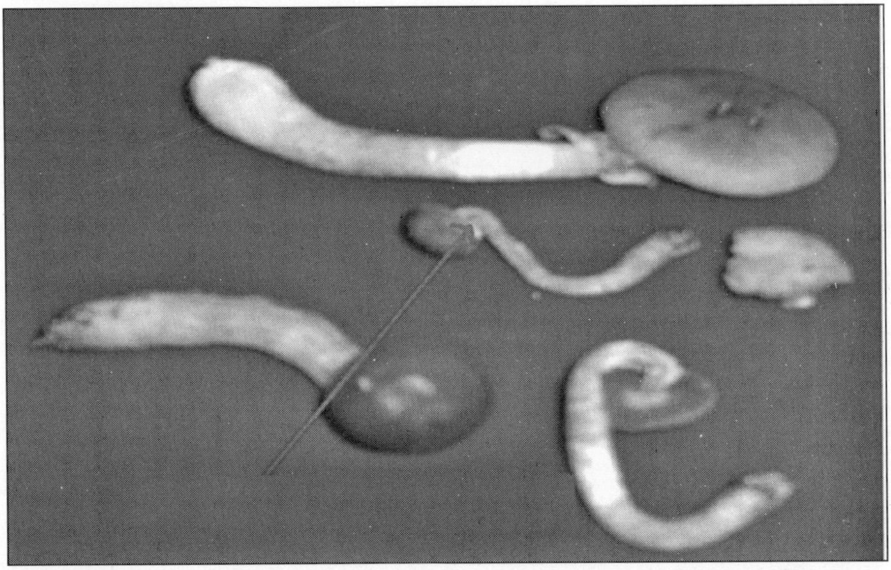

चित्र 7.6. ***ऑयस्टर मशरूम आइसोमेट्रिक वायरस (OMIV) से संक्रमित बिस्पोरस मशरूम और "ला फ्रांस" रोग का कारण बना***

7.6.2. डाई-बैक

मशरूम उद्योग अक्सर स्पॉन से संबंधित बीमारियों से पीड़ित होते हैं, अधिकांश विशेष रूप से मरने वाली बीमारी, जो एक वायरल संक्रमण से उत्पन्न होती है और अलग होती है पहला एकल-फंगस ssRNA माइकोवायरस, जिसका नाम ऑयस्टर मशरूम गोलाकार वायरस (OMSV) है, खेती की गई सीप मशरूम, पी. ओस्ट्रेटस। लक्षण बल्कि जटिल हैं और रोग तेजी से फैलता है। एक व्यावसायिक फार्म में ऐसी बीमारी का प्रकोप अक्सर उपज का पूर्ण नुकसान करता है और इसे नियंत्रित करना मुश्किल होता है। ओएमएसवी नहीं था, स्वस्थ मशरूम में पाया गया, और जब रोगग्रस्त मशरूम से OMSV ठीक हो गया, महामारी गायब हो गई। यह दृढ़ता से सुझाव देता है कि ओएमएसवी रोग का एक प्रेरक एजेंट है। एक और पी. ओस्ट्रेटस-संक्रमित गोलाकार डीएसआरएनए वायरस की खोज की गई थी, जिसे पीओवी 1 नाम दिया गया था। ओएमएसवी के विपरीत, जो सीधे मशरूम रोग से संबंधित है, पीओवी 1 द्वारा संक्रमण ने कोई अलग रूपात्मक या विकास फेनोटाइप नहीं दिखाया।

यहां चर्चा की गई प्रक्रियाएं एक एकीकृत नियंत्रण रणनीति का हिस्सा हैं जिसमें स्वच्छता, संरचना, फसल प्रबंधन और कीटनाशकों का उपयोग शामिल है। वे फसल पूर्व, फसल और पश्च फसल तीन वर्गों में विभाजित हैं। इन निर्देशों का पालन करने वाले उत्पादकों को रोग को कम रखने में सक्षम होना चाहिए।

7.7. फसल पूर्व सावधानियां

फसल से पहले रोग के सभी स्रोतों से बचना चाहिए। प्रारंभिक रोग संदूषण बीजाणुओं के साथ खाद या आवरण के परिणामस्वरूप जल्दी दिखाई देगा। यह बुलबुला (वर्टिसिलियम या माइकोगोन) रोग प्रकट होने में लगभग 7 से 10 दिन लगते हैं। बहुत महत्वपूर्ण बिंदु निम्नलिखित हैं:

7.7.1. धूल से बचें

हवा की धाराओं द्वारा उड़ाई गई धूल या सूखी कंक्रीट को ब्रश करने से उठती है, यह गंभीर रोग का स्रोत है। जितना हो सके दरवाजे बंद रखने चाहिए।

7.7.2. एयर फिल्टर का उपयोग करें

एक तरीका जिससे रोग जीव और मक्खियाँ प्रवेश करते हैं मशरूम सुरंगें हवा के सेवन के माध्यम से होती हैं। सिंथेटिक फिल्टर वर्तमान में उपयोग में बहुत छोटे कणों को पकड़ने के लिए डिजाइन नहीं किया गया है जैसे कि कवक बीजाणु एक विशेष रूप से निर्मित एक बीजाणु ग्रेड फिल्टर स्थापित किया गया है हवा का सेवन वेंट के लिए विस्तार करने के लिए।

7.7.3. संदूषण मुक्त

बैग खाली करने में शामिल कोई भी व्यक्ति या जो किसी भी तरह से मशरूम की बीमारी के संपर्क में है, उसे भरने, आवरण के लिए नई फसल के संपर्क में आने से पहले नहाना और कपड़े बदलना चाहिए।

7.7.4. कम्पोस्ट हस्तांतरण को कम से कम करें

खाद को स्थानांतरित करना आवश्यक हो सकता है। एक स्तरीय फसल सतह बनाने के लिए बैग के बीच अस्तर होना चाहिए। यह सावधानी से किया जाना चाहिए और कम से कम किया जाना चाहिए, क्योंकि यह बैग से बैग तक बीमारी फैलाने का एक निश्चित तरीका है, जो कि विशेष रूप से हरे रंग का साँचा है।

7.7.5. आवरण की रक्षा करें

दलदल से पीट अपेक्षाकृत रोगाणुहीन होता है जिसमें कोई रोग नहीं होता है, लेकिन यह फसल के बाद इसे दूषित करना आसान है। मुख्य बात यह है कि मिट्टी के साथ किसी भी संभावित संदूषण से बचना है। सुनिश्चित करें कि आवरण में प्रयुक्त चूना पत्थर साफ है। यहां तक कि जब मशरूम इकाई को आवरण दिया जाता है, तब भी इसे संदूषण से बचाया जाना चाहिए। जिस क्षेत्र में इसे डंप किया जाता है वह पूरी तरह से साफ होना चाहिए। याद रखें कि अकेले सत्ता देने से किसी क्षेत्र का जीवाणुनाशन नहीं हो जाएगा। यदि आवरण का तुरंत उपयोग नहीं किया जा रहा है तो इसे प्लास्टिक की एक शीट से ढक दिया जाना चाहिए।

7.8. फसल के दौरान सावधानियाँ

फसल के दौरान रोग नियंत्रण प्रक्रियाएं मुख्य रूप से सामान्य ज्ञान पर आधारित होती हैं लेकिन निम्नलिखित शामिल करें:

(*i*) सूखे फर्श पर ब्रश न करें।

(*ii*) एक फर्श को ब्रश करने से पहले गीला होना चाहिए, ताकि धूल के बादल पैदा न हों हवा में, जिसमें रोग के बीजाणु हो सकते हैं।

(*iii*) रोग का शीघ्र पता लगाएँ और उसे दूर करें।

बहुत गंभीर मामलों के अलावा, आमतौर पर बीमारी की थोड़ी मात्रा होती है। पहले या दूसरे फ्लश में संक्रमण के इस निम्न स्तर का पता लगाना चाहिए और नियंत्रित करने में किलता के परिणामस्वरूप तीसरे फ्लश में यह बीमारी महामारी हो जाती है जिससे चौथे फ्लश की कटाई संभव नहीं हो पाती है।

7.9. जल्दी पता लगाने के बाद सर्वोत्तम अभ्यास

यदि कोबवेब या बबल जैसी बीमारी की थोड़ी मात्रा सबसे पहले दिखाई देती है, फ्लश करें एवं इसे आगे फैलने से रोकने के लिए तुरंत नमक से ढक देना चाहिए। नमकीन बनाने से पहले इसे नम टिश्यू से ढक देना सबसे अच्छा तरीका है। रोगग्रस्त मशरूम को कभी भी नंगे हाथ से नहीं तोड़ना चाहिए क्योंकि इससे रोग के बीजाणु कुशलतापूर्वक फैलते हैं। एक बैग, जो बहुत खराब है, बंद किया जाना चाहिए। रोगग्रस्त को चुनने की सर्वोत्तम प्रक्रिया मशरूम को उसके ऊपर एक चिपचिपा कपड़ा लपेटना है और ध्यान से तरल के एक कंटेनर में मशरूम रखना है। एक अन्य तरीका प्लास्टिक बैग को अंदर रखना है। फिर बैग को रोगग्रस्त मशरूम के ऊपर बंद कर दिया जाता है। क्षेत्र बिस्तर पर, जहां से रोगग्रस्त मशरूम को हटा दिया जाता है, उसका इलाज किया जाना चाहिए नमक के साथ। स्टंप को तुरंत हटा दें।

रोगग्रस्त फसलों को जल्दी समाप्त करना एक उत्पादक के लिए आकर्षक होता है कि वह रोग के स्तर की परवाह किए बिना चौथी बार फसल पर बने रहें। सामान्य खोज यह है कि यह भुगतान नहीं करता है और इसके परिणामस्वरूप इकाई में एक रोग महामारी हो जाती है।

7.10. फसल काटने के बाद

7.10.1. सुरंगों को खाली करना

जहां एक इकाई में महत्वपूर्ण मात्रा में बीमारी होती है। सुरंग को खाली करने की प्रक्रिया, फसल काटने के बाद, रोग पुनर्चक्रण का सबसे बड़ा जोखिम प्रस्तुत करती है। यदि बोरियों को या तो सुरंग के अंदर या बाहर खाली कर दिया जाता है, तो हवा रोग के बीजाणुओं से लदी हो सकती है, जो बाद में अन्य फसलों में प्रवेश कर सकती है। यह वह समय है जब कई उत्पादक इकाई में एक बड़ी स्वच्छता समस्या पैदा करते हैं। चूंकि कुक आउट के लिए भाप नहीं होती है, इस समय अधिकांश भारतीय मशरूम इकाइयों में उत्पादकों को केवल रासायनिक कीटाणुशोधन पर निर्भर रहना चाहिए। यदि खाली करने और सफाई के लिए निम्नलिखित अनुशंसित प्रक्रियाओं का सावधानीपूर्वक पालन किया जाता है, तो रोग का स्तर लगभग निश्चित रूप से एक सहनीय स्तर तक गिर जाएगा।

7.10.2. कीटाणुशोधन

यदि कोई रोग मौजूद है, तो सामान्य प्रक्रिया है: सतह के बीजाणुओं को मारने के लिए बैग की सतह पर एक मजबूत कीटाणुनाशक लागू करें और मायसेलियम एक अच्छे ड्रेंचिंग स्प्रे की आवश्यकता होती है। यह याद रखना चाहिए कि यह केवल एक छोटी सी गहराई को मारेगा और इसका बहुत बड़ी मात्रा में आवरण होगा। बैग इकाई इस प्रकार बड़ी मात्रा में रोग बीजाणुओं को हवा में छोड़ेगी। कीटाणुनाशक से लाभ को पूर्ववत कर सकते हैं।

7.10.3. वेंटिलेशन

सुरंग को कीटाणुनाशक धुएं से पहले साफ किया जाना चाहिए। यदि कोई भी बैग लोड करने से पहले प्रवेश करता है तो ऐसा करने में किलता एक गंभीर स्वास्थ्य खतरा प्रस्तुत हो सकती है।

7.10.4. बिना किसी गड़बड़ी के बैग लोड करें

आदर्श रूप से बैग को लोड किया जाना चाहिए। खाद या आवरण की गड़बड़ी के बिना इस स्तर पर बैग खाली करना या बाहर यार्ड में एक बहुत ही गंभीर बीमारी का खतरा पैदा करता है, जिसका काबू पाना मुश्किल है। यदि इस अवस्था में खाद से थैलों को हटाना आवश्यक हो तो स्टीम कुक आउट सिस्टम का उपयोग करने के लिए गंभीर विचार दिया जाना चाहिए।

7.10.5. बंद हवा का सेवन

जब किसी सुरंग को खाली किया जा रहा है तो हवा का सेवन और यूनिट में बाकी सुरंगों के दरवाजे मजबूती से बंद होने चाहिए। यह स्वच्छ सुरंगों में बीजाणुओं के प्रवेश के जोखिम को कम करेगा।

7.10.6. परिवहन के दौरान नीचे की ओर या कवर लोड करें

यदि संभव हो तो कम्पोस्ट के बोरों को हवा से नीचे ले जाना चाहिए, लेकिन यह व्यावहारिक नहीं हो सकता है। यदि ऐसा है तो लोड को तिरपाल या प्लास्टिक की शीट से ढक देना चाहिए। बीमारी वाले बैगों के खुले भार को हवा की दिशा में ड्राइविंग को दिखाया गया है। बीजाणुओं की एक बड़ी बौछार में पूरी इकाई को वापस उड़ा दिया जा सकता है।

7.10.7. कीटाणुरहित उपकरण

उपकरण का कोई भी टुकड़ा, जिसका उपयोग पहले किया गया हो, तो नई फसल आने से पहले पूरी तरह से कीटाणुरहित करना चाहिए। इसमें होज, गुलाब, ट्रे, ब्रश, चाकू आदि शामिल हैं।

7.10.8. स्वच्छ कर्मियों को सुनिश्चित करें

सुरंग की सफाई में शामिल कोई भी व्यक्ति रोग के बीजाणुओं से आच्छादित होगा, जिसमें कपड़े, बाल, हाथ, जूते आदि शामिल हैं। ऐसे व्यक्तियों को पहले स्नान करना चाहिए और कपड़े पूरी तरह से बदल लेना चाहिए।

7.10.9. भाप के साथ कुकआउट

ट्रे या शेल्फ उत्पादन प्रणालियों में उपयोग किया जाता है। यूके और नीदरलैंड्स के अंत में घरों को पकाने के लिए यह मानक प्रथा है। भाप का उपयोग कर बंद घर में भाप डाली जाती है ताकि हवा का तापमान 70 डिग्री सेल्सियस से ऊपर 10 घंटे या उससे अधिक अवधि में बढ़ जाता है। तापमान धीरे-धीरे 70 डिग्री सेल्सियस तक बढ़ जाता है और वहां कुछ घंटों तक रहता है। फसल संरचनाओं को बिना इस तापमान का सामना करने के लिए डिजाइन किया गया है।

प्लास्टिक बैग और सुरंग इकाइयों में हीटिंग सिस्टम गर्म पानी के संचलन पर आधारित होता है और आमतौर पर कोई भाप उपलब्ध नहीं होती है।

7.10.10. थर्मल डेथ पॉइंट्स

थर्मल डेथ पॉइंट्स के लिए मोबाइल स्टीम बॉयलरों का उपयोग करने की संभावना की तलाश कर रहे हैं। यह वह तापमान है जिस पर एक निश्चित समय के लिए दिए गए तापमान पर रखने पर रोगजनकों के बीजाणु या मायसेलियम मारे जाते हैं। थर्मल डेथ पॉइंट्स को मापने वाले शोधकर्ताओं के साहित्य में विभिन्न रिपोर्टें हैं। यदि सुरंग में हवा का तापमान लगभग 5-6 घंटे के लिए 65 डिग्री सेल्सियस तक बढ़ा दिया जाता है तो यह बुलबुले और कोबवेब रोगों को मारने के लिए पर्याप्त है। आवरण के शीर्ष 5 सेमी, कुकआउट कीटाणुनाशक की तुलना में अधिक महंगा है, लेकिन विशेष रूप से एक पुरानी बीमारी की समस्या वाले उत्पादक के लिए यह लायक है।

7.11. कीड़े और अन्य कीट

कीड़े, घुन, और क्रस्टेशियंस और अन्य माइसेटोफैगस की उपस्थिति आर्थ्रोपोड्स और सिंथेटिक या लकड़ी सब्सट्रेट डीकंपोजर की पहचान की गई है। उत्पादकों द्वारा हानिकारक के रूप में या मशरूम के समुचित

विकास को सीमित करना चाहिए (तालिका 7.3)। जैविक चक्र में इन कीटों के बारे में अच्छी तरह से पता नहीं है। मशरूम की अस्वच्छ स्थितियां, खेती कई कीटों और बीमारियों के लिए अनुकूल वातावरण प्रदान करती है। वहां मशरूम और उनके नाशकजीवों से संबंधित अधिक ग्रंथ सूची संबंधी जानकारी नहीं है।

सब्सट्रेटः कई प्रकार के कीड़े मशरूम पर हमला कर सकते हैं लेकिन प्रमुख कीट मक्खियों के तीन परिवारों से संबंधित हैं। कुछ घुन और ईलवर्म हानिकारक कीड़े भी हो सकते हैं, जो आम तौर पर 6 पैरों वाले जानवर होते हैं। वयस्क आमतौर पर पंखों वाले होते हैं। मादाएं खाद या आवरण पर अंडे देती हैं। अंडे से लार्वा निकलते हैं जो मुख्य आहार चरण हैं। जैसे-जैसे लार्वा आकार में बढ़ते हैं, वे अपनी त्वचा छोड़ते हैं और ये फिर से बढ़ते हैं। जब लार्वा परिपक्व हो जाते हैं तो वे प्यूपा में बदल जाते हैं। एक आराम चरण, जिसमें से वयस्क निकलते हैं। घुन छोटे जानवर हैं, जो कीड़ों की तुलना में मकड़ियों से अधिक निकटता से संबंधित हैं। उनके पास कभी पंख नहीं होते हैं लेकिन वे कीड़ों और अन्य लोगों का पालन करके फैलते हैं।

7.11.1. सूत्रकृमि

सबसे खतरनाक कीट नेमाटोड हैं, जिन्हें फसल के पूर्ण उन्मूलन के बिना मिटाया नहीं जा सकता। बटन मशरूम आमतौर पर नेमाटोड संक्रमण के लिए अतिसंवेदनशील होते हैं जबकि सीप मशरूम अपेक्षाकृत प्रतिरोधी होते हैं। नेमाटोड गिल नॉट्स के अंदर निवास करते हैं और कई अंडे देते हैं। तीन नेमाटोड प्रजातियां, अर्थात् एफेलेनचोइड्स कंपोस्टिकोला, एफेलेनचस एवेने और कुछ सैप्रोफैगस (रबडाइटिस एसपीपी।) और सीप मशरूम में परभक्षी (सीनुरा एसपीपी) सूत्रकृमि पाए गए (प्लुरोटस एसपीपी)। यह आश्चर्य की बात है कि इस रोग के कारण नेमाटोड रहते हैं। इस कवक का फलने वाला शरीर, जिसे निमेटोफैगस के रूप में जाना जाता है; वह वानस्पतिक हाइप के साथ, जो स्थिर करने और उपभोग करने की क्षमता रखता है। नेमाटोड लेखक के अनुसार, कवक ग्नेट राइमोसिया डोमेस्टिका (माइसेटोफिलिडे, डिप्टेरा) नेमाटोड के वेक्टर होने की पुष्टि की थी। गिल नॉट्स के अंदर ऑयस्टर मशरूम उगाने के लिए इस्तेमाल किए जाने वाले लट्ठों को 1 मिमी मेश स्क्रीन नेट से ढककर इस रोग को नियंत्रित किया; इसलिए उन्होंने सुझाव दिया कि 1 मिमी से बड़े कीट को रोग के संचरण में भाग लेना चाहिए। मशरूम फसलों में नेमाटोड को मारने के लिए कीटनाशकों का उपयोग अवशिष्ट खतरों के कारण उचित नहीं है क्योंकि मशरूम एक छोटी अवधि की फसल है। कुछ पादप उत्पादों के उपयोग का दोहन करने की आवश्यकता है, जिनमें नेमाटीसाइडल गुण होते हैं और साथ ही मशरूम माइसेलियम के लिए सुरक्षित होते हैं। नेमाटोड प्रबंधन नियंत्रण 80 पीपीएम की दर से थियोनाजिन का उपयोग करके, बिना माइसेलियोफैगस नेमाटोड के नियंत्रण के लिए एकमात्र अनुशंसित नेमाटाइड है।

7.11.2. मक्खियाँ

मशरूम उत्पादन में कम से कम 8 डिप्टरस परिवारों की मक्खियाँ (कैलिफोरिडे, कुलिसिडे ड्रोसोफिलाडे, सेसीडोमाइडे, मस्किडे माइसेटोफिलिडे फोरिडे और साइनाइडे) मुख्य कीट रोग प्रमोटर हैं। वे फलने वाले शरीर से पोषक तत्वों को भी खाते हैं और फंगल संदूषण, बैक्टीरिया रोग और घुन को ले जाने में सक्षम हैं। लाइकोरिएला मॉल फिच (परिवार सियानिडे) दुनिया भर में वाणिज्यिक मशरूम की प्रमुख कीट प्रजाति है। डिप्टरस लार्वा उपभोग के लिए उत्पाद को पटरी से उतार सकता है, जिससे ड्रोसोफिलिड फनब्रिस के लगभग 20 लार्वा चरणों का नुकसान हो सकता है और फलने वाले निकायों में माइकोड्रोसोफिला एसपीपी. मक्खियां भी देखी गई। कवक को स्वाभाविक रूप से मैला ढोने वाले के रूप में वर्णित किया गया है और मशरूम प्लुरोटस एसपीपी. में सामयिक कीट के रूप में रिपोर्ट किया गया है।

तालिका 7.3. मशरूम की फसलों के लिए हानिकारक कीट

परिवार-आदेश	वैज्ञानिक नाम	सामान्य नाम	स्रोत	हानि	नियंत्रण
डिप्टेराः सियारिडे	***ब्रैडीसिया, बी. ट्रिटिसी, लाइकोरिएला ऑरिपिला***	फंगस ग्नैट्स (सियारिड्स)	कृति में आम	मैगॉट्स पिनहेड्स और छोटे बटनों में बड़े पैमाने पर (भूरे और चमड़े) की तरह स्पंज बनाते हैं। प्रतिबंधित स्पॉन रन।	अल्कोहल (80%), पाइरेथ्रॉइड और पानी के चिपचिपे जाल (सफेद या पीले लेपित, डबल-पक्षीय)
डिप्टेराः फोरिडे	***मेगासेलिया एसपी।***	कूबड़ सर्म. र्थत मक्खियाँ (फोरिड्स)	प्रकृति में आम	पीले भूरे रंग की टोपी, डंठल और चमड़े के भूरे रंग के पिनहेड की सुरंग। वेंट के चारों ओर साफ गीले क्षेत्र का गठन।	अल्कोहल (80%), पाइरेथ्रॉइड और पानी के चिपचिपे जाल (सफेद या पीले लेपित, डबल-पक्षीय)
डिप्टेराः सेसिडे	***हेटेरोपेजिना कैथिस्ट***	मिजेज (सेसिड्स)	स्थानीय/कम्पोस्ट/आवरण	ऊर्ध्वाधर, मलिनकिरण वाले स्टाइप के साथ छोटे आकार के मशरूम कभी-कभी छोटे काले पोस्ट्यूल मौजूद होते हैं	अल्कोहल (80%), पाइरेथ्रॉइड और पानी के चिपचिपे जाल (सफेद या पीले लेपित, डबल-पक्षीय)
कोलेम्बोलाः एंटोमोब्राइडे	***लेपिडोसाइरियस साइनसय जेनिला एसपी।***	वसंत पूंछ	**क्षयकारी कार्बनिक पदार्थ**	टोपी का ब्राउनिंग। गिल अस्तर का विनाश। मायसेलियम गायब हो जाता है, मामूली पिटिंग	धुएं का अर्क
टारसोनेमिडे, टायरोफैगिडे	***टारसोनेमस एसपीपी; टायरोफैगस एसपीपी; पिग्मेफोरस एसपीपी***	कण	संक्रमित फसल से ताजा, मिट्टी तक	मशरूम ऊतक या मायसेलियम पर फीड, जंग के रंग के धब्बों के साथ टोपी की खराब और विकृत वृद्धि देखी जाती है। कभी-कभी सब्सट्रेट के लिए मशरूम का लगाव भी प्रभावित होता है।	धुएं का अर्क
कोलोप्टेराय स्टैफिलिनिडे, स्काराबाइडे	***स्टैफिलिनस; अल्फिटोबियस लेविगेटस; सिलोड्स व्हाइटी; स्कैफिसोमा निग्रोफैशियम***	भृंग	लार्वा से संक्रमित मिट्टी	हाइमेनियम और स्टाइप्स में छोटे आकार के छेद बनते हैं। लार्वा गलफड़ों को संक्रमित करता है।	चिपकने वाला के साथ काली मिर्च मैश या बोर्डो मिश्रण
लेपिडोप्टेराः नॉक्टुइडे	***हेलिकोवर्पा आर्मिजर, मिथिमना***	निशाचर कीट	**पत्ते फीडर**	मशरूम में सुरंग और गड्ढे बनाते हैं लार्वा	खेती क्षेत्र के चारों ओर कीटनाशक के साथ गैसोलीन या मोथबॉल

मक्खियाँ, विशेष रूप से अपनी अपरिपक्व अवस्था (लार्वा) में, तने को छिद्रित करती हैं और मशरूम का ढेर, दीर्घाओं के अंदर खुलता है, जिससे इसका समग्र मूल्यह्रास होता है। ग्रोथ रूम में मक्खियों के नियंत्रण के लिए, सबसे आम तकनीक टेप और जाल हैं। लेखक कीट नियंत्रण के लिए रासायनिक विधियों की सलाह देते हैं, जिन पर प्रकाश डाला गया है। इनमें से अधिकांश परिवारों के वयस्कों के पास अच्छी उड़ान नहीं होती है स्वायत्तता, परिवर्तनशील लंबाई (कुछ मिलीमीटर से कई सेंटीमीटर) हो सकती है, पतले या मोटे शरीर हो सकते हैं और आमतौर पर यौगिकों (गन्ना खोई, अच्छा पुआल, आदि) में प्रयुक्त सामग्री या घटकों को विघटित करके किण्वन से आने वाली गंध से आकर्षित होते हैं। मादाएं अपने अंडे सीधे सब्सट्रेट पर रखती हैं। उनके अंडों से पैदा हुए लार्वा माइसेलियम पर फीड करते हैं और बाद में मशरूम में चले जाते हैं, स्टिप और पाइलस को आंशिक रूप से या पूरी तरह से नष्ट कर देते हैं, जिससे वे उपभोग के लिए अनुपयुक्त हो जाते हैं।

अल्कोहलिक और वाटर स्टिकी ट्रैप का उपयोग उत्पादक के लिए एक मूल्यवान उपकरण हो सकता है और फसल में कीटों के नियंत्रण और रोकथाम के लिए उपयोग की जाने वाली अन्य विधियों के पूरक हो सकते हैं। स्टिकी ट्रैप में धीमी गति से सूखने वाले गोंद के साथ सफेद या पीले-लेपित प्लास्टिक प्लेट होते हैं। प्लेटों का रंग सफेद रंग विशेष रूप से डिप्टरस (मक्खियों और मच्छरों) के लिए आकर्षक होने के कारण बड़ी संख्या में प्रजातियों को आकर्षित करता है। इन पर जो कीट लग जाते हैं, वे निश्चित रूप से उनमें चिपक जाते हैं। ये जाल दो तरफा टेप के रूप में भी हो सकते हैं, जिनका उपयोग प्लेट के समान उद्देश्य के लिए किया जाता है। स्टिकी ट्रैप को संतृप्ति के बाद मृत कीड़ों से बदल देना चाहिए। जाल को 80% अल्कोहल से भरा होना चाहिए और फसल के साथ (शेड के अंदर और बाहर) लटका देना चाहिए। अल्कोहल या किण्वन गंध विशेष रूप से डिप्टरस (मक्खियों) को बड़ी दक्षता के साथ आकर्षित करती है। खासकर फलने के दौरान ये सबसे प्रभावी जाल हैं।

7.11.3. माइट्स

अरचिन्डा वर्ग से संबंधित घुन मशरूम की फसलों में आम कीट हैं और उत्पादन के कुल नुकसान का कारण बन सकते हैं। टारसोनेमस एसपीपी. और हिस्टियोस्टोमा एसपीपी. प्रमुख मशरूम हानिकारक कण हैं। वे उच्च आर्द्रता की स्थिति (90% से ऊपर) और तापमान (25-30 डिग्री सेल्सियस) के तहत बहुत तेजी से विकसित होते हैं। पहला संकेत खेती की अलमारियों, मायसेलियम और फलों के शरीर के बीच बनने वाले जाले हैं जहां बैक्टीरिया और कवक माइसेलिया और फलने वाले निकायों पर फीड कर सकते हैं, जिससे उपज में कमी और मशरूम की गुणवत्ता में कमी आती है। घुन रोगजनकों और नेमाटोड को ले जाते हैं, कभी-कभी उत्पादकों के बीच खुजली वाले चकत्ते पैदा करते हैं। उनके नियंत्रण के लिए, उपनिवेशीकरण में यौगिक के ऊपर धनिया के पत्तों और धुएं के अर्क का उपयोग भी किया जा सकता है।

7.11.4. प्रमुख कीट

7.11.4.1. साइरिड

ये मुख्य मशरूम कीट हैं। लार्वा पिनहेड्स और मटर के आकार के मशरूम, और डंठल और पुलिस में सुरंग को मारते हैं। रोग फैलने के मुख्य दोषी वयस्क कीट हैं। वे छोटी काली मक्खियाँ होती हैं जो चौड़ी की तुलना में लंबी होती हैं और इनमें लंबे एंटीना होते हैं। वे ठंडा होने के तुरंत बाद और फसल के पूरे जीवन में अंडे देने के लिए खाद की ओर आकर्षित होते हैं। लार्वा का एक अलग काला सिर होता है और उनकी आंत की सामग्री को उनके शरीर की दीवार के माध्यम से देखा जा सकता है। एक पीढ़ी को चालू होने में

लगभग 5 सप्ताह लगते हैं ताकि स्पॉन रन में जल्दी रखे गए अंडे पहले फ्लश के बारे में वयस्कों को जन्म दें, यह अधिक नुकसान करते हैं। साईएरिडस मुख्य रूप से आवरण के निवासी हैं, जहां वे सबसे अधिक क्षति करते हैं। अच्छे स्क्लेरिड नियंत्रण की कुंजी अच्छी तरह से सील की गई बढ़ती सुरंगों द्वारा स्पॉन रन के दौरान बहिष्करण है।

चित्र 7.7. पिनहेड और मटर के आकार के मशरूम, डंठल और टोपी में सुरंग को मारने के लिए साइरिड लार्वा दिखा रहा है

7.11.4.2. फोरिड्स

वयस्क फोराइड स्कारिड की तुलना में बहुत छोटे और छोटे होते हैं और कम उड़ते हैं। वे सक्रिय रूप से खाद या आवरण की ओर आकर्षित होते हैं, जिसमें स्पॉन चल रहा होता है। जीवन चक्र 25 डिग्री सेल्सियस पर 2 सप्ताह और 18 डिग्री सेल्सियस पर 5 सप्ताह लेता है। फलस्वरूप स्पॉन रन में जल्दी रखे गए अंडे केसिंग के तुरंत बाद वयस्कों को जन्म देते हैं और ये फिर से प्रजनन करते हैं ताकि वयस्कों की बहुत अधिक आबादी को 4-5 सप्ताह तक फसल दी जा सके। वयस्क फाइलें सियारिड के रूप में फैलने वाली बीमारी में उतनी महत्वपूर्ण नहीं हैं, लेकिन बीनने वालों के लिए एक बड़ी बाधा हैं। लार्वा एक सिरे पर नुकीले होते हैं और दूसरे सिरे पर कुंद होते हैं। उनके पास ब्लैक हेड नहीं है। वे मशरूम मायसेलियम पर फ़ीड करते हैं। कुशल फोरिड नियंत्रण की कुंजी स्पॉन रन के दौरान बहिष्करण है।

चित्र 7.8. मशरूम फलने वाले शरीर में फोराइड्स लार्वा दिखा रहा संक्रमण

7.11.4.3. सेसिड्स

सेसिड असामान्य हैं कि परिपक्व लार्वा नियमित रूप से कई लार्वा देने के लिए विभाजित होते हैं जिससे तेजी से जनसंख्या वृद्धि के हित में वयस्क चरण के साथ वितरण होता है। इसका मतलब है कि उनमें कम समय में बड़ी संख्या में पहुंचने की क्षमता है और इसका परिणाम मशरूम बैग आदि का बड़े पैमाने पर संदूषण और फसलों के बीच आसानी से फैल जाना है। लार्वा में बैक्टीरिया भी होते हैं जो मशरूम के डंठल के भूरे रंग का कारण बनते हैं। वयस्क मशरूम बहुत कम देखे जाते हैं। लार्वा ज्यादातर खाद में रहते हैं और मशरूम मायसेलियम से सामग्री चूसते हैं।

चित्र 7.9 दिखा रहा है कि सेसिड्स लार्वा में भी बैक्टीरिया होते हैं जो भूरे रंग का कारण बनते हैं

7.11.4.4. टार्सोनेमिडे माइट्स

ये अदृश्य सूक्ष्म कण फसलों में बड़ी संख्या में हो सकते हैं और इनके खाने से तने के आधार पर लाल-भूरे रंग का मलिनिकरण हो जाता है। उनके नियंत्रण की कुंजी फसल के बीच की स्वच्छता है।

7.11.4.5. काली मिर्च के कण

वे मशरूम मायसेलियम पर नहीं बल्कि खरपतवार के सांचों पर विशेष रूप से हरे रंग के सांचे पर फ़ीड करते हैं, उनकी उपस्थिति इसकी उपस्थिति का एक लक्षण है। इनकी बड़ी संख्या कुछ दिनों के बाद गायब हो जाती है और कोई उपज हानि नहीं होती है।

7.11.5. छोटे कीट

7.11.5.1. भृंग

कोलोप्टेरा क्रम से संबंधित हैं और ये वे कीड़े हैं जो फलने की शुरुआत से खाद्य मशरूम की खेती को प्रभावित कर सकते हैं। ये कीट अपने अंडे मशरूम के अंदर देते हैं और जब वे निकलते हैं तो इसके पोषक तत्वों को खा सकते हैं। क्यूड्स बाइफेसिस पी ओस्ट्रेटस का एक कीट है और यह बताया गया था कि कुछ मशरूम उत्पादकों को उद्योग बंद करना पड़ा था। उनके नियंत्रण के लिए, मशरूम के ऊतकों में अपने अंडे जमा करने में असमर्थ, बीटल स्थिरीकरण के लिए चिपकने वाला एक काली मिर्च मैश या बोर्डो मिश्रण का उपयोग किया जा सकता है।

7.11.5.2. मोलस्क

मोलस्क जैसे स्लग, घोंघे और शंख मशरूम की खेती में कीट हो सकते हैं क्योंकि उन्हें आकार देने की शुरुआत में मशरूम के साथ खिलाया जाता है। नियंत्रण बुझाया हुआ चूना के साथ किया जाता है, जो मोलस्क के निर्जलीकरण को प्रेरित करता है।

7.11.5.3. कृंतक

कृंतक सीधे मशरूम खाते हैं। रोकथाम के लिए, कैलक्लाइंड जिप्सम का उपयोग गेहूं के आटे या बोरिक एसिड आधारित चारा के साथ किया जा सकता है। यह पशु द्वारा सेवन किया जाता है, और उनके पाचन तंत्र को अवरुद्ध कर देता है, जिससे मृत्यु हो जाती है। यह महत्वपूर्ण है कि कृन्तकों को मशरूम युक्त अलमारियों पर चढ़ने से रोकना चाहिए।

7.11.5.4. दीमक

आइसोप्टेरा क्रम से संबंधित हैं और बढ़ते मौसम के दौरान एक निरंतर खतरे का प्रतिनिधित्व करते हैं, क्योंकि कई ग्रो-रूम संरचनाएं लकड़ी से बनी होती हैं। ग्रोइंग रूम के पास दीमक के टीले को हटा दिया जाना चाहिए या नियंत्रित किया जाना चाहिए। उनके नियंत्रण के लिए खेती क्षेत्र के आसपास गैसोलीन या कीटनाशक के साथ मोथबॉल का उपयोग किया जाता है।

7.12. एकीकृत कीट प्रबंधन

एकीकृत कीट प्रबंधन (आईपीएम) किसी भी कीट के प्रबंधन के लिए कम से कम विषैला तरीका है। आईपीएम कीटों को कृषि पर्यावरण के एक प्राकृतिक भाग के रूप में देखता है। एक कीट का एकीकृत प्रबंधन उस कीट के नुकसान के लिए पर्यावरण को बदलकर पूरा किया जाता है। एक विशिष्ट वातावरण में प्रत्येक मशरूम प्रजाति का एक अलग कीट परिसर होता है क्योंकि इस देश में विशिष्ट मशरूम उत्पादन है। अभी भी यह बहुत नया है और कई कीटों पर शोध का ध्यान नहीं गया है। हालाँकि, आपके द्वारा सामना किए जाने वाले अधिकांश कीटों का शायद पहले ही अध्ययन किया जा चुका है। किसी के लिए सतर्क रहें फलने वाले मशरूम को नुकसान के सबूत और इसके कारण की पहचान करने के लिए जल्दी से कार्य करें। किसी भी असंतुलन को बहाल करने के लिए सौम्य कीटनाशकों के सामयिक उपयोग के साथ पर्याप्त कीट और रोग नियंत्रण प्राप्त करने के लिए प्राथमिक रूप से भौतिक और सांस्कृतिक तरीकों का उपयोग करना चाहिए। मूल अवधारणा यह है कि नियंत्रण गैर-रासायनिक आधारित है।

7.13. एकीकृत फसल प्रबंधन प्रणाली

चूंकि आवेदन खुदरा और उपभोक्ता संचालित है और इसमें पर्यावरण के अनुकूल तरीके से फसल उगाना शामिल है। इसमें पर्यावरण के प्रति जागरूक तरीके से सभी कीटनाशकों का न्यूनतम उपयोग, फसल अवशेषों का निपटान, खर्च की गई खाद, प्लास्टिक की थैलियां, बहते पानी आदि शामिल हैं। इससे कीटनाशकों की लागत कम हो जाती है और फसल का उत्पादन कैसे होता है, इस बारे में उपभोक्ता चिंता में कमी

आती है। उत्पादकों को इनमें से अधिक से अधिक अभ्यास करना चाहिए जिसके परिणामस्वरूप कीटनाशक लागत, अधिक ईंधन दक्षता और आम तौर पर अधिक टिकाऊ फसल उत्पादन प्रणाली में बचत होगी। इन विवरणों पर ध्यान पहली बार में लाभांश दिखाना शुरू कर देगा। अनुशंसित सबसे महत्वपूर्ण प्रथाएं इस प्रकार हैं:

7.14. खाद का संरक्षण

सुनिश्चित करें कि चरम के बाद कंपोस्ट को ठंडा होने के क्षण से सुरक्षित रखा गया है। जबकि इस अवधि का अधिकांश भाग हीटिंग और स्पॉनिंग के नियंत्रण में नहीं है उत्पादक के लिए, यह महत्वपूर्ण है कि, खाद को साइनाइड्स से सुरक्षित रखा जाए। जब यह मशरूम फार्म में पहुंच जाए तो कम्पोस्ट होनी चाहिए। जीवाणु की पहुंच से बचने के लिए जितनी जल्दी हो सके बढ़ती सुरंग में स्थानांतरित कर दिया गया।

7.14.1. स्वच्छता के उपाय

एक फसल से दूसरी फसल में कीटों के स्थानांतरण से बचने के लिए सुरंग में अच्छी स्वच्छता आवश्यक है। यह विशेष रूप से सेसिड्स और टारसोनिड माइट्स के लिए महत्वपूर्ण है, क्योंकि ये फसल के मलबे पर जीवित रहते हैं। कंटेनर, बर्तन, यहां तक कि नली को भी साफ रखना चाहिए और घरों के बीच साझा नहीं करना चाहिए। हमेशा पुरानी फसलों में जाने से पहले नई फसलों में काम करें, क्योंकि फसलों के बीच कीट आसानी से स्थानांतरित हो जाते हैं। खर्च की गई खाद को मशरूम फार्म से दूर फेंक दें।

7.14.2. खाली सुविधाएं

उत्पादन इकाई के अंदर, बाहर और आसपास साफ-सफाई बनाए रखने की सिफारिश की जाती है। मुख्य रूप से मशरूम के उत्पादन में उपयोग की जाने वाली तकनीक, मूल रूप से फसल चक्र के बाद कमरे को कीटाणुरहित करने के लिए उच्च तकनीक वाली सुविधाओं में इसे "कुकिंग आउट" के रूप में जाना जाता है, जिसमें 70 डिग्री सेल्सियस पर 12 घंटे के लिए भाप वाष्प लगाना शामिल है। यह उपचार कवक के कीट और रोगों को खत्म करने के अलावा मायसेलियम मलबे को मारने के लिए पर्याप्त है। इसके बाद, अगले चक्र के लिए कमरे को तैयार करने के लिए सिर्फ पानी से धोना पर्याप्त है। इनोक्यूलेशन रूम के इंटीरियर में गैर-बायोडिग्रेडेबल सामग्री होनी चाहिए। सभी सतहें चिकनी और साफ करने में आसान होनी चाहिए। अलमारियों को इस तरह से डिजाइन किया जाना चाहिए कि नीचे की मंजिल को आसानी से साफ किया जा सके। अलमारियां आमतौर पर जस्ते, लोहे या फॉर्मिका से बनी होती हैं। हैंडलिंग टूल्स को 1-2 मिनट के लिए उबलते पानी में गरम किया जाना चाहिए। नेमाटोड के पूर्ण विनाश के लिए। श्रमिकों को अपने हाथों और कपड़ों को बार-बार कीटाणुरहित करना चाहिए। मशरूम की खेती को 10% क्लोरॉक्स घोल या 70% एथिल अल्कोहोल से साफ करके भी कीटाणुरहित किया जा सकता है।

कम्पोस्ट तैयार करने वाले कमरे में उपयोग किए जाने वाले फर्श को सीमेंट किया जाना चाहिए, ताकि संक्रमित मिट्टी के साथ कंपोस्ट के सीधे संपर्क से बचा जा सके। अलग-अलग कमरों के ड्रेनेज सिस्टम को, एक ग्रोइंग रूम में बीमारी को आसानी से दूसरे कमरों में फैलने से रोकने के लिए नहीं जोड़ा जाना चाहिए।

7.14.3. बढ़ते कमरे

मशरूम उत्पादन के लिए स्वच्छ वातावरण अत्यंत आवश्यक है। स्वच्छ सिंचाई जल, मल-निपटान प्रणाली तथा सिंचाई जैसी मूलभूत सुविधाएं सुनिश्चित की जानी चाहिए। मशरूम की खेती का क्षेत्र ऐसा होना चाहिए कि उसकी हवा जहरीले धुएं और गैसों से मुक्त हो। खेत का परिवेश स्वच्छ होना चाहिए और कीड़े, फफूंद आदि से संभावित संदूषण से मुक्त होना चाहिए। अनाज और चूरा में बड़ी संख्या में संदूषक होते हैं। एक अनाज की गिरी में हजारों बैक्टीरिया, कवक और एक्टिनोमाइसेट्स हो सकते हैं। नई या साफ फसलों से पुरानी फसलों की ओर पिकिंग शुरू करनी चाहिए। विभिन्न कार्यों के कचरे को एकत्र किया जाना चाहिए और कार्य क्षेत्रों से दैनिक रूप से तुरंत निपटाया जाना चाहिए। ग्रसित फसलों की शीघ्र समाप्ति कर देनी चाहिए। ग्रोइंग रूम में ठीक से हवादार कमरे होने चाहिए जिनमें 14-16 सेमी/जाली के तार जाल के साथ दरवाजे और खिड़कियां हों ताकि कीटों के प्रवेश से बचा जा सके।

7.15. फसल के दौरान कीट बहिष्करण

विशेष रूप से स्पॉन रन के दौरान और जब स्पॉन केसिंग में स्पॉन चल रहा हो, तो नई फसल से कीटों को बाहर करें। इसमें एयर इनलेट और एग्जिट (कम से कम 16 एपर्चर प्रति सेमी) पर एक उपयुक्त स्क्रीन फिट करना और अच्छी तरह से सील दरवाजे स्थापित करना शामिल है। दरवाजे की सील घरेलू रेफ्रिजरेटर के समान होनी चाहिए। खराब तरीके से सील करना, फसलों के बीच न करने की सलाह दी जा सकती है। बहुत कम बढ़ती सुरंगें संपत्ति को सील कर दी जाती हैं। अगर दरवाजों को बेवजह खुला छोड़ दिया जाए तो सही मुहरों का कोई महत्व नहीं है। बीजाणु फिल्टर के जीवन को लम्बा करने के लिए धूल या बीजाणु फिल्टर के सामने स्टेनलेस स्टील फ्लाई फिल्टर लगाने की सलाह दी जाती है।

आम तौर पर फिल्टर का क्षेत्र हवा के सेवन के क्षेत्र से लगभग दोगुना होना चाहिए ताकि हवा के सेवन के लिए थोड़ा प्रतिरोध पैदा हो। रुकावट को रोकने के लिए फिल्टर को नियमित रूप से ब्रश किया जाना चाहिए। तेजी से स्पॉन रन सुनिश्चित करें ताकि खाद जल्दी से माइसेलियम द्वारा उपनिवेशित हो जाए, जिससे नमी और पोषक तत्व अवशोषित हो जाएं ताकि वे अवांछनीय जीवों के लिए उपलब्ध न हों। स्पॉन्ड केसिंग का भी इसी कारण से उपयोग करें।

7.16. कीट और कृषि पर्यावरण निगरानी

कीट आबादी एक दिन में दोगुनी हो सकती है या तुलनीय दर से घट सकती है: परिणामस्वरूप, जनसंख्या के आकार का नियमित अनुमान लगाया जाना चाहिए। सफल कीट प्रबंधन कार्यक्रम का एक चरण कीट की पहचान करना है। उपनिवेशीकरण कब होता है, प्रारंभिक आबादी का आकार और कीट आबादी के भविष्य के आकार के बारे में जानकारी किसी भी कीट प्रबंधन कार्यक्रम का एक अभिन्न अंग है। निगरानी कीट आबादी की सूचना प्रदान करती है। निगरानी सभी नियंत्रण उपायों को एक साथ जोड़ती है। मॉनिटरिंग आर्थिक थ्रेसहोल्ड का उपयोग यह निर्धारित करने के लिए ट्रिगर के रूप में करता है कि नियंत्रण उपाय का उपयोग कब किया जाए। वयस्क मक्खी की संख्या की निगरानी इस बात की जानकारी देती है कि कौन से कीट मौजूद हैं, कब दिखाई देते हैं, और क्या उनकी संख्या बढ़ रही है या घट रही है। एकत्र की गई जानकारी के आधार पर आवश्यक कार्रवाई की गई है। वयस्क मक्खी की संख्या की निगरानी के लिए विभिन्न उपकरणों

का उपयोग किया गया है एक प्रकाश बल्ब के बगल में लटका हुआ चिपचिपा फ्लाई पेपर, आमतौर पर खाने की दुकानों में इस्तेमाल की जाने वाली एक पुरानी विधि भी उपयोगी है। एक मानक ट्रैप का एक फायदा यह है कि विभिन्न स्थानों पर और विभिन्न मशरूम फार्मों पर इन फ्लाई नंबरों की तुलना की जा सकती है। उपयोग की अवधि के बाद, उत्पादक के लिए कीट के स्तर को पहचानना संभव होना चाहिए, जो फसल के जीवन में बाद में समस्याएं पैदा करेगा। स्पॉन रन के दौरान मक्खी की संख्या की निगरानी करना और सराहनीय संख्या का पता चलने पर आवश्यक कार्रवाई करना विशेष रूप से महत्वपूर्ण है। यह याद रखना महत्वपूर्ण है कि फ्लाईट्रैप केवल निगरानी के लिए उपयोगी होते हैं और मक्खी की संख्या को कम करने पर बहुत कम प्रभाव डालते हैं।

7.16.1. सांस्कृतिक अभ्यास

फसल में कीटों के स्तर को कम करने के लिए सभी संभव भौतिक कदमों का उपयोग करना और इस प्रकार रासायनिक कीटनाशकों का व्यापक रूप से उपयोग करने की आवश्यकता है। खेत की स्वच्छता पर अच्छा, वयस्क मक्खियों को फसल में प्रवेश करने से रोकना आदि सांस्कृतिक कीट नियंत्रण के उदाहरण हैं। सांस्कृतिक प्रथाओं जिसमें बढ़ती तकनीकें शामिल हैं, कीटों को नियंत्रित करने के लिए एक महत्वपूर्ण गैर-रासायनिक तरीका है। कम्पोस्टिंग वास्तव में एक प्रकार का सांस्कृतिक नियंत्रण है और आदर्श रूप से कंपोस्ट की गई सामग्री एगारिकस की खेती के लिए चयनात्मक होती है। यदि पहले और दूसरे चरण को प्रभावी पाश्चुरीकरण सहित ठीक से किया जाता है, तो अधिकांश खरपतवार के साँचे, और घुन जो उन पर फीड कर सकते हैं, उनका अनुमान लगाया जा सकता है जिससे वे बढ़ने में सक्षम नहीं होंगे, नेमाटोड को भी पाश्चराइजेशन के दौरान नष्ट कर दिया जाता है। उचित फसल प्रबंधन महत्वपूर्ण है। परिचय और फसल में स्पॉन के बाद उच्च खाद तापमान कई गंभीर कीटों को प्रोत्साहित कर सकता है। इसी तरह, उच्च आर्द्रता मुक्त पानी की टोपी भी कुछ परजीवी मोल्ड और जीवाणु रोग का पक्ष ले सकती है। मशरूम उत्पादन के सभी चरणों के दौरान टिप्पणियों के आधार पर, मशरूम की सफलतापूर्वक खेती के लिए निम्नलिखित कदम एक अभ्यास बन गया है:

1. कंपोस्टिंग प्लेटफॉर्म को सीमेंट या टाइलों से ढंका जाना चाहिए और एक छत से ढका होना चाहिए।
2. कम्पोस्ट तैयार करने के लिए उपयोग की जाने वाली सामग्री ताजा होनी चाहिए और ठीक-ठीक अनुपात मिश्रित होनी चाहिए।
3. मशरूम इकाई का स्थान ऐसे क्षेत्र में होना चाहिए जहां का प्रवाह हो रासायनिक उद्योग पानी को प्रदूषित नहीं करते हैं और हवा विषाक्तता से मुक्त होती है।
4. कंपोस्टिंग के दौरान अतिरिक्त पानी से बचना चाहिए। कम्पोस्ट 68-70% नमी और पीएच 7-7.2 होना चाहिए।
5. स्पॉन ताजा और सभी दूषित पदार्थों से मुक्त होना चाहिए।
6. स्पॉनिंग और कम्पोस्टिंग के लिए उपयोग किए जाने वाले सभी उपकरणों को धोया जाना चाहिए।
7. आवरण मिश्रण को अच्छी तरह से पास्चुरीकृत किया जाना चाहिए।
8. आवरण मिश्रण को साफ और कीटाणुरहित स्थान पर संग्रहित किया जाना चाहिए और आवरण के लिए उपयोग किए जाने वाले उपकरण और सभी मशीनरी को अच्छी तरह से साफ किया जाना चाहिए।

9. नई या साफ फसलों से पुरानी फसल की तुड़ाई शुरू कर देनी चाहिए।
10. उठान, कचरा, तना, बिना बिके मशरूम के कचरे को इकट्ठा किया जाना चाहिए और फर्श पर गिरने की अनुमति नहीं दी जानी चाहिए और दैनिक रूप से निपटाया जाना चाहिए।
11. छिड़काव वाले पानी में क्लोरीन मिलाएं ताकि प्रत्येक पर 150 ppm की सांद्रता मिल सके एवं जीवाणु रोगों के प्रबंधन के लिए पानी देना चाहिए।
12. भारी संक्रमित बैग को क्रॉपिंग रूम से हटा दिया जाता है या 2% फॉर्मेलिन या 0.05% बाविस्टिन के स्पॉट एप्लिकेशन द्वारा पैच का इलाज किया जाता है।
13. कीट पीड़कों को समय पर नियंत्रित करें ताकि उनके द्वारा रोगजनकों के प्रसार से बचा जा सके।
14. इससे बचने के लिए दरवाजे, खिड़कियां और वेंटिलेटर को वायर नेट से जांचना चाहिए।

7.16.2. जैविक नियंत्रण

जैविक नियंत्रण का उपयोग शिकारियों, परजीवियों और रोगजनकों के उपयोग द्वारा कीट नियंत्रण का वर्णन करने के लिए किया जाता है। हालाँकि, नियंत्रण के अन्य साधन जिन्हें 'जैविक' कहा जा सकता है, को इस सामान्य अभिव्यक्ति में शामिल किया गया है। इनमें फेरोमोन, कैरोमोन, रिपेलेंट्स, एंटीफीडेंट्स और आनुवंशिक नियंत्रण शामिल हैं।

परभक्षी: परभक्षी ऐसे जीव हैं जो अपने शिकार को आंशिक रूप से या पूरी तरह से खा लेते हैं। कीट शिकारी में मिडज, बीटल, बग और पतंग शामिल हैं और मशरूम कीट कीटों के लिए, पतंग सबसे अधिक नुकसान करते हैं। डिप्टेरा, एकरिना और एक नेमाटोडा पर जिन घुनों को खतरनाक माना जाता है, वे स्पष्ट रूप से मशरूम कीट नियंत्रण में सबसे अधिक रुचि रखते हैं।

परजीवी: ये वे जानवर होते हैं जो सामान्य रूप से समय की अवधि में अपने मेजबान के भीतर विकसित होते हैं। एक बाध्य परजीवी अपने मेजबान के भीतर उसे मारे बिना रहता है जबकि एक परजीवी अपने मेजबान के भीतर रहता है और अंतत: इसे मारने से पहले कुछ समय के लिए विकसित होता है।

रोगजनक: रोगजनकों में बैक्टीरिया, कवक और वायरस शामिल होते हैं जो चुनिंदा रूप से नुकसान कर सकते हैं। मशरूम कीट और विषाणुओं के जैव नियंत्रण के लिए संभावित महत्व का अभी पता नहीं चल पाया है।

बैक्टीरिया: आसपास कीट नियंत्रण के लिए उपयोग किया जाने वाला सबसे आम जीवाणु बेसिलस थुरिंजिएन्सिस (बी.1.) सक्रिय वृद्धि की अवधि के बाद, यह जीवाणु एक प्रोटीन क्रिस्टल और एक बीजाणु पैदा करता है; दोनों में कीटनाशक क्रिया होती है, हालांकि यह क्रिस्टल है जो आमतौर पर सबसे अधिक सक्रिय होता है।

फेरोमोन: फेरोमोन वाष्पशील रासायनिक पदार्थ होते हैं जो जानवरों द्वारा स्रावित और जारी किए जाते हैं। उनके कार्य आमतौर पर एक ही प्रजाति द्वारा पता लगाने और/या प्रतिक्रिया को भड़काने में सहायता करते हैं और अक्सर प्रजनन-उन्मुख होते हैं। जैविक नियंत्रण व्यवस्थाओं में उन्हें या तो "जीवित" इस्तेमाल किया जा सकता है (यानी कब्जा किए गए कीट का उपयोग करके दूसरों को आकर्षित करें) या, अधिक सामान्य रूप से, प्राकृतिक फेरोमोन का सिंथेटिक एनालॉग है उसी उद्देश्य के लिए उपयोग किया जाता है।

कैरोमोन्सः ये वाष्पशील रासायनिक पदार्थ हैं, जो जानवरों के खाद्य स्रोतों द्वारा उत्पादित होते हैं और उस जानवर द्वारा अपने स्थान के लिए उपयोग किए जाते हैं।

आनुवंशिक नियंत्रणः वर्तमान में मशरूम का कोई भी कीट और रोगों के लिए प्रकार प्रतिरोधी नहीं है।

7.16.3. कीटनाशकों का प्रयोग कब करें

फसल को उपचारित करने से पहले एक कीटनाशक आवेदन करने की आवश्यकता स्थापित करें और कभी भी नियमित रूप से कीटनाशकों का प्रयोग न करें। यह स्थापित करना संभव हो सकता है कि अच्छी निगरानी के परिणामस्वरूप निश्चित समय पर कीटनाशक का प्रयोग करना जरूरी है।

7.16.3.1. फसल समाप्ति

गंभीर रूप से प्रभावित फसलों को जल्द ही समाप्त कर दें ताकि वे एक फसल के रूप में कार्य न करें जिससे अन्य फसलों में कीटों के संक्रमण न हो। समाप्ति से पहले, फसल के अंत में नॉक डाउन ट्रीटमेंट देकर फसलों से मक्खियों की आवाजाही को कम करने के लिए कदम उठाएं। कभी भी आवरण या फसल में देरी न करें क्योंकि खाद में कीट बनते रहेंगे।

7.16.3.2. कीटनाशक अनुप्रयोग बनाना

यदि रक्षात्मक कीटनाशक अनुप्रयोग बनाना है (जैसे दीवारों पर मैलाथियान या साइपरमेथ्रिन का छिड़काव), तो ऐसा करने में लापरवाही न करें। कीट को नियंत्रित करने के लिए कीटनाशक का सबसे उपयुक्त चयन करना चाहिए। इसमें केवल भारत सरकार द्वारा अनुमोदित लोगों का उपयोग करना शामिल है। कीटनाशक को सही दर पर, सही समय और आवृत्ति पर और सही परिस्थितियों में लागू करें। हमेशा लेबल पढ़ें और उस पर सूचीबद्ध किसी भी प्रतिबंध का पालन करें, विशेष रूप से बीच अंतरालः आवेदन और फसल। आदर्श रूप से, केवल अच्छी स्वच्छता, कीटों का बहिष्कार और अच्छी बढ़ती प्रथाओं जैसे सांस्कृतिक नियंत्रणों को बढ़ाने के लिए कीटनाशकों का उपयोग करें। आदर्श यह है कि कीटनाशकों का यथासंभव बार-बार उपयोग किया जाए और हमेशा सबसे अधिक पर्यावरण के अनुकूल उत्पादों का उपयोग किया जाए।

8

कटाई और कटाई के बाद की हैंडलिंग

8.1. मशरूम चुनने के बाद जैव रसायन

सभी फलों और सब्जियों की तरह, मशरूम भी खराब होने वाले होते हैं, और फसल के बाद वे अक्सर ऐसे तरीकों से बदल जाते हैं जो उन्हें मानव उपभोग के लिए अस्वीकार्य बनाते हैं। इन परिवर्तनों में सबसे आसानी से देखे जा सकने वाले परिवर्तनों में शामिल हैं: मुरझाना, पकना, भूरा होना, द्रवीकरण, नमी की कमी, और बनावट, सुगंध और स्वाद का नुकसान। यह सुनिश्चित करने के लिए कि खरीद के समय मशरूम उपभोक्ता के लिए स्वीकार्य और पौष्टिक हैं, इसमें देरी करना या खराब होने से रोकना आवश्यक है। गलफड़ों की वृद्धि से पाइलस का विस्तार और कटाई के बाद स्तम्भ की लम्बाई में वृद्धि हुई कोशिका भित्ति काइटिन और प्रोटीन द्वारा समर्थित है। काइटिन सिंथेज को प्रोटीनएज़ द्वारा सक्रिय किया जा सकता है। यह दिखाया गया है कि उम्र बढ़ने के दौरान, भंडारण के दौरान गिल के सूखे वजन में वृद्धि के साथ ऊतकों के बीच शुष्क वजन का एक बड़ा पुनर्वितरण होता है जबकि पाइलस और स्टाइप कम हो जाता है। टोपी के खुलने की दर स्ट्राइप की लंबाई (लंबी से लंबाई, अधिक से अधिक विस्तार) पर निर्भर करती है। यह दर्शाता है कि स्ट्राइप गिल ऊतक के विस्तार के लिए एक प्रमुख पोषक स्रोत के रूप में कार्य कर रहा है। हाल ही में, कटाई के बाद उच्च प्रतिलेख स्तर वाले जीन की पहचान करके मशरूम की कटाई के बाद जैव रसायन और आनुवंशिक विनियमन का अध्ययन किया गया है। शीतलन और संशोधित वातावरण पैकेजिंग जैसी तकनीकों का उपयोग वृद्धावस्था की दर में देरी के लिए किया जा सकता है, जबकि परिरक्षक प्रौद्योगिकियां जैसे डिब्बाबंदी, सुखाने, अचार बनाना, और जमना और गामा विकिरण मशरूम को खराब होने से रोकने के लिए जैविक कार्य को रोकते हैं।

8.2. कटाई

फलों के शरीर पूरी तरह से परिपक्व होने पर कटाई उचित फ़लने वाले आकार में की जाती है। पहली फसल आवरण के लगभग तीन सप्ताह बाद दिखाई देती है। मशरूम को केसिंग की मिट्टी को नुकसान पहुंचाए बिना हल्का घुमाकर काटा जाना चाहिए। मशरूम के प्रकार और स्ट्रेन के अनुसार कटाई के लगभग 4 से 5 फ्लश प्राप्त होंगे। पहली और दूसरी कटाई फ्लश उच्च और बड़े आकार के फल देने वाले शरीर की उपज

देती है। एक बार कटाई पूरी हो जाने के बाद, क्यारियों में अंतरालों को ताजा निष्फल आवरण सामग्री से भर दिया जाना चाहिए और फिर पानी पिलाया जाना चाहिए। उचित पानी और नमी से मशरूम की पैदावार में वृद्धि हो सकती है, जबकि रोग और कीट का उचित प्रबंधन उच्च गुणवत्ता और मात्रा दोनों देता है।

8.3. फसलोपरांत प्रबंधन

प्रजातियों के आधार पर, मशरूम का शेल्फ जीवन एक दिन से दो सप्ताह तक भिन्न हो सकता है। ताजे मशरूम को बिना धुले भूरे रंग के पेपर बैग में रेफ्रिजरेटर में रखा जाता है, अधिमानतः सबसे कम शेल्फ पर। मशरूम खुदरा विक्रेता से बैग उपलब्ध होने चाहिए अन्यथा, एक पेपर लंच बैग ठीक है। आमतौर पर, यह महत्वपूर्ण है कि ताजे मशरूम को उन सामग्रियों में पैक किया जाता है जो उन्हें सांस लेने की अनुमति देते हैं, इसलिए वे 'पसीना' नहीं करते हैं और पतले हो जाते हैं। उसी समय, सामग्री को यह सुनिश्चित करना चाहिए कि मशरूम बहुत अधिक सूख न जाए।

8.4. मशरूम का प्रसंस्करण

ताजा काटे गए मशरूम में एंजाइम प्रणाली और क्षय के कारण गिरावट की संभावना होती है, जो कि हैंडलिंग के दौरान होने वाले चोट वाले हिस्से के आसपास बहुत तेजी से विकसित होता है। उच्च श्वसन दर के कारण, तापमान का निर्माण होता है, जो मशरूम में नाजुक स्वाद सिद्धांतों पर बहुत प्रतिकूल प्रभाव डालता है, जिसके परिणामस्वरूप अंततः फसल के बाद का जीवन छोटा हो जाता है। इसके परिणामस्वरूप पॉलीफेनोलॉक्सिडेज एंजाइमों द्वारा ग्रे रंग का निर्माण होता है जो मशरूम में काफी सक्रिय होते हैं इसलिए मशरूम के संरक्षण और प्रसंस्करण पर वर्षों से काफी ध्यान दिया गया है। संतोषजनक परिणामों के लिए, ताजे कटे हुए मशरूम को निम्नलिखित तकनीक (अल्पकालिक भंडारण और दीर्घकालिक भंडारण) में से किसी के द्वारा तुरंत संसाधित किया जाना चाहिए।

8.4.1. अल्पकालिक भंडारण

मशरूम का शेल्फ जीवन 1 दिन से 2 सप्ताह तक 1-4 डिग्री सेल्सियस पर भिन्न हो सकता है। कम तापमान अल्पकालिक संरक्षण में प्रभावी है क्योंकि यह सूक्ष्मजीवों के विकास को रोकता है। मशरूम के ऊतकों की कटाई के बाद की चयापचय गतिविधियों की दर को कम करता है और नमी के नुकसान को कम करता है। स्ट्रॉ मशरूम को लकड़ी की पेटियों में रखा जा सकता है और सड़क, रेल या समुद्र द्वारा ले जाया जा सकता है। पेटियों को तीन डिब्बों में बांटा गया है; बर्फ को केंद्रीय डिब्बे में रखा जाता है और मशरूम को दो अन्य वर्गों में पैक किया जाता है। मशरूम को बांस की टोकरियों में भी पैक किया जा सकता है और एयरफ्रेट द्वारा ले जाया जा सकता है। टोकरी के केंद्र में एक वातन चौनल बनता है और मशरूम के ऊपर कागज में लपेटकर सूखी बर्फ रखी जाती है। 95 प्रतिशत CO_2 के साथ एक बंद प्लास्टिक बॉक्स में स्ट्रॉ मशरूम का भंडारण 15-20 डिग्री सेल्सियस पर भी गिरावट को तेज करता है, सामान्य परिस्थितियों में उनके भंडारण के लिए सबसे उपयुक्त तापमान रेंज है। दूसरी ओर, 10-15 डिग्री सेल्सियस पर छिद्रित प्लास्टिक के डिब्बे में संग्रहीत मशरूम में 4 दिनों तक उत्कृष्ट रखने की गुणवत्ता होती है और नमी की कमी 5 प्रतिशत से कम होती है। जब पुआल मशरूम को 30 डिग्री सेल्सियस पर संग्रहीत किया जाता है, तो समान परिस्थितियों

में, पर्दे पूरी तरह से खुले होते हैं और वनस्पति मायसेलिया केवल 2 के बाद विकसित होते हैं। बंद थैलियों में द्रवीकरण और सूक्ष्मजीवी विकृति तेजी से हो सकती है। मशरूम को किसी भी अन्य चरण की तुलना में बटन चरण पर अधिक प्रभावी ढंग से संग्रहीत किया जा सकता है। हालांकि, 10 डिग्री सेल्सियस से नीचे के तापमान पर, मशरूम तेजी से द्रवीभूत हो जाते हैं, चाहे पैकेजिंग के प्रकार और ठंड लगने वाली चोट के कारण विकास की अवस्था कुछ भी हो।

8.4.2. दीर्घकालिक भंडारण

सभी तकनीकें जो मशरूम को संसाधित या असंसाधित, ताजा के लिए सामान्य भंडारण अवधि से अधिक समय तक संग्रहीत करती हैं, एक साथ दीर्घकालिक भंडारण कहलाती हैं। उन्नत किस्में, उत्पादन तकनीक और नवीन तकनीकों के कारण हमारे देश में पिछले कुछ वर्षों में मशरूम का उत्पादन बढ़ा है। ऑफ-सीजन के दौरान लंबी अवधि के भंडारण की आवश्यकता नहीं हो सकती है, लेकिन पीक सीजन में कीमतों में गिरावट को कम करने के लिए और ऑफ-सीजन के दौरान उच्च कीमत का लाभ उठाने के लिए, उत्पादक और प्रोसेसर उन्हें विभिन्न तरीकों से संरक्षित करते हैं। शेल्फ जीवन का विस्तार करें और उत्पाद में मूल्य जोड़ें। इस लंबे समय तक संग्रहीत मशरूम का निर्यात किया जा सकता है और साथ ही ऑफ-सीजन के दौरान उपलब्ध कराया जा सकता है। मशरूम के लिए आमतौर पर पालन की जाने वाली लंबी अवधि का भंडारण तकनीकों में डिब्बाबंदी, सुखाने, खड़ी और अचार बनाना शामिल है। ये प्रक्रियाएं हमेशा सभी प्रकार के मशरूम के लिए उपयुक्त नहीं होती हैं। तैयार उत्पाद की गुणवत्ता की तुलना शायद ही कभी ताजे मशरूम से की जा सकती है।

8.5. कैनिंग

मशरूम, विशेष रूप से एगारिकस मशरूम को संरक्षित करने के लिए कैनिंग सबसे आम प्रक्रिया है। कैनिंग को छह बुनियादी कार्यों में विभाजित किया गया है: सफाई, ब्लैंचिंग, बंध्याकरण, शीतलन, लेबलिंग और पैकिंग।

8.5.1. तुड़ाई

मशरूम को बटन चरण (टोपी व्यास 2-2.5 सेमी) पर चुना जाता है। मिट्टी और किसी भी सूक्ष्म जीवाणु वाले हिस्से को फिर एक तेज धार वाले स्टेनलेस स्टील चाकू/ब्लेड की मदद से काट/निकाल दिया जाता है। डंठल की लंबाई अधिमानतः 0.5-1 सेमी लंबा रखा जाना चाहिए। कटाई के तुरंत बाद कदमों को ट्रिम करने से अगरिकस का भूरापन और धब्बा कम हो सकता है। यदि प्रसंस्करण से तुरंत पहले मशरूम को डिब्बाबंद नहीं किया जाता है, तो उच्च आरएच के साथ 15 डिग्री सेल्सियस पर प्रशीतन रंग और बनावट को बनाए रखने में मदद करेगा। डिब्बाबंदी से 30 मिनट पहले भिगोने से डिब्बाबंदी की उपज बढ़ सकती है। इस स्तर पर, रंग प्रतिधारण के लिए सोडियम मेटाबिसल्फाइट या एस्कॉर्बिक एसिड का एक उपयुक्त स्तर शामिल किया जाता है।

8.5.2. छँटाई और ग्रेडिंग

रोगग्रस्त, क्षतिग्रस्त/टूटे हुए, सिकुड़े हुए और भूरे रंग के मशरूम को छोड़ दिया जाता है और केवल स्वस्थ सफेद और तंग बटनों को चुना जाता है और दो ग्रेडों में अलग किया जाता है यानी 2.5 सेमी. तक के कैप व्यास के साथ कॉम्पैक्ट हेड के रूप में 'ए' और कैप व्यास 2.5 सेमी. से अधिक 'बी' ग्रेड के रूप में।

8.5.3. धुलाई

ग्रेडेड मशरूम को ठंडे बहते पानी में 3-4 बार अच्छी तरह से धोया जाता है ताकि चिपकी हुई गंदगी, मिट्टी आदि को बिना नुकसान पहुंचाए या रगड़ा जा सके।

8.5.4. ब्लांचिंग

ब्लांचिंग का उपयोग एंजाइमों की गतिविधि को कम करने के लिए किया जाता है। यह सूक्ष्म जीवों को भी निष्क्रिय करता है और एक संतोषजनक और समान पैक प्राप्त करने के लिए कच्चे माल से हवा को निकालता है। मशरूम को उबलते पानी में 2-3 मिनट के लिए ब्लांच किया जाता है और उसके बाद ठंडे पानी में तुरंत ठंडा किया जाता है। हालांकि, लीचिंग हानियों को कम करने के लिए, स्टीम ब्लैंचिंग को प्राथमिकता दी जाती है, क्योंकि उबलते पानी में लीचिंग हानि लगभग 30% होने का अनुमान लगाया गया था।

8.5.5. डिब्बे भरना

ब्लैंचिंग के बाद, मशरूम को दो कैन आकारों में रखा जाता है, यानी ए-1 लंबा कैन (खुदरा विक्रेताओं द्वारा पसंद किया जाता है) और ए-2.5 (होटल व्यवसायियों, निर्यातकों और अन्य प्रतिष्ठानों द्वारा पसंद किया जाता है)। प्रक्षालित मशरूम को ए-2.5 कैन में घोषित ड्रेन वेट यानी 440 ग्राम के डिब्बे में भर दिया जाता है।

8.5.6. ब्राइनिंग

मशरूम के डिब्बे भरने के बाद 2.5% सामान्य नमक (सोडियम क्लोराइड) का गर्म नमकीन घोल, 1% चीनी और 0.25-0.5 प्रतिशत साइट्रिक एसिड कैन के किनारे तक मिलाया जाता है। ब्राइनिंग उत्पाद में स्वाद जोड़ता है, प्रसंस्करण समय को कम करता है और डिब्बाबंद मशरूम के शेल्फ जीवन को बढ़ाता है।

8.5.7. थकावट

ब्राइनिंग के बाद, लंबे समय तक शेल्फ जीवन सुनिश्चित करने के लिए उत्पाद से किसी भी फंसी हवा और अन्य संचित गैसों को हटाने के लिए डिब्बे समाप्त हो जाते हैं। नमकीन घोल से भरे डिब्बे निकास सुरंग की लंबाई और कंटेनर के आकार के आधार पर एक निर्दिष्ट अवधि के लिए निकास बॉक्स में डाले जाते हैं। सुरंग जितनी छोटी होगी, थकावट के लिए उतना ही अधिक समय लगेगा। भरे हुए डिब्बे को उबलते पानी में डालकर तब तक निकाला जा सकता है जब तक कि केंद्र का तापमान 1-2 मीटर के लिए 85-90 डिग्री सेल्सियस तक न पहुंच जाए।

8.5.8. सीवन/कैन क्लोजिंग

थकावट के तुरंत बाद, डिब्बे को डबल सीमर की मदद से सील कर दिया जाता है ताकि भली भांति सीलबंद कंटेनर प्राप्त किया जा सके। फिर बंद ढक्कनों को कीटाणुरहित करने के लिए सीलबंद डिब्बे को उल्टा स्थिति में रखा जाता है।

8.5.8.1. प्रसंस्करण/बंध्याकरण

प्रसंस्करण, जिसे बंध्याकरण के रूप में भी नामित किया गया है, डिब्बाबंदी में एक अनिवार्य इकाई संचालन है। यह कैन के आकार और प्रसंस्करण स्थान की ऊंचाई के आधार पर एक निर्दिष्ट अवधि के लिए 15 एलबीएस पीएसआई के दबाव पर भली भांति बंद करके सील किए गए डिब्बे को संसाधित करके

पूरा किया जाता है। हालांकि, शिमला जैसे क्षेत्रों के लिए, ए-2.5 आकार के डिब्बे के लिए प्रसंस्करण समय 45 मिनट होने की सिफारिश की जाती है।

8.5.8.2. कूलिंग

ठंड में बंध्याकरण के तुरंत बाद डिब्बे को ठंडा किया जाता है। कमरे के तापमान पर बहता पानी ताकि सूक्ष्म को अचानक झटका दिया जा सके जीवों को उनकी प्रतिकूल गतिविधियों से छुटकारा पाने के लिए।

8.5.8.3. लेबलिंग और भंडारण

ठन्डे डिब्बे को एक ठंडी सूखी जगह में संग्रहित किया जाता है और जंग से बचने के लिए कैन बॉडी से किसी भी नमी को हटाने के लिए ग्रीस के साथ लिप्त किया जाता है। लेबलिंग से पहले किसी भी सूजन, रिसाव, फुफ्फुस और अन्य विकारों की जांच के लिए डिब्बे को परिवेश के तापमान पर 8-10 दिनों के लिए रखा जाता है। बिक्री के लिए डिब्बे को उजागर करने से पहले, फल उत्पाद आदेश, 1955, खाद्य अपमिश्रण निवारण अधिनियम, 1954 और पैक्ड कमोडिटी (विनियमन) अधिनियम, 1975 की वैधानिक आवश्यकताओं को पूरा करने के लिए उचित लेबलिंग की जाती है।

8.6. सुखाने

मशरूम धूप में निर्जलित होते हैं। बाजार में उपलब्ध उत्पाद घटिया गुणवत्ता के हैं। न केवल रेत से संदूषण होता है, बल्कि उत्पाद भी अत्यधिक फीके पड़ जाते हैं। लेकिन दूसरी ओर सूखे मशरूम लंबी अवधि के भंडारण और परिवहन के लिए सुविधाजनक हैं। सुखाने से संरक्षित मशरूम का स्वाद अच्छा होता है और खराब होने से रोकता है। ताजे मशरूम की नमी की मात्रा फसल के समय और पर्यावरण की स्थिति के आधार पर 70-90 प्रतिशत की सीमा में भिन्न होती है जबकि सूखे मशरूम की नमी लगभग 10-13 प्रतिशत होती है। मशरूम को धूप में सुखाकर और थर्मल पावर से सुखाकर सुखाया जा सकता है। सामान्य सुखाने के लिए, चुने हुए मशरूम को डंठल के बेसल भाग में काट दिया जाता है और अलमारियों पर एकल परतों में व्यवस्थित किया जाता है और धूप में रखा जाता है या सुखाने वाले ओवन में रखा जाता है (चित्र 8.1)। आमतौर पर लगभग 2-4 दिन लगातार दैनिक धूप में सुखाने के लिए पर्याप्त होती है। थर्मल

चित्र 8.1. मशरूम का सूखना

पावर सुखाने की यह प्रक्रिया अपेक्षाकृत कम तापमान पर शुरू होती है। धूप के दिनों में उगाए गए मशरूम को 35 डिग्री सेल्सियस के शुरुआती तापमान पर सुखाया जाता है, जबकि नम दिनों में उगाए गए मशरूम को 30 डिग्री सेल्सियस के शुरुआती तापमान पर सुखाया जाता है। उत्पाद को संरक्षित करने के अलावा, सुखाने से मशरूम का स्वाद और उपस्थिति बढ़ जाती है। मशरूम अत्यधिक हाइड्रोस्कोपिक होते हैं और हवा से नमी को अवशोषित करने के लिए उपयुक्त होते हैं, उन्हें ठीक से संग्रहित किया जाना चाहिए। यदि मशरूम में नमी की मात्रा लगभग 20 प्रतिशत तक पहुँच जाती है, तो कीड़े और फफूंदी मशरूम को संक्रमित कर देंगे। टोपी की सतह की चमक भी फीकी पड़ सकती है। इसके अलावा, मशरूम एक सफेद पाउडर सतह विकसित कर सकते हैं और गलफड़े अपने मूल पीले सफेद से भूरे रंग में बदल सकते हैं। इसलिए सूखे मशरूम को पॉलीथीन की थैलियों में डाल देना चाहिए, सील कर देना चाहिए और सूखी, ठंडी और अंधेरी जगह पर रखना चाहिए। लंबे समय तक भंडारण के लिए, मशरूम को डिब्बों या लकड़ी के बक्से में पैक किया जाना चाहिए और कम तापमान वाले स्टोर में 2–5 डिग्री सेल्सियस पर रखा जाना चाहिए।

8.7. खड़ी

डिब्बाबंद और फ्रीज में सुखाए गए मशरूम की कीमत बहुत अधिक होती है और बहुत से ऐसे उत्पाद नहीं खरीद सकते हैं। मशरूम के शेल्फ जीवन के विस्तार के साथ-साथ दूर-दराज के स्थानों तक इस अत्यधिक खराब होने वाली वस्तु के परिवहन के लिए मशरूम का स्थिर संरक्षण सुविधाजनक और किफायती भी है। विधि सरल, किफायती है और मशरूम को नमक और/या एसिड के केंद्रित घोल में डुबो कर 3–6 महीने तक की अवधि के लिए संरक्षित किया जा सकता है। मशरूम का स्थायी संरक्षण शेल्फ जीवन को बढ़ाने के साथ-साथ सफेदी बनाए रखने में मदद करता है। साफ किए गए मशरूम को सादे पानी या केमिकल युक्त पानी में धोया जाता है और प्लास्टिक के बड़े कंटेनर में भर दिया जाता है। नमकीन घोल में पांच मिनट ब्लांचिंग कभी-कभी कंटेनरों में भरने से पहले की जाती है। नमकीन घोल को फिर डिब्बे या कंटेनरों में डाला जाता है। स्टीप्ड बटन और सीप मशरूम को चित्र 8.2 में दिखाया गया है। इस प्रकार का संरक्षण दो विधियों द्वारा किया जा सकता है।

चित्र 8.2. खड़ी संरक्षित बटन और सीप मशरूम

8.7.1. बिना थके खड़ी परिरक्षण

ताजे मशरूम को 5 मिनट के लिए 0.05 प्रतिशत केएमएस में धोया और उबाला गया। छानने के बाद, मशरूम को ठंडे पानी से 4–5 बार धोकर बोतलों या डिब्बे में भर दिया जाता है। बोतलों में 18 से 20% NaCl और 0.1% साइट्रिक एसिड की गर्म नमकीन भरी जाती है। उचित ढक्कन लगाने के बाद, बोतलों को कमरे के तापमान पर भंडारण के लिए रखा जाता है। खड़ी परिरक्षण की इस विधि को अनथक स्टीपिंग प्रिजर्वेशन के रूप में जाना जाता है और यह 3 महीने तक मशरूम के भंडारण के लिए अच्छा होता है।

8.7.2. समाप्त खड़ी संरक्षण

नमकीन घोल को बोतलों में भरने तक, प्रक्रिया वही है जो ऊपर वर्णित है। नमकीन + एसिड घोल भरने के बाद, बोतलों को गर्म पानी के स्नान में तब तक रखा जाता है जब तक कि केंद्र में नमकीन का तापमान 80 से 85°C तक न पहुंच जाए। 10 मिनट के लिए नमकीन तापमान 85°C पर बनाए रखने के बाद, बोतलों को सील कर दिया जाता है और भंडारण के लिए रखा जाता है। केवल पानी से प्रक्षालित मशरूम ही कुछ हद तक पीला रंग प्रदान करते हैं और उपचारित मशरूम में सफेदी उत्कृष्ट बनी रहती है। खड़ी संरक्षित मशरूम का उपभोग करने के लिए, इसे पानी से अच्छी तरह से धोना (डिब्रीड) पड़ता है और फिर इसका आवश्यकता के अनुसार उपयोग किया जाता है। तकनीक कैनिंग के एक बैच के लिए पर्याप्त मात्रा में जमा करने के साथ-साथ डिब्बाबंद मशरूम को शिपिंग के लिए लंबी दूरी तक पहुंचाने के लिए भी है।

8.8. अचार बनाना

अचार बनाकर फलों और सब्जियों का परिरक्षण सदियों पुराना तरीका है, जो शायद धूप में सुखाने के बाद दूसरा है और भारत में बहुत लोकप्रिय है। देश के विभिन्न हिस्सों में तेल या सिरके में अचार बनाने की कई रेसिपी चलन में हैं। अचार बनाना आर्थिक रूप, से व्यवहार्य तरीके से मशरूम को संरक्षित करने के लिए दीर्घकालिक भंडारण की एक विधि है। ये अचार खाने में स्वादिष्ट होने के साथ-साथ खाने में स्वाद को बढ़ाते हैं। यह एक ऐसी प्रक्रिया भी है जिसके द्वारा मशरूम की कीमत बहुत अधिक होने पर ऑफ सीजन के दौरान उन्हें खाने के लिए स्टोर किया जा सकता है। अचार के लिए मशरूम को या तो ब्लांच किया जाता है या स्वाद के आधार पर ब्राउन होने तक तेल में तला जाता है; स्थानीय वरीयताओं और प्रथाओं के अनुसार विभिन्न मसालों को भी अलग से तेल में पिसा या तला जाता है और मशरूम में मिलाया जाता है। सामग्री को अच्छी तरह मिलाया जाता है और कुछ मिनटों के लिए थोड़ा पकाया जाता है। इसे ठंडा होने दिया जाता है और फिर वांछित आकार के जार (लग्स) में भर दिया जाता है। स्वाद और लंबे समय तक भंडारण के लिए सिरका भी मिलाया जा सकता है और बोतल या कंटेनर में सामग्री को तेल के साथ ऊपर रखा जाता है। एनआरसीएम, सोलन में विकसित और मानकीकृत एक फॉर्मूलेशन के अनुसार, मशरूम को 0.05 प्रतिशत केएमएस घोल में 5 मिनट के लिए धोया, काटा और ब्लैंच किया जाता है। ब्लांच किए हुए मशरूम को ठंडे पानी में 2–3 बार धोकर अतिरिक्त पानी निकाल दिया जाता है। फिर मशरूम को नमक बनाने की प्रक्रिया के अधीन किया जाता है, जिसमें 10 प्रतिशत सोडियम क्लोराइड मिलाया जाता है और रात भर रखा जाता है। मशरूम का अतिरिक्त पानी अगले दिन हटा दिया जाता है और मसाले और संरक्षक मशरूम अचार के वांछित स्वाद और गुणवत्ता के लिए मिश्रित होते हैं। विभिन्न मसाले जैसे हल्दी पाउडर, काली सरसों का पाउडर (राई), लाल मिर्च पाउडर, ज़ीरा पाउडर, मेथी पाउडर, सौंफ पाउडर (सुवाल शोपा), काली मिर्च,

अजवायन (अजवाईन), कलौंजी, सौंफ; स्वादिष्ट अचार बनाने के लिए बीज का पाउडर और सरसों का तेल मिलाया जाता है (चित्र 8.3)। अनुमत सीमा के भीतर एसिटिक एसिड और सोडियम बेंजोएट को परिरक्षकों के रूप में उपयोग किया जाता है।

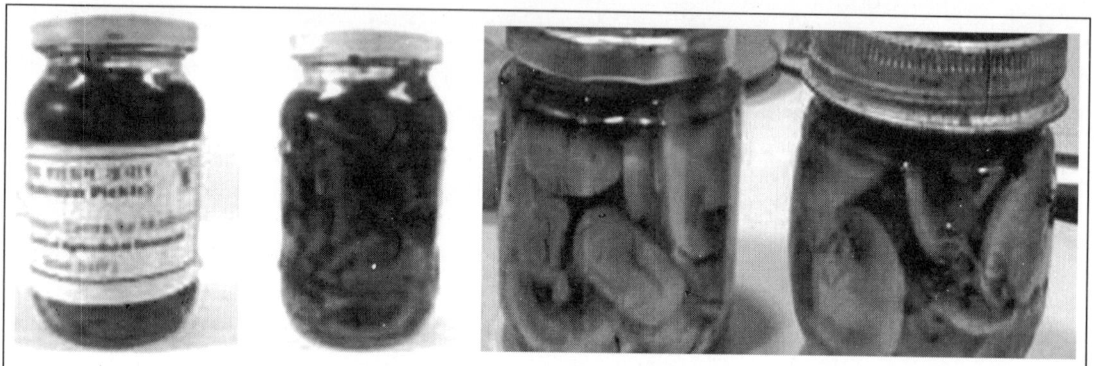

चित्र 8.3. बटन मशरूम का अचार और मसालेदार मशरूम (डिब्बाबंद)

8.9. रसायनों का प्रयोग

केंद्रीय खाद्य प्रौद्योगिकी अनुसंधान संस्थान (सीएफटीआरआई), मैसूर में मशरूम के संरक्षण के इस पहलू पर कुछ काम किया गया है। यह बताया गया है कि मशरूम को 2.5 प्रतिशत सामान्य नमक, 0.2 प्रतिशत साइट्रिक एसिड, 0.1 प्रतिशत एस्कॉर्बिक एसिड, 0.1 प्रतिशत सोडियम बाइकार्बोनेट और 0.1 प्रतिशत पोटेशियम मेटाबिसल्फाइट। युक्त घोल में डुबोकर कमरे के तापमान पर लगभग 10 दिनों तक ताजा स्थिति में संरक्षित किया जा सकता है। प्रक्षालित मशरूम के घोल को साफ कांच के कंटेनरों में डाल दिया जाता है, जो ढक्कन से ढके होते हैं और पैराफिन मोम से सील कर कमरे के तापमान (21–28 डिग्री सेल्सियस) पर संग्रहीत किए जाते हैं। परिरक्षण की इस पद्धति का उपयोग उन स्थानों पर किया जा सकता है जहाँ डिब्बाबंदी, हिमीकरण और निर्जलीकरण की सुविधा उपलब्ध नहीं है।

8.10. मूल्यवर्धित उत्पाद

मशरूम एक कवक फल शरीर पूरी दुनिया में एक विनम्रता का स्रोत माना गया है। नियंत्रित स्थिति में मशरूम की खेती भारत में हाल ही में हुई है। मशरूम की खेती के लिए हिमाचल प्रदेश, हरियाणा, पंजाब, उत्तर प्रदेश, उत्तरखंड, असम, मिजोरम, अरुणाचल प्रदेश जैसे राज्यों की जलवायु की स्थिति सबसे उपयुक्त है। जब हम इसे चबाते हैं तो यह प्रोटीन से भरपूर होता है और मांस जैसा दिखता है। शाकाहारी लोग इसका स्वाद अन्य सोयाबीन उत्पादों की तरह पसंद करते हैं। वैकल्पिक रूप से, मूल्य वर्धित उत्पाद जैसे घर में बने सूप, सॉस आदि हो सकते हैं।

मशरूम पेस्ट, और क्रीमी सॉस यूरोप में लोकप्रिय हैं, जबकि मशरूम आधारित स्नैक्स, केक, चाय और पेय पदार्थ अक्सर एशिया में खाए जाते हैं। झटकेदार मांस के स्वाद वाले स्नैक्स, एक्सट्रूडेड "पफी" स्नैक्स, यहां तक कि मशरूम जेली और केक भी चीन में लोकप्रिय हैं। कोरिया में मशरूम वाइन आम है, जैसा कि

जापान में मशरूम के अर्क के साथ मादक पेय हैं। पेटेंट उत्पादों में मशरूम और मछली का पेस्ट, मशरूम के स्वाद वाली कॉफी और मशरूम के रस के साथ सोया सॉस शामिल हैं।

बहुत से लोग अपनी पाक अपील के अलावा मशरूम के पोषण गुणों से भी प्रभावित होते हैं। मशरूम विटामिन डी का एकमात्र गैर-पशु स्रोत हैं। इसके अलावा, मशरूम में कुछ असंतृप्त फैटी एसिड होते हैं और कई बी विटामिन प्रदान करते हैं। कुछ में महत्वपूर्ण विटामिन सी, साथ ही पोटेशियम, फास्फोरस, कैल्शियम और मैग्नीशियम भी होते हैं। मशरूम में कई आवश्यक अमीनो एसिड होते हैं उदाहरण के लिए, सफेद एगा. रिकस मशरूम में किडनी बीन्स की तुलना में अधिक प्रोटीन होता है। शीटकेक मशरूम कम पौष्टिक होते हैं लेकिन फिर भी प्रोटीन का अच्छा स्रोत होते हैं। कुछ मशरूम आहार में एंटीऑक्सीडेंट का एक व्यवहार्य और किफायती स्रोत हो सकते हैं। वजन घटाने को बढ़ावा देने के लिए कई मशरूम आधारित उत्पादों का विपणन किया गया है।

सदियों से मशरूम का उपयोग बीमारियों के इलाज या रोकथाम के लिए किया जाता रहा है। एशियाई परंपराओं का कहना है कि कुछ मशरूम प्राकृतिक फार्मास्यूटिकल्स हैं और अच्छे स्वास्थ्य को बढ़ावा देते हैं। शोधकर्ताओं ने पुष्टि की है कि मशरूम में ऐसे पदार्थ होते हैं जो कैंसर के खतरे को कम कर सकते हैं। प्रतिरक्षा प्रणाली को बढ़ावा दे सकते हैं और कोरोनरी हृदय रोग के जोखिम को कम कर सकते हैं। मशरूम के अन्य चिकित्सीय अनुप्रयोगों में घाव भरने वाले, जीवाणुरोधी मशरूम के अर्क और यकृत समारोह की तैयारी शामिल हैं।

9

मशरूम उत्पाद और उनका विपणन

भारतीय सब्जी उत्पादक मशरूम व्यवसाय की कुंजी है कि उसके पास स्थापित खरीदार हों और लगातार उत्पादन करने में सक्षम हों। नए उत्पादकों को दो या तीन वर्षों के लिए एक कठिन शैक्षिक अनुभव का सामना करना पड़ सकता है। एक वाणिज्यिक मशरूम ऑपरेशन शुरू करने पर 1,00,000 और रु. 4,50,000, रुपये के बीच खर्च हो सकता है। इस पर निर्भर करता है कि एक उत्पादक एक उपयुक्त इमारत से शुरू करता है या नहीं। इसलिए छोटी शुरुआत करना ही समझदारी है। व्यावसायिक उत्पादन पर विचार करने वाले लोगों के लिए कुछ महत्वपूर्ण व्यावसायिक सुझाव, उत्पादन का बाजार ड्राइव बनाते हैं (सिंह *एट अल.*, 2011)। संभावित खरीदारों से वॉल्यूम और कीमतों के बारे में बात करें। विभिन्न विपणन विकल्पों का अन्वेषण करें: दलाल, वितरक, किसान बाजार, रेस्तरां, किराना स्टोर, खाद्य सेवा संचालन और सहकारी समितियां। अधिक विविधता और बड़ी मात्रा की पेशकश करने के लिए अन्य उत्पादकों के मशरूम को फिर से बेचने पर विचार करें। उत्पादन प्रणालियों के बारे में अन्य उत्पादकों और शायद सलाहकारों से बात करें। प्रारंभिक पूंजी निवेश को कम करने के लिए प्रयुक्त उपकरण खरीदने पर विचार करें। कम पूंजीकरण और भारी कर्ज भार के बीच संतुलन बनाएं।

9.1. मशरूम के विपणन योग्य उत्पाद

विपणन योग्य मशरूम का शरीर ताजा रूप में या सूखे रूप में हो सकता है; दोनों के अपने फायदे और नुकसान हैं। ताजा मशरूम घरेलू रसोई द्वारा पसंद की जाने वाली उपज का तत्काल स्रोत हो सकता है, लेकिन भंडारण जीवन बहुत कम है और कभी-कभी उत्पादक बहुत कम कीमत पर बेच सकते हैं। मशरूम के सूखे रूपों को होटल और रेस्तरां द्वारा उच्च दर की वापसी के साथ पसंद किया जाता है, लेकिन इनपुट लागत भी बढ़ जाती है।

9.1.1. ताजा मशरूम

ताजे मशरूम को तब चुना जाता है जब गिल के ऊपर का पर्दा टूट जाता है और जैसे ही उन्हें उठाया जाता है, उन्हें रेफ्रिजरेट किया जाना चाहिए, 3 डिग्री सेल्सियस का तापमान उन्हें तीन सप्ताह तक का शेल्फ जीवन देगा। यदि मशरूम भीग रहे हों तो उनकी शेल्फ लाइफ काफी कम हो जाती है और उन्हें जल्द से जल्द बेचा जाना चाहिए। वर्तमान में स्वीकार्य गुणवत्ता वाले ताजे मशरूम के लिए ग्रेडिंग ए और बी ग्रेड है;

"ए" टोपी के किनारों के साथ एक अच्छा दिखने वाला मशरूम होने के कारण अभी भी बदल गया है एवं बी ग्रेड मशरूम है जिसमें किनारों को अलग किया गया है, और आमतौर पर शीर्ष ए ग्रेड से कम है। कुछ लोग बहुत अच्छे स्वाद (कुछ हद तक मांस की तरह) के कारण ताजा मशरूम पसंद करते हैं और वे प्रोटीन, खनिज और कुछ विटामिन का एक उत्कृष्ट स्रोत हैं। शीटकेक में पॉलीसेकेराइड होते हैं जिनमें कैंसर विरोधी प्रभाव होते हैं और प्रतिरक्षा प्रणाली को उत्तेजित करते हैं, इसलिए न केवल कोई अधिक मशरूम खाएगा बल्कि उन्हें अधिक समय तक खाएगा। वहां उनके औषधीय प्रभावों के कारण मशरूम के अर्क के लिए वैकल्पिक स्वास्थ्य समुदाय में काफी रुचि विकसित हो रही है, और इससे निम्न ग्रेड का संभावित उपयोग हो सकता है। अगर लट्ठों को किसी छिड़काव वाले खेत से दूर रखें तो खेती की बाहरी विधि कई बार अच्छी होती है। उनके उत्पाद की गुणवत्ता आमतौर पर बहुत कम होती है लेकिन वे इसे कम कीमत की पेशकश कर सकते हैं। सार्वजनिक और अक्सर थोक खरीदार इस बात से अनजान होते हैं कि मशरूम की खेती कैसे की जाती है और उन्हें सबसे अच्छी गुणवत्ता की तलाश करनी चाहिए। गुणवत्ता के बजाय अक्सर सबसे कम कीमत खरीदारी के लिए उपयोग किए जाने वाले मानदंड हैं। इसका पूरे उद्योग पर नकारात्मक प्रभाव पड़ता है क्योंकि उपभोक्ता, जो सफेद बटन मशरूम के लिए कम लागत के आदी हैं, अब इन विदेशी मशरूम के लिए काफी अधिक भुगतान करने के लिए कहा जाता है। जब तक वह उत्पाद की गुणवत्ता से उपयुक्त रूप से प्रभावित नहीं होता है, अतिरिक्त लागत की गारंटी देने के लिए पर्याप्त है। यह संभावना नहीं है कि दोबारा खरीद होगी। ताजा मशरूम आमतौर पर 250 ग्राम और 500 ग्राम बैग में बेचा जाता है।

9.1.2. सूखे मशरूम

ताजा मशरूम बाजार समय-समय पर होता है लेकिन मशरूम को आसानी से सुखाया जा सकता है। वास्तव में दुनिया भर में मशरूम का बड़ा हिस्सा पुनर्गठित सूखे रूप से खाया जाता है। यदि मशरूम को प्लास्टिक में सील करके लगभग बारह प्रतिशत नमी की मात्रा में सुखाया जाता है, तो वे व्यावहारिक रूप से हमेशा के लिए रख सकते हैं। इस बात का ध्यान रखा जाना चाहिए कि वे नम न हों क्योंकि वे ढल सकते हैं। ताजे से सूखे का अनुपात लगभग 7 से 1 है। सामान्य सुखाने के लिए, चुने हुए मशरूम को डंठल के बेसल भाग में काट दिया जाता है और अलमारियों पर एकल परतों में व्यवस्थित किया जाता है और धूप में रखा जाता है या सुखाने वाले ओवन के भीतर रखा जाता है। आमतौर पर लगभग 2-4 दिन लगातार दैनिक धूप में सुखाने के लिए पर्याप्त होती है। थर्मल पावर सुखाने की यह प्रक्रिया अपेक्षाकृत कम तापमान पर शुरू होती है। धूप के दिनों में उगाए गए मशरूम को 35 डिग्री सेल्सियस के शुरुआती तापमान पर सुखाया जाता है जबकि नम दिनों में उगाए गए मशरूम को 30 डिग्री सेल्सियस के शुरुआती तापमान पर सुखाया जाता है। उत्पाद को संरक्षित करने के अलावा, सुखाने से मशरूम के स्वाद और उपस्थिति में वृद्धि होती है। इसलिए सूखे मशरूम को पॉलीथीन की थैलियों में डाल देना चाहिए, सील कर देना चाहिए और सूखी, ठंडी और अंधेरी जगह पर रखना चाहिए। लंबे समय तक भंडारण के लिए, मशरूम को डिब्बों या लकड़ी के बक्से में पैक किया जाना चाहिए और कम तापमान वाले स्टोर में 2-5 डिग्री सेल्सियस पर रखा जाना चाहिए।

9.2. मार्केटिंग

मार्केटिंग सभी में सबसे महत्वपूर्ण विचार है। यह खंड बाजार के रुझानों का एक व्यापक अवलोकन प्रदान करता है, संभावित बाजारों के बारे में कुछ विचार, उपयोगी संसाधनों के संदर्भ, विपणन चैनलों के बारे

में सुझाव और सलाह वित्तीय विश्लेषण पर। बाजार अनुसंधान और मूल्यांकन शायद एक नया उद्यम विकसित करने का सबसे चुनौतीपूर्ण हिस्सा है। सौभाग्य से, कई सहायक स्रोत हैं।

9.2.1. प्रत्यक्ष विपणन

मशरूम या मशरूम उत्पादों को सीधे अंतिम उपयोगकर्ता को बेचना, स्वाभाविक रूप से एक थोक व्यापारी को बेचे जाने की तुलना में बेहतर कीमत प्राप्त करेगा। स्थानीय किसान बाजारों में, रेस्तरां में या सुपरमार्केट में मशरूम का प्रत्यक्ष विपणन कई स्थानों पर संभव है। स्थानीय बाजारों में प्रतिस्पर्धा करते समय, उत्कृष्ट सेवा, उच्च गुणवत्ता, और न्यूनतम कीमत के बजाय लगातार आपूर्ति, बिक्री जीत सकती है, खासकर सूप शेफ के साथ। कुछ रसोइये स्थानीय रूप से उगाए गए खाद्य पदार्थों के विशेषज्ञ होते हैं और इस कारण से उनकी रुचि हो सकती है। अन्य ताजा, प्रीमियम उपज के लिए भुगतान करने को तैयार हैं। किसी भी मामले में, इस प्रकार के विपणन के लिए खरीदार के साथ संबंध स्थापित करना और गुणवत्ता वाले उत्पाद को मज़बूती से वितरित करना आवश्यक है।

स्थानीय किराना स्टोर ताजा मशरूम के एक और संभावित खरीदार हैं। यद्यपि एक स्थापित खाते वाला थोक व्यापारी कड़ी प्रतिस्पर्धा पैदा करता है, जिससे छोटे कुशल उत्पादक को कुछ विशिष्ट बाजारों में लाभ हो सकता है। स्थानीय रूप से उगाए गए सीप मशरूम का एक फायदा है क्योंकि सीपों की शेल्फ लाइफ बहुत सीमित होती है और आसानी से शिप करने के लिए बहुत नाजुक होती हैं। प्रत्यक्ष, स्थानीय बिक्री के साथ उत्पादक एक नए उत्पाद की आपूर्ति कर सकता है जो बेहतर स्थिति में आता है।

9.2.2. थोक बिक्री विपणन

एक थोक व्यापारी को ताजा मशरूम बेचने का मतलब होगा कि आप सीधे बाजार की तुलना में कम कीमत पर दे रहे हैं। हालांकि, उन उत्पादकों के लिए जो खुद को प्रत्यक्ष बिक्री में शामिल नहीं करना चाहते हैं, मशरूम के लिए स्थापित थोक बाजार हैं। थोक व्यापारी विभिन्न विज्ञापन मीडिया में उत्पादों का विज्ञापन कर सकता है। गुणवत्ता वाले सूखे मशरूम के लिए एक स्थिर और बढ़ता हुआ बाजार है, भले ही थोक बाजार प्राकृतिक खाद्य भंडार और सहकारी समितियों जैसे खरीदारों द्वारा उदास हो गया हो। सफेद बटन मशरूम और अन्य एगारिकस किस्मों जैसे पोर्टोबेलस और क्रिमिनिस के छोटे पैमाने पर व्यावसायिक उत्पादन की सिफारिश शुरुआती के लिए नहीं की जाती है, सिवाय प्रत्यक्ष विपणन के लिए छोटे पैमाने पर।

9.2.3. छोटे पैमाने के उत्पादकों के लिए विपणन कुंजी

बिक्री को बढ़ावा देने के लिए, मशरूम उत्पाद को अथक रूप से बढ़ावा देने के लिए तैयार रहना चाहिए। प्रमुख बाजार एक अप-स्केल रेस्तरां, कैटरिंग कंपनियां और उपहार कैटलॉग हो सकते हैं। ग्राहक, जो जैविक उत्पाद की मांग करते हैं, एक विश्वसनीय बाजार भी प्रदान करते हैं। प्रक्रिया को अच्छी तरह से जानें, और एक छोटी, विश्वसनीय ग्राहक आधार योजना विकसित करें, जैसे आधा दर्जन नियमित ग्राहक आधार के रूप में। स्थानीय बाजार स्थापित करने में मदद के लिए निःशुल्क नमूने भी पेश करें। उदाहरण के लिए, सुपरमार्केट को बेचना, समस्याओं से भरा हो सकता है, जिसमें उत्पाद की ताजगी सुनिश्चित करने की चुनौती और आवर्ती शामिल हैं। नए उत्पाद विभाग के कर्मचारियों को शिक्षित करने की आवश्यकता है। जैविक प्रमाणीकरण रासायनिक मुक्त उत्पादों में वर्तमान रुचि को देखते हुए विपणन में मदद कर सकता है।

सब्जी थोक व्यापारी, स्थानीय रेस्तरां, किसान बाजार, सुपरमार्केट, पेटू और स्वास्थ्य खाद्य किराना स्टोर ताजा उत्पाद के लिए सभी संभावित विपणन स्थल हैं।

9.3. मशरूम विपणन

निर्धारित खाद्य मूल्य के साथ मशरूम बहुत स्वादिष्ट होते हैं। इसने लगभग पूरी दुनिया में पहले ही व्यावसायिक दर्जा हासिल कर लिया है। भारत सरकार द्वारा मशरूम की खेती को प्रमुख क्षेत्रों में से एक घोषित किया गया है। सभी बड़े होटलों में मशरूम डिश एक आम चीज है। आम तौर पर, खेती की गई मशरूम को खाद्य प्रोटीन बढ़ाने के प्रयास में अधिक भूमिका निभानी चाहिए। यह विकासशील देशों में विशेष रूप से सच है, क्योंकि मशरूम के लिए विकास सब्सट्रेट मूल रूप से कृषि और औद्योगिक अपशिष्ट हैं जो मनुष्यों के लिए अखाद्य हैं। जैविक (जैव-रूपांतरण) दक्षता, यानी, अगरिकस में स्पॉनिंग कम्पोस्ट के अनुपात में या अन्य गैर-कम्पोस्टिंग मशरूम में हवा में सुखाए गए सब्सट्रेट के अनुपात में ताजे वजन वाले मशरूम की उपज, एगारिकस के लिए 60-100% और 15-100% तक पहुंच सकती है। इस बात की समझ की कमी के कारण है कि आहार के पूरक के रूप में उपयोग किए जाने पर मशरूम मानव स्वास्थ्य को बढ़ाने में महत्वपूर्ण भूमिका निभा सकता है। स्थानीय मशरूम उत्पादकों के प्रयासों का समर्थन करने के लिए अच्छी गुणवत्ता वाले मशरूम स्पॉन के विश्वसनीय स्रोतों की कमी, मशरूम की खेती करने वाले उद्यमियों का समर्थन करने के लिए उद्यम पूंजी की कमी, और मशरूम की खेती को एक मूल्यवान गैर-पारंपरिक नए भोजन और कॉफी, चाय, कपास, तंबाकू, आदि की तुलना में नकदी फसल के रूप में बढ़ावा देने के लिए व्यवस्थित सरकारी समर्थन का अभाव।

कटे हुए मशरूम को सावधानी से संभालने की आवश्यकता होती है और इसे एक कंटेनर में रखा जाना चाहिए जो हवा के संचलन की अनुमति देता है, जैसे कि एक टोकरी, और चोट लगने से बच. ाने के लिए देखभाल की आवश्यकता होती है। मशरूम वाली टोकरियों को मक्खियों से धूप, उच्च तापमान और ड्राफ्ट से सुरक्षित रखने के लिए कवर किया जाना चाहिए। उच्च गुणवत्ता वाले मशरूम जो स्वस्थ और स्वच्छ होते हैं, उन्हें बाजार में सबसे अच्छी कीमत मिलती है। कटे हुए मशरूम को उनकी ताजगी और गुणवत्ता बनाए रखने के लिए बिना देर किए बाजार में ले जाना चाहिए, या एक प्रतिशत वातावरण में संग्रहीत या संसाधित किया जाना चाहिए। जंगली कवक और खेती किए गए मशरूम दोनों के लिए बाजार में ताजा नमूने काफी मुश्किल हैं। फलने वाले पिंडों की शारीरिक बनावट स्पष्ट रूप से महत्वपूर्ण है और ग्राहकों की वरीयताओं को देखा जाना चाहिए। गलफड़ों या टोपी के क्षतिग्रस्त होने पर कुछ प्रजातियों का रंग फीका पड़ जाता है और उन्हें सावधानी से संभालना चाहिए।

कम समय में पौष्टिक भोजन उगाने के लिए संसाधनहीन किसानों के लिए मशरूम की खेती एक विश्वसनीय और प्रभावी तरीका है। यह एक अत्यधिक व्यापार योग्य वस्तु उत्पन्न करने का अवसर भी प्रदान करता है, जिससे आय सृजन में योगदान होता है। लेकिन, खराब विपणन रणनीति के कारण अधिकांश किसान अपनी मशरूम उत्पादन गतिविधि से लाभ कमाने में विफल रहते हैं। भारत में मशरूम का विपणन अभी तक व्यवस्थित नहीं है। यह उत्पादकों की सीधे खुदरा विक्रेता या यहां तक कि उपभोक्ता को बेचने की सरल प्रणाली है, जिसकी अपनी सीमाएं हैं। मुख्य रूप से मौसमी मशरूम के उत्पादन ने भी इसकी विपणन समस्याओं

को बढ़ा दिया है। उत्तर भारतीय राज्यों में सर्दियों के महीनों के दौरान मशरूम की संकटपूर्ण बिक्री के लिए मजबूर होने की लगातार खबरें आई हैं। यह इस बात को पुष्ट करता है कि विपणन समस्याओं को हल किए बिना उत्पादन बढ़ाने का प्रयास प्रति-उत्पादक होगा। यहाँ सफल मार्केटिंग के कुछ तरीके दिए गए हैं:

- ताजा मशरूम के लिए विभिन्न विपणन विकल्पों की खोज करना - परिवहन बुनियादी ढांचे के आधार पर, स्थानीय ग्राहकों, स्थानीय व्यापारियों, बाजारों, मध्यस्थों, क्षेत्रीय थोक विक्रेताओं, स्थानीय रेस्तरां, दुकानों या किसान सहकारी समितियों को सीधे बेचना।
- सूखे या मसालेदार मशरूम, सॉस, चाय, अर्क आदि सहित प्रसंस्कृत उत्पाद बनाकर मशरूम का मूल्य जोड़ना और शेल्फ-लाइफ बढ़ाना।
- अन्य उत्पादकों के साथ संगठित और टीम-अप करना, मात्रा और मशरूम की विविधता को बढ़ाना, और व्यापारियों को नियमित रूप से आकर्षित करना ताकि खराब होने वाली उपज की विश्वसनीय बिक्री को सक्षम किया जा सके।
- मौजूदा बाजारों और व्यापारिक मार्गों की पहचान करना, और भरे जाने वाले किसी भी निशान की पहचान करना (उदाहरण के लिए, जैविक मशरूम, उचित व्यापार या सहकारी उपज)।

9.4. बाजार की मांग

बिक्री का बड़ा हिस्सा एगारिकस प्रजाति का था, जिसमें सफेद बटन मशरूम, पोर्टोबेलस और क्रिमिनिस शामिल हैं। बाद के दो एगारिकस बिस्पोरस के भूरे रंग के स्ट्रेन हैं, जिनकी खेती अतिरिक्त बड़े (पोर्टोबेला) और बहुत छोटे (क्रिमिनी) फलने वाले निकायों के लिए की जाती है। बड़ी अच्छी तरह से स्थापित कंपनियां लगभग सभी एगारिकस मशरूम का उत्पादन करती हैं। सीप और धान के पुआल की भारी मांग राज्य और राष्ट्रीय राजधानी के साथ-साथ सभी महानगरीय शहरों में स्थित स्थानीय और राष्ट्रीय बाजारों में है। अन्य विदेशी और कम उपयोग किए गए उपभेदों की मांग नहीं है, लेकिन कुछ को होटल और रेस्तरां के मानक को बनाए रखने के लिए प्राथमिकता दी जाती है। लेकिन अंतरराष्ट्रीय बाजारों में एगारिकस की बहुत अधिक मांग है। इन प्रणालियों में उगाए गए मशरूम को थोक बाजार में लाभप्रद रूप से बेचा जा सकता है। एक शुरुआती उत्पादक के लिए थोक कीमतों पर इन कंपनियों के साथ प्रतिस्पर्धा करना बहुत मुश्किल है। इसलिए, शुरुआत में उत्पादक को अपना स्थानीय बाजार बनाना पड़ता है।

9.5. बाजार अनुसंधान

बाजार मूल्यांकन के लक्ष्य एक नए उद्यम की बिक्री की मात्रा और सकल आय को प्रोजेक्ट करना है, इसकी संभावित लाभप्रदता और नकदी प्रवाह का विश्लेषण करने के लिए, और संभावित खरीदारों और प्रतिस्पर्धियों के बारे में जानकारी (बाजार रणनीति विकसित करने में सहायता के लिए) के लिए है। कई विशिष्ट मशरूम की खेती भी की जा सकती है, लेकिन बाजार, हालांकि बढ़ रहा है, अभी भी सीमित है। किसी व्यवसाय से आय मांगने से पहले कुछ सीधे प्रश्न मान लिए जाते हैं

- आप उन्हें किसको बेचेंगे? वे किस प्रकार के चाहते हैं, और वे कहाँ खरीदारी करते हैं।
- आपको प्रत्येक मशरूम प्रजाति की मांग की अच्छी तरह जांच करनी चाहिए।
- उपलब्ध मार्केटिंग आउटलेट।

- स्थानीय स्थिति, साइट के सामाजिक निर्माण की जाँच करें।
- प्रारंभिक शोध करने के कुछ सामान्य तरीकों में खरीदारों का अवलोकन, दुकानों का सर्वेक्षण और उत्पादकों के साथ व्यक्तिगत साक्षात्कार शामिल हैं।
- एक बार जब आपके पास प्रायोगिक उत्पाद हो, तो मार्केटिंग का परीक्षण करें।

बाजार अनुसंधान का एक अन्य कार्य प्रतिस्पर्धा का मूल्यांकन करना है। यह आपको यह निर्धारित करने में मदद करेगा कि कौन सा बाजार पहले से मौजूद है और आप जो भी जगह भर सकते हैं उसकी पहचान करें। अपने प्रतिस्पर्धियों के बारे में अधिक जानने के लिए, उनके उत्पादों का उपयोग करें। उनसे बात करें। आपको आश्चर्य हो सकता है कि वे कितनी जानकारी साझा करेंगे।

9.6. वित्तीय विश्लेषण

बाजार अनुसंधान के एक भाग के रूप में, संभावित उद्यम का वित्तीय विश्लेषण करने की आवश्यकता है। एक उद्यम बजट विकसित करें जिसमें अधिक से अधिक विवरण हों जो कोई प्रदान कर सकता है। कई कृषि उद्यमों की तरह, मशरूम उत्पादन अक्सर केवल मामूली लाभदायक होता है। जब श्रम और प्रबंधन लागत को ध्यान में रखा जाता है। विस्तार कार्यालयों या इंटरनेट से बाहर एक सामान्य उद्यम बजट का उपयोग करके, इसे कई वास्तविक गणनाओं और लागतों के अनुमानों से भरें। यदि मशरूम की कई प्रजातियों पर विचार किया जाता है, तो प्रत्येक का अलग-अलग वित्तीय विश्लेषण करें। हर कीमत का अनुमान लगाने की कोशिश करें ताकि एक सटीक वित्तीय तस्वीर का निर्माण हो सके। एक बजट में एक शैक्षिक, प्रशिक्षण और/या विपणन घटक शामिल करें, मुफ्त नमूने या जानकारी और व्यंजनों के साथ यात्रियों को अनुमति दें, विशेष रूप से एक नया उत्पाद विकसित करना या प्रत्यक्ष विपणन करना होगा।

एक एकीकृत कृषि प्रणाली में मशरूम उत्पादन को जोड़ना, वित्तीय विश्लेषण अधिक कठिन है। एक स्पष्ट लाभ कमाना उतना महत्वपूर्ण नहीं हो सकता है जितना कि ऑफ-सीजन लेबर या वुडलॉट थिनिंग से छोटे लॉग का उपयोग करके बिक्री योग्य उत्पाद बनाने के लिए जो अन्यथा बेकार होता।

9.7. भारत में मशरूम का विपणन

भारत में मशरूम का विपणन अभी तक व्यवस्थित नहीं है। यह सीधे खुदरा विक्रेता या यहां तक कि उपभोक्ता को बेचने वाले उत्पादकों की सरल प्रणाली है। थोक वितरक ज्यादातर गायब है। हालांकि, प्रसंस्कृत (डिब्बाबंद और सूखे) में व्यापार काफी बड़ा और संगठित है। अन्य देशों में कुल लागत का 10% विपणन के लिए निर्धारित किया जाता है। केवल एक उच्च गुणवत्ता वाले ताजा उत्पाद के लिए एक बाजार की जगह विकसित करके या मशरूम आधारित खाद्य पदार्थ का उत्पादन करके एक छोटे पैमाने पर शुरुआत करने वाले प्रतिस्पर्धा की उम्मीद कर सकते हैं।

हाल के वर्षों में भारत में मशरूम का उत्पादन, विशेष रूप से सफेद बटन वाले मशरूम का विपणन समस्या पैदा कर रहा है। देश में प्रसंस्कृत खाद्य पदार्थों का बाजार अभी विकसित नहीं हुआ है और मूल रूप से ताजे फल और सब्जियों को प्राथमिकता दी जाती है। खपत बढ़ाने के लिए उत्पाद को बढ़ावा देने और बाजार को मजबूत और विस्तारित करने के लिए कोई गंभीर प्रयास नहीं किया गया है। मांग में मामूली वृद्धि सूखे/संरक्षित मशरूम के बजाय ताजे मशरूम की है। ताजे मशरूम की शेल्फ लाइफ बहुत कम होती है और

इसलिए बिना रेफ्रिजेरेटेड परिवहन सुविधा के लंबी दूरी तक नहीं ले जाया जा सकता है। वे उत्पादन क्षेत्रों में और आसपास के बाजारों में बेचे जाते हैं। नियंत्रित स्थिति में पूरे वर्ष सफेद बटन मशरूम की खेती कुछ व्यावसायिक इकाइयों तक ही सीमित है और अधिकांश उत्पादन सर्दियों के दौरान प्राकृतिक परिस्थितियों में होता है।

भारत में अधिकांश उत्पादकों के पास सफेद बटन मशरूम के पूरे वर्ष उत्पादन के लिए पास्चुरीकरण की सुविधा और अन्य परिष्कृत मशीनरी/बुनियादी ढांचा नहीं है। जैसे, बटन मशरूम की खेती मौसमी रूप से की जाती है जब जलवायु परिस्थितियाँ अनुकूल होती हैं और उत्पादन खर्च न्यूनतम होता है। हरियाणा के कई उत्पादकों ने, विशेष रूप से सोनीपत, अंबाला और हिसार में, मशरूम हाउस (फूस की छत वाले मिट्टी के घर) के निर्माण की बहुत ही सरल और सस्ती तकनीक को अपनाकर सफेद बटन मशरूम की खेती में क्रांति ला दी है। हरियाणा और पंजाब में मौसमी सफेद बटन मशरूम की खेती के कई फायदे हैं जैसे बाजार की निकटता, कच्चे माल की आसान और सस्ती उपलब्धता के साथ-साथ पारिवारिक श्रम का उपयोग। हिमाचल प्रदेश के उत्पादक लंबी विधि से तैयार कम्पोस्ट का उपयोग नहीं करते हैं क्योंकि पाश्चुरीकृत कम्पोस्ट सोलन और पालमपुर में आसानी से उपलब्ध है।

मशरूम के विश्व व्यापार में आपूर्ति और मांग के अंतर और उच्च श्रम लागत के कारण पश्चिमी देशों में उत्पादन में कमी के परिणामस्वरूप भारतीय मशरूम उत्पादकों के लिए बेहतर बाजार मूल्य होगा। 1.2 बिलियन से अधिक की घरेलू आबादी के साथ, भारत अपने आप में मशरूम का एक बड़ा बाजार है। तेजी से बुनियादी सुविधाओं का विकास और सुव्यवस्थित वितरण नेटवर्क घरेलू उपभोक्ता मांगों को पूरा करने के लिए खराब होने वाले उत्पादों के विपणन के लिए अधिक अवसर प्रदान करता है। घरेलू और निर्यात बाजार दोनों में सफल होने के लिए बिना किसी कृषि रासायनिक अवशेषों के प्रतिस्पर्धी दरों पर गुणवत्ता वाले ताजे मशरूम और मशरूम फोर्टिफाइड मूल्य वर्धित उत्पादों का उत्पादन करना आवश्यक है। जैविक खाद, वर्मी कम्पोस्ट, ब्रिकेट्स आदि की तैयारी के लिए खेती के बाद छोड़े गए मशरूम सब्सट्रेट के व्यावसायिक उपयोग का दोहन करने के भी प्रयास किए जाने चाहिए। एक प्रमुख मशरूम उत्पादक के रूप में भारत की क्षमता के संबंध में आशावाद का एक अंतिम कारण इसकी रणनीतिक भौगोलिक स्थिति है, जिससे इसे बनाया जा सकता है। मध्य पूर्व, दक्षिण पूर्व एशिया और यूरोपीय देशों में मशरूम निर्यात करने के लिए और अधिक सुविधाजनक है।

10

मशरूम शोषण में हालिया प्रगति

10.1. खेत और बगीचे में मशरूम

कवक चक्र पोषक तत्व जो मिट्टी में नए जीवन का पोषण करते हैं। इस आवश्यक कार्य को स्वीकार करते हुए, आविष्कारक माली मशरूम को खेत और उद्यान प्रणालियों में एकीकृत करते हैं। मशरूम को लॉन, पॉलीटनल, वनस्पति उद्यान और वुडलैंड्स में भी उगाया जा सकता है। उपलब्ध सबस्ट्रेट्स, माइक्रोहैबिटेट्स, सूरज, छाया, हवा और नमी की स्थिति जैसी आवश्यकताएं चाहिए होती हैं। बगीचे पर्याप्त सब्सट्रेट, कार्बनिक अपशिष्ट पदार्थ प्रदान करते हैं जबकि पौधे छाया और आर्द्रता प्रदान करते हैं। रोपण के बीच दबे प्लग-इनोक्युलेटेड ब्लॉक सीप मशरूम के लिए अच्छी तरह से काम करते हैं। बगीचों में मशरूम के लिए मिस्टिंग स्प्रिंकलर का उपयोग नमी बनाए रखने और कीटनाशकों और पोषण के उपयोग के लिए अच्छा है।

धूप के दिनों में सूरज की रोशनी मशरूम की फसलों के लिए हानिकारक हो सकती है इसलिए मल्चिंग की आवश्यकता होती है। मल्चिंग, एक मानक बागवानी अभ्यास, न केवल मिट्टी के तापमान और आर्द्रता को नियंत्रित करता है बल्कि कवक को भी पोषण देता है। यह अच्छा है, अगर उत्पादक मशरूम के आवास बनाने के लिए आंशिक रूप से दफन लॉग के साथ आसपास के उठाए गए बिस्तरों का उपयोग कर सकते हैं। क्यारियों के अंदर, सब्जियां, फूल और झाड़ियाँ मशरूम की खेती के लिए अपेक्षित छाया और नमी प्रदान करती हैं लेकिन कमजोर क्षेत्रों में, जैविक सामग्री का उपयोग करें और इसे गीले कार्डबोर्ड और लकड़ी से ढक दें, ये भी कवक के लिए एक आदर्श सब्सट्रेट हैं। इन विधियों से न केवल बड़ी संख्या में मशरूम मिलते हैं, बल्कि उनमें लिग्निन और जाइलान भी होते हैं, जो सब्जियों, फूलों आदि जैसे सीधे विपणन उत्पादों के लिए एक आकर्षक अतिरिक्त सुविधा प्रदान कर सकते हैं।

10.2. ताजा मशरूम में मूल्य जोड़ना

ताजा मशरूम में मूल्य जोड़ने का मतलब आमतौर पर या तो एक संसाधित उत्पाद विकसित करना होता है, जैसे कि सॉस, या अतिरिक्त मशरूम को ऑफ-सीजन में बिक्री के लिए सुखाना एवं जब कीमतें अधिक होती हैं तब बाजार में लाना एक मूल्य वर्धित उत्पाद-या तो सीधे उपभोक्ता को या थोक विक्रेताओं को बेचा जा सकता है। आजकल कई बड़े मशरूम किसान एक मशरूम उगाते हैं और इसका उपयोग अपनी रेसिपी

बनाने के लिए करते हैं या कभी-कभी खेत स्थानीय उत्पादकों से खरीदते हैं। जो मशरूम ताजा बाजार के लिए नहीं होते हैं, उन्हें तब तक फ्रीज कर सकते हैं जब तक कि उनके पास डिलीवरी करने के लिए पर्याप्त न हो। गर्म मौसम के दौरान, जब उत्पादन चरम पर होता है, तो वे उसी तरह मशरूम को तब तक फ्रीज कर सकते हैं जब तक उन्हें उनकी आवश्यकता न हो।

इन उत्पादकों को उनकी तुलना में बेहतर मूल्य प्राप्त होता है। यदि वे कम, पीक-सीजन कीमतों पर बेच रहे थे, और मशरूम फार्म और खरीदारों को इसकी रेसिपी या आपूर्ति शृंखला के लिए एक स्थिर आपूर्ति सुनिश्चित की जाती है। मशरूम फार्म या आपूर्तिकर्ता अपने उत्पादों को इंटरनेट पर और फार्म पर प्रत्यक्ष बिक्री के माध्यम से बेचता है।

शीटकेक और अन्य मशरूम को सुखाना मूल्य जोड़ने और पीक सीजन की कम कीमतों से बचने का एक और तरीका है। सुखाने के बाद, किसी भी जीवित कीट अंडे को मारने के लिए मशरूम को कम तापमान और निर्धारित समय (मशरूम प्रजातियों के अनुसार) पर रखा जाना चाहिए।

10.3. बटन मशरूम सूप पाउडर

सूप आमतौर पर ऐपेटाइजर के रूप में उपयोग किए जाते हैं, लेकिन आहार के प्रति जागरूक लोगों द्वारा मुख्य पाठ्यक्रम के रूप में भी इसका उपयोग किया जाता है। बटन मशरूम और डीह्यूमिडिफाइंग एयर कैबिनेट-ड्रायर में सुखाए गए ऑयस्टर मशरूम से उत्पादित गुणवत्ता वाले मशरूम पाउडर का उपयोग करके अच्छी गुणवत्ता वाले रेडी-टू-मेक मशरूम सूप पाउडर तैयार करने के लिए प्रयोग किए गए। सूखे बटन मशरूम के स्लाइस या पूरे सीप मशरूम को 0.5 मिमी. छलनी से गुजारने के लिए एक चूर्ण में बारीक पीस लिया गया था। इस पाउडर को मिल्क पावर, कॉर्न फ्लोर और अन्य सामग्री के साथ मिलाकर मशरूम सूप पाउडर तैयार किया जाता है

10.4. मशरूम बिस्किट

एनआरसीएम, सोलन में मशरूम पाउडर (बटन और सीप दोनों) और मैदा, चीनी, तेल, बेकिंग पाउडर, अमोनियम बाइकार्बोनेट, नमक, वेनिला, दूध पाउडर और ग्लूकोज जैसी सामग्री का उपयोग करके बहुत स्वादिष्ट और कुरकुरे मशरूम बिस्कुट तैयार किए गए थे। तेल के रूप में वसा का उपयोग बिस्कुट में कठोरता को दूर करने और बिस्कुट की कोमलता में सुधार करने के लिए किया जाता है जो कि बिस्कुट को तोड़ने और कुचलने के लिए आवश्यक बल को कम करता है।

10.5. मशरूम की खेती में पर्माकल्चर

पर्माकल्चर एक स्थायी कृषि बनाने के लिए बारहमासी, पेड़ों, झाड़ियों और लताओं के संयोजन की एक प्रणाली है। एक गहन डिजाइन प्रक्रिया का उपयोग करते हुए, एक पारिस्थितिकी तंत्र के प्राकृतिक तत्वों को खाद्य-उत्पादक रिश्तेदारों द्वारा प्रतिस्थापित किया जाता है, जिससे एक खाद्य परिदृश्य बनता है। एक पर्माकल्चर प्रणाली में विभिन्न प्रकार के मशरूम को एकीकृत करने की प्रारंभिक वकालत। डिजाइन में, कृषि अपशिष्ट जैसे मकई के डंठल, गेहूं के भूसे, कपास, जौ या चावल के भूसे का उपयोग खाद्य मशरूम के लिए बढ़ते

मीडिया के रूप में किया जा सकता है। कटाई के बाद, खर्च किए गए सब्सट्रेट को बगीचे की मिट्टी के लिए चारे या गीली घास के रूप में पुनर्नवीनीकरण किया जा सकता है। झबरा माने (कॉपरीनस कोमाटस), खाद वाली मिट्टी और खाद के ढेर के पास अच्छा उत्पादन करते हैं। किंग स्ट्रोफारिया या वाइन कैप मशरूम (स्ट्रोफारिया रगोसो-एनुलाटा) सबसे अच्छा बाहर माना जाता है और लकड़ी के मलबे के पुनर्चक्रण के रूप में महत्वपूर्ण भूमिका निभाता है। मधुमक्खियां, मीठे मायसेलियम की ओर आकर्षित होकर, हरे बगीचे के पौधों को परागित करने में मदद करती हैं। मशरूम छोटे होने पर खाने में अच्छे लगते हैं। बड़े, परिपक्व मशरूम मक्खी के लार्वा को आकर्षित करते हैं जो उत्कृष्ट मछली या कुक्कुट का भोजन बनाते हैं। ये अन्य ऑन-फार्म उद्यमों के लिए फीड पूरक कर सकते हैं या पालतू जानवरों की दुकानों को बेचे जा सकते हैं।

10.6. माइक्रोफिल्ट्रेशन

यह रणनीति हमारी पारिस्थितिकी और पर्यावरण की सफाई को भी लाभ पहुंचा सकती है। जलमार्गों के साथ स्थापित होने पर, उन्होंने मवेशियों के छोटे झुंड द्वारा उत्पन्न मल कोलीफॉर्म बैक्टीरिया के माइक्रोफिल्टर के रूप में काम किया। यह माना जाता है कि मशरूम माइकोफिल्ट्रेशन में बड़ी भूमिका निभा सकते हैं।

10.7. मशरूम उत्पादन और हार्मोन

मशरूम की फसलें हार्मोनल स्प्रे उपचार का जवाब देती हैं। खाद्य मशरूम प्लुरोटस साज़ोर-काजु को डि-अमोनियम हाइड्रोजन फॉस्फेट और इंडोल-3-एसिटिक एसिड (IAA) जैसे पौधों के विकास हार्मोन के पूरक के साथ डिप्रोटिनाइज्ड मट्ठा में जलमग्न स्थिति में उगाया गया था। जिबरेलिक एसिड (GA3) और किनेटिन (KIN)। हार्मोन, विभिन्न सांद्रता में, पी. साजोर काजू के बायोमास उत्पादन में 15-26% की वृद्धि करते हैं। पिनहेड की शुरुआत के समय इंडोल ब्यूटिरिक एसिड (IBA) के 0.1% घोल का छिड़काव करने से बटन मशरूम की शुरुआती पिनिंग, पहली फसल और मशरूम की पैदावार को बढ़ावा मिलता है। मशरूम की क्यारियों पर हार्मोनल स्प्रे का उपयोग करने के लिए निम्नलिखित सावधानियां आवश्यक हैं:

ए: केवल वांछित एकाग्रता का उपयोग किया जाना चाहिए क्योंकि हार्मोनल फॉर्मूलेशन के अधिक या कम स्प्रे वर्णित परिणाम नहीं देंगे।

बी: छिड़काव केवल पिनिंग दीक्षा चरण में ही किया जाना चाहिए और न ही मशरूम के वानस्पतिक विकास को बढ़ावा देकर फलने की घटना में बाधा उत्पन्न करना चाहिए।

सी: वांछित दर पर उत्पाद की वांछित मात्रा का छिड़काव करना चाहिए।

10.8. मशरूम उत्पादन और जैव उर्वरक

मशरूम की खेती में जैव उर्वरक के रूप में राइजोबिया का उपयोग एक आशाजनक प्रतीत होता है खनिजों और प्रोटीन से भरपूर मशरूम की अधिक उपज पैदा करने की विधि अधिक कुशलता से, जिसे भविष्य में अन्य प्रकार के मशरूम के लिए और विकसित किया जाना चाहिए। इससे मौजूदा मशरूम उद्योग का मुनाफा भी बढ़ेगा।

सोयाबीन जैव उर्वरकों के लिए इस्तेमाल किया जाने वाला एक राइजोबियल स्ट्रेन ब्रैडिरहिजोबियम एल्कानी मशरूम की उपज के लिए अच्छी प्रतिक्रिया दिखाता है। स्पॉन का उपयोग करके मशरूम की खेती की गई थी, और प्रारंभिक शुरुआत के 3 दिन बाद मैन्युअल रूप से कटाई की गई थी। बी. एल्कानी के साथ शुद्ध मायसेलियम ने राख, Ca, P, K और प्रोटीन सामग्री को बढ़ाया। इसने मशरूम की जैविक दक्षता और शुष्क पदार्थ की मात्रा में क्रमशः 10% और 30% की वृद्धि की, और प्रारंभिक दीक्षा के समय में लगभग 7 घंटे की कमी की। मशरूम की खेती में जैव उर्वरकों का उपयोग करते समय निम्नलिखित सावधानियां आवश्यक हैं:

- जैव उर्वरक की समाप्ति तिथि नहीं होनी चाहिए।
- खरीदने के बाद, इसे अंधेरे में बेहतर ठंडे स्थान पर संग्रहित किया जाना चाहिए।
- केवल आवश्यक मात्रा में जैव उर्वरक मिलाया जाना चाहिए।
- जैव उर्वरक की खरीद प्रामाणिक स्रोत से होनी चाहिए।

सूक्ष्मजीवों के कुछ अन्य समूह भी बटन मशरूम उपज उत्तेजना में सकारात्मक भूमिका निभाते हैं और इनमें से महत्वपूर्ण एफवाईएम के प्राकृतिक निवासी अल्कालिगेन्स फेकेलिस हैं, जो समय पर पास्चुरीकृत आवरण सामग्री के साथ मिश्रित होते हैं। केसिंग बटन मशरूम की समग्र उपज को बढ़ाता है।

11 मशरूम उपचार

अपशिष्ट पदार्थ के क्षय के लिए प्रकृति के सबसे ऊर्जावान एजेंटों में कवक की विशेषता है, और मिट्टी में रहने वाले अन्य बायोटा के लिए पोषण प्रदान करने वाले मृदा खाद्य वेब के आवश्यक घटक हैं। पिछले सीजन से लीफ कूड़े ने जंगल के फर्श को कवर किया, गिरी हुई पत्तियों को तोड़ा और पचाना बहुत कठिन होता है, इसलिए उनमें मौजूद कोई भी पोषक तत्व उनके भीतर बंद हो जाता है, जिसे पौधे सीधे विकसित करने के लिए उपयोग नहीं कर सकते हैं। कवक माइसिलियम का वानस्पतिक हिस्सा है जो प्रमुख जीव है जो पत्ती के कूड़े को तोड़ता है। मृत लकड़ी और पत्तियों से निकलने वाले माइसेलियम जैसे महीन धागे इसे मृत पदार्थ के आंतरिक क्षेत्र में प्रवेश को विघटित कर देते हैं। माइसेलियम द्वारा स्रावित शक्तिशाली बाह्य एंजाइम और अन्य कार्बनिक अम्लों में लिग्निन और सेल्युलोज को विघटित करने की क्षमता होती है। कवक मायसेलियम द्वारा पत्तियों और लकड़ी के क्षरण के बाद ह्यूमस नामक एक समृद्ध कार्बनिक पदार्थ उत्पन्न करता है। पारिस्थितिक तंत्र में स्वाभाविक रूप से, विभिन्न राज्यों के जीवों का प्रभुत्व उन विभिन्न सब्सट्रेट्स पर अपनी शूटिंग करता है जो मौजूद हैं, और मिट्टी में पोषक तत्वों की अच्छी आपूर्ति होने पर गिरावट की दर अधिकतम हो जाती है, जैसे एन, पी, के और अन्य आवश्यक अकार्बनिक तत्व।

11.1. मशरूम उपचार

उपचार प्रक्रिया के लिए मशरूम आजकल अधिक लोकप्रिय हो रहे हैं क्योंकि वे न केवल एक अच्छा जैव उपचार उपकरण हैं बल्कि समाज को पोषण और स्वास्थ्य लाभ भी प्रदान करते हैं। मशरूम द्वारा मायकोर मध्यस्थता प्रक्रिया बहुआयामी है इसलिए वर्तमान में इस क्षेत्र में काम करने के लिए शोधकर्ता से बातचीत की जाती है। मशरूम मायसेलिया की तकनीकों का उपयोग पर्यावरण संदूषकों के सुधार के लिए किया जा सकता है। मैक्रोफुंगी (मशरूम) और माइक्रोफुंगी से स्रावित विभिन्न एंजाइमों द्वारा विभिन्न प्रकार के संदूषकों को नीचा दिखाया जा सकता है। दूषित पदार्थ जैव मूल्यवान खाद्य पदार्थों में परिवर्तित हो जाते हैं, उदाहरण के लिए, प्रदूषण की कठिनाइयों को दूर करने के लिए खर्च किए गए सबस्ट्रेट्स/कम्पोस्ट का उचित उपचार और पुनः उपयोगः बीजकवर्जन के क्षेत्र में मशरूम मायसेलिया द्वारा प्राप्त सबसे दिलचस्प संभावनाओं में से एक उनकी क्षमता का उपयोग है।

पर्यावरण प्रदूषकों को कम करें जिनमें से कई अत्यधिक ऑन्कोजेनिक हैं, जिन्हें जारी किया गया है मानव गतिविधि के महत्व के रूप में। मायकोस्टोरेशन के तरीके पानी को छानने के लिए, माइकोफिल्ट्रेशन के

लिए, मशरूम का चयनात्मक उपयोग शामिल करें, माइकोफोरेस्ट्री, पर्यावरण वानिकी नीति को कानून बनाने के लिए, माइको-रिमेडिएशन, को स्वीकार करने के लिए विषाक्त अपशिष्ट और माइकोपेस्टीसाइड्स, कीटों को नियंत्रित करने के लिए प्राथमिक भूमिका कवक मशरूम मायकोस्टोरेशन के रूप में पहचाने जाते हैं और जैविक आबादी का संतुलन इसमें भूमिका निभा सकते हैं।

11.2. एक उत्पाद के रूप में मशरूम

मशरूम जैविक मूल के उत्पाद हैं और जैविक कचरे, कृषि अपशिष्ट, कृषि-औद्योगिक कचरे और औद्योगिक कचरे से विकसित किए जा सकते हैं। इसके अलावा, इन मशरूम का उपयोग प्रोटीन, अमीनो एसिड और कई जैविक सक्रिय अणुओं के स्रोत के रूप में किया जा सकता है जो न केवल पोषण प्रदान करते हैं बल्कि चिकित्सीय उद्देश्यों के लिए भी उपयोग करते हैं (तालिका 11.1)। इसलिए, इन्हें एक महत्वपूर्ण उत्पाद माना जा सकता है। खाद्य मशरूम अत्यधिक पौष्टिक होते हैं और इसकी तुलना अंडे, दूध और मांस से की जा सकती है। मशरूम एक प्रोटीन युक्त भोजन है और इसे सिंगल सेल प्रोटीन का स्रोत माना गया है। ये आसानी से पचने योग्य होते हैं और इनमें उच्च मात्रा में अमीनो एसिड होते हैं लेकिन इनमें कोलेस्ट्रॉल की कमी होती है इनमें उच्च मात्रा में फाइबर, कुछ शर्करा और कम कैलोरी और उच्च मात्रा में अमीनो एसिड फेनिलएलनिन, थ्रेओनीन और टायरोसिन होते हैं।

हालांकि, पोषण सामग्री में यह परिवर्तन कभी नहीं पाया गया जो उनकी खाद्य क्षमता को प्रभावित करते हैं। इसलिए, यह अभी भी एक लाभकारी तकनीक है क्योंकि यह हल करती है एक साथ दो प्रमुख समस्याएं यानी अपशिष्ट संचय और कमी प्रोटीनयुक्त भोजन। इसके अलावा, खाद्य प्रयोजनों के लिए उपयोग, मशरूम का उपयोग अन्य के लिए किया जाता है बायोपल्पिंग और बायोलीचिंग जैसी औद्योगिक प्रक्रियाएं। इसलिए, मशरूम का महत्व इसे उत्पाद के रूप में अनदेखा नहीं किया जा सकता है।

तालिका 11.1. एक महत्वपूर्ण उत्पाद के रूप में मशरूम की भूमिका

मशरूम	एक उत्पाद के रूप में
प्लूरोटस एसपी, अगरिकस एसपी, स्किज़ोफिलन कम्यून, ग्रिफोला फ्रोंडोसा कोरिओलस वर्सिकोलर, गनोडर्मा ल्यूसिडम	दवा के रूप में उपयोग किए जाने वाले कैंसर के खिलाफ प्रतिरक्षा प्रतिक्रियाओं को बढ़ावा देने के लिए।
प्लूरोटस एसपी, अगरिकस एसपी।	कैंसर से लड़ने के लिए एंटीम्यूटाजेनिक या एंटीजेनोटॉक्सिक शक्ति के रूप में अधिकारी।
गनोडर्मा ल्यूसिडम, फेलिनस रिमोसस, प्लूरोटस फ्लोरिडा और प्लूरोटस पल्मोनरिस	एंटीऑक्सीडेंट और एंटीट्यूमर एजेंट के रूप में उपयोग किया जाता है।
अगरिकस बिस्पोरस, प्लूरोटस ऑस्ट्रेटस	एक आम खाद्य मशरूम के रूप में उपयोग किया जाता है।

11.3. माइकोरिमीडिएशन टूल के रूप में इस्तेमाल किया जाने वाला मशरूम

मायकोरमेडिएशन (एक शब्द) की प्रक्रिया में कवक साबित हुआ। प्राचीन ग्रीक माइको फंगस से आ रहा है, और लैटिन रेमेडियम रिस्टोरिंग बैलेंस) प्रदूषकों से मिट्टी और पानी का परिशोधन। कवक के माध्यम से उपचार को मायकोरमेडिएशन भी कहा जाता है। माइकोरमेडिएशन टूल संदर्भित करता है, मशरूम और उनके एंजाइमों की एक विस्तृत विविधता को नीचा दिखाने की क्षमता होने के कारण पर्यावरणीय रूप से लगातार प्रदूषकों का, औद्योगिक और कृषि-औद्योगिक कचरे को उत्पादों में बदलना।

11.4. मशरूम की माइकोरिमीडिएशन क्षमता

प्रदूषित स्थानों को साफ करने के लिए मशरूम की विभिन्न विधियों का उपयोग किया जाता है और पर्यावरण को उत्तेजित करें। ये विधियां हैं बायोडिग्रेडेशन (*i*) बायोसोरप्शन (*ii*) बायोकॉनवर्जन।

11.4.1. जैव निम्नीकरण

बायोडिग्रेडेशन के रूप में वर्णित अपने खनिज घटकों के लिए जटिल अणु का क्षरण और पुनर्चक्रण यह वह प्रक्रिया है जो जीवित जीवों द्वारा CO_2, H_2O, NO_3 और अन्य अकार्बनिक यौगिकों जैसे सरल यौगिकों के प्रारंभिक यौगिक के पूर्ण खनिजकरण की ओर ले जाती है। मशरूम और उनके एंजाइमों की गिरावट क्षमता पर बहुत सारे शोध किए गए हैं और इसे तालिका 11.2 में दर्शाया गया है।

मशरूम से उत्पादित बाह्य एंजाइम जैसे पेरोक्सीडेस, लिग्निनेज (इग्निन पेरोक्सीडेज, मैंगनीज पर निर्भर पेरोक्सीडेज और लैकेस), सेल्युलेस, पेक्टिनेज, जाइलानेज और ऑक्सीडेस। इनमें इन विट्रो में अघुलनशील प्रदूषकों का ऑक्सीकरण करने की क्षमता होती है। आमतौर पर, ये एंजाइम उनके सबस्ट्रेट्स से प्रेरित होते हैं। इन एंजाइमों को भी *इन विट्रो* स्थितियों के तहत गैर-पॉलीमेरिक, पुनर्गणना प्रदूषक जैसे नाइट्रोटोल्यूएन्स, पीएएचएस, कार्बनिक और सिंथेटिक रंगों और पेंटाक्लोरोफेनल को नीचा दिखाने के लिए पाया गया है। वर्तमान में, यह पाया गया है कि मशरूम की विभिन्न प्रजातियों में प्लास्टिक जैसे पॉलिमर को नीचा दिखाने की क्षमता होती है। इसका कारण अन्य जैव रासायनिक प्रणालियों का प्रभाव और साइटोक्रोम P450 मोनोऑक्सीजिनेज सिस्टम, हाइड्रॉक्सिल रेडिकल्स और HO के स्तर के साथ लिग्निनोलिटिक एंजाइमों की परस्पर क्रिया है जो मशरूम द्वारा उत्पादित होते हैं। मशरूम हाइपरकेमुलेटर हैं, मशरूम फल निकायों में भारी धातुओं को अवशोषित और केंद्रित करने की क्षमता रखते हैं। कैडमियम (Cd), कॉपर (Cu), लेड (Pb), मरकरी (Hg) और जिंक (Zn) की भारी धातुओं के संपर्क में आने वाले शियाटेक मशरूम के माइसेलियम ने एंजाइम लैकेस के उत्पादन में वृद्धि की, उन्हें रंगहीन किया और बाद में भारी धातुओं को अवशोषित कर लिया।

तालिका 11.2. प्रदूषकों के क्षरण में मशरूम की भूमिका

मशरूम	अपशिष्ट/प्रदूषक	टिप्पणियां
प्लूरोटस ओस्ट्रिएटस	ऑक्सो-बायोडिग्रेडेबल प्लास्टिक	विभिन्न प्रकार के पॉलीसाइक्लिक सुगंधित हाइड्रोकार्बन (पीएएच) को नीचा दिखाएं और उस पर बढ़ें। इसमें गैर-बाँझ मिट्टी में पीएएच को उपस्थिति और कैडमियम और पारा की अनुपस्थिति में नीचा दिखाने की क्षमता है। यह दो पीएएच में एन्थ्रेसीन, बेंजो (ए) पाइरीन और वनस्पतियों के ह्यूमिफिकेशन को उत्प्रेरित करने की सूचना दी गई है - एक निर्मित गैस सुविधा और एक परित्यक्त इलेक्ट्रिक कॉपिंग प्लांट से दूषित मिट्टी।
लेंटिनुला एडोड्स	2,4-डाइक्लोरोफेनोल	मशरूम ने एक उत्प्रेरक के रूप में वैनिलिन का उपयोग करके 2,4-डा. इक्लोरोफेनॉल (डीसीपी) को नीचा दिखाया
प्लूरोटस फुफ्फुसीय	रेडियोधर्मी सेल्यूलोसिक आधारित अपशिष्ट	मशरूम मायसेलियम युक्त अपशिष्ट को बंदरगाह भूमि सीमेंट के साथ जम गया था और फिर यह ठोस अपशिष्ट रेडियो दूषित पदार्थों की रिहाई के खिलाफ पहली बाधा के रूप में कार्य करता है
जेली एसपी, *स्किज़ोफिलम कम्यून* और *पॉलीपोरस एसपी*	मैलाकाइट हरा	99.75% (जेली एसपी), 97.5% (स्किजोफिलम कम्यून), 68.5% (पॉलीपा. रस एसपी.2) डाई 10 दिनों में अपमानित हो गई थी
प्लूरोटस फुफ्फुसीय, *प्लूरोटस कंद-रेजियम*, *लेंटिनस स्क्वारोसुलस*	कच्चा तेल	कच्चे तेल को नीचा दिखाया गया था, कच्चे तेल की विभिन्न सांद्रता (1 से 40%) से दूषित मिट्टी को खनिज बनाने के लिए एल स्क्वारोसुलस की क्षमता।
कोरिओलस वर्सीकलर एमकेएसीसी 52492	पीएएच	मशरूम में पॉली-आर 478 को नीचा दिखाने की क्षमता होती है जो पीएएच को नीचा दिखाने के लिए इसकी उपयुक्तता तय करती है। लिग्निन-संशोधित एंजाइम लैकेस, मैंगनीज-निर्भर पेरोक्सीडाइज (एमएनपी), और लिग्निन पेरो. क्सीडेज (एलआईपी) गिरावट के लिए उत्पादन करने के लिए पाए गए थे।
सफेद सीप (*प्लूरोटस ऑस्ट्रेटस*) (टीसी -14)	एट्राज़ीन	हर्बिसाइड गिरावट और ठोस अवस्था या तरल आणविक विघटन प्रयोगों और परीक्षणों में इस्तेमाल किया जा सकता है।

ट्रामेट्स वर्सीकोलर (टीवीईआरएस -2) (तुर्की पूंछ),	**पॉलीक्लोरीनेटेड बाइफेनिल (पीसीबी), डाइबेंजोफ्यूरन (पीसीडीएफ),**	विभिन्न रासायनिक यौगिकों, अर्थात् क्लोरीनयुक्त, पॉलीक्लोरीनेटेड, सुगंधित हाइड्रोकार्बन आदि और लिग्निन के एक विस्तृत स्पेक्ट्रम को नीचा दिखाएं, ब्लीच क्राफ्ट लुगदी को विघटित करें
स्ट्रोफैरिया रुगोसो-वार्षिक	पॉलीक्लोरीनेटेड डाइबेंजो-पी-डाइऑक्सिन (पीसीडीडी), कोलीफॉर्म	अपशिष्ट। तुर्की पूंछ ने कोलीफॉर्म के खिलाफ मजबूत एंटी-बैक्टीरियल गतिविधि का भी प्रदर्शन किया है और अन्य पर्यावरणीय रोगजनक सूट का पालन करेंगे।
हाइफोलोमा सबलेट्रिटियम (एचएसयूबी 1)	मैलाथियान, पैराथियन, डायजिनॉन, फेन्थियन, डाइक्लोरवोस, क्लोरपाइरीफोस, एथियन आदि।	ऑर्गेनोफॉस्फेट और अन्य कृषि या औद्योगिक यौगिकों को नीचा दिखाएं। फासिकुलर तनाव आमतौर पर सर्दियों में फल देता है, जिससे इसे दूषित मिट्टी और पानी के ठंडे मौसम के उपचार का चयापचय लाभ मिलता है।
नियोलेंटिनस लेपिडियस (एनएलईपी -1) और ग्लोफिलम सेपिएरियम - (जीएसईपी -1)	**तांबा-चूना धूल, ट्राइबेसिक, डाइकोपर क्लोराइड ट्राइहाइड्रॉक्साइड**	क्रेओसोट की एंटिफंगल प्रकृति के बावजूद, रेल संबंधों को उपनिवेशित और नीचा दिखाने के लिए इस देशी कवक की क्षमता के लिए "ट्रेन मलबे"। यह तनाव तांबा कवकनाशी, तांबा आर्सेनेट, रोगाणुरोधी तंत्र के प्रति नीचा या सहिष्णुता भी कर सकता है।
ओम्फालोटस इल्यूडेंस (ओआईएल -1)	मैलाथियान, पैराथियन, डायजिनॉन, फेन्थियन, डाइक्लोरवोस, क्लोरपाइरीफोस, एथियन आदि।	बायोल्यूमिनेसेंट मशरूम (ओश्लालटेन) में ल्यूसिफेरेज का उत्पादन करने की क्षमता होती है, जो चमक के लिए जिम्मेदार एंजाइम है, जो एक एटीपी/ रासायनिक प्रदूषकों, जड़ी-बूटियों और उर्वरकों से ऑर्गनोफॉस्फेट अपवाह, और अन्य स्वाभाविक रूप से या मानव निर्मित यौगिकों को नीचा दिखाएं।
फोनरोचेट क्राइसोस्पोरियम, नेमाटोलना, फ्रावॉर्डीई,	पॉलीफेनोल ऑक्सीडेज, लिग्निन पेरोक्सीडा. इज, पॉलीक्लोरीनेटेड बाइफेनिल (पीसीबी), डाइबेंजोफ्यूरन (पीसीडीएफ),	लिग्निन मैक्रो अणुओं, पॉलीसाइक्लिक सुगंधित हाइड्रोकार्बन (पीएएच), क्लोरोफेनोल, क्लोरोलिग्निन, नाइट्रोक्रैंडिटिक्स, सिंथेटिक रंगों, कार्बनिक रंगों की बायोलीचिंग. सुगंधित हाइड्रोकार्बन, क्लोरीनीकरण ऑर्गेनिक्स, कीटनाशकों, कीटनाशकों, कीटनाशकों, नाइट्रोजन एरोमैटिक्स और लैकेस जैसे अपमानित विषाक्त जेनोबायोटिक्स को नीचा दिखाएं।
फोनरोचेट फ्लेविडो-अल्बा	जैतून का तेल मिल अपशिष्ट जल (ओएमडब्ल्यू)	डिकोलराइजेशन ओएमडब्ल्यू फेनोलिक सामग्री में 90% की कमी के साथ था। अकेले केंद्रित बाह्य तरल पदार्थ (मैंगनीज पेरोक्सीडेज दिखाते हुए), मायसेलियम बाइंडिंग डिकोलराइजेशन प्रक्रिया का हिस्सा बनता है।

11.4.2. जैवअवशोषण

मशरूम द्वारा पर्यावरण से धातुओं/प्रदूषकों को हटाने की दूसरी महत्वपूर्ण प्रक्रिया जैवअवशोषण है। बायोसॉर्प्शन को औद्योगिक बहि:स्रावों के उपचार के साथ-साथ बहि:स्राव में मौजूद धातुओं की रिकवरी के विकल्प के रूप में माना जाता है। बायोसॉर्प्शन एक ऐसी प्रक्रिया है जो जीवित या सूखे बायोमास द्वारा बहि:स्राव से धात्विक इयान्स/प्रदूषकों/जेनोबायोटिक्स के सोखने पर आधारित होती है जो अक्सर धातुओं और अन्य प्रतिकूल परिस्थितियों के प्रति एक उल्लेखनीय सहिष्णुता प्रदर्शित करती है (गैवरिलस्कु 2004)। बायोसॉर्बेंट्स को मशरूम मायसेलियम और स्पेंट मशरूम कम्पोस्ट से तैयार किया जा सकता है। मशरूम द्वारा प्रदूषकों का जेनोबायोटिक्स के अवशोषण में दो प्रक्रियाओं का संयोजन शामिल होता है: (*i*) जैव संचय (जैसे सक्रिय चयापचय पर निर्भर प्रक्रियाएं, जिसमें कोशिका में परिवहन और इंट्रासेल्युलर घटकों में विभाजन दोनों शामिल हैं) और (*ii*) जैवअवशोषण यानी बंधन। चयापचय ऊर्जा की आवश्यकता के बिना बायोमास में प्रदूषकं कई रासायनिक प्रक्रियाएं बायोसॉर्प्शन में शामिल हो सकती हैं, जिसमें सोखना, आयन एक्सचेंज प्रक्रियाएं और सहसंयोजक बंधन शामिल हैं। मारिन एट अल (1997) के अनुसार, प्रोटीन के धरुवीय समूह, अमीनो एसिड लिपिड और संरचनात्मक पॉलीसेकेराइड (चिटिन, चिटोसन, ग्लूकेन्स) जैवअवशोषण की प्रक्रिया में शामिल हो सकते हैं।

तालिका 11.3. बायोसॉर्प्शन प्रक्रिया का उपयोग करके मशरूम के बायोमास द्वारा प्रदूषकों को हटाना

मशरूम	प्रदूषण	टिप्पणियां
अगरिकस बिस्पोरस, लैक्टारियस पिपरैटस	कैडमियम (II) आयन	वाइल्ड एल पिपरैटस ने खेती की तुलना में सीडी (द्वितीय) आयनों पर उच्च हटाने की दक्षता दिखाई ए बिस्पोरस
फोम्स फैसिएट्स	तांबा (द्वितीय)	मशरूम सीयू (II) आयनों के बायोसोर्प्शन में कुशल है और गर्म-क्षार उपचार ने क्यू (II) आयनों के लिए उनकी आत्मीयता में वृद्धि की है
प्लूरोटस प्लैटिपस, अगरिकस बिस्पोरस, कैलोसिब इंडिका	तांबा, जस्ता, लोहा, कैडमियम, लीड, निकल	मशरूम जलीय घोल से इन आयनों को हटाने के लिए कुशल बायोसॉर्बेंट हैं
फ्लेमुलिना वेल्यूटिप्स	कॉपर (Cu)	मशरूम खाद जलीय घोल से तांबे के आयनों को हटाने के लिए जैव शर्बत के रूप में उपयोग किया जाता है
प्लूरोटस कंद-रेजियम	भारी धातुएं	प्लूरोटस कंद-रेजियम बायोसोर्ब मिट्टी से प्रदूषक भारी धातुओं को कृत्रिम रूप से कुछ भारी धातुओं से दूषित करता है
प्लूरोटस ओस्ट्रिएटस	कैडमियम (Cd)	मशरूम में बायोसोर्प्शन क्षमता होती है और बायोसोर्प्शन का तंत्र देखा गया
प्लूरोटस सजोर-काजू	जिंक (Zn)	मशरूम भारी धातुओं को बायोसोर्ब करते हैं
लाइकोपर्डन पर्लैटम	Cr, Ni, Se, Cd और Pb	लाइकोपर्डन पर्लैटम जिसे बायोएक्यूमुलेटर के रूप में जाना जाता है

मशरूम के बायोमास की बायोसॉर्प्टिव क्षमता पर विभिन्न अध्ययन किए गए हैं और तालिका 11.3 में दिखाया गया है कि, यह बताया गया है कि मृत बायोमास की जैव-अवशोषण क्षमता जीवित कोशिकाओं के समान या उससे कम हो सकती है। जैव अधिशोषण के मामले में, मशरूम का मृत बायोमास जीवित कोशिकाओं की तुलना में कुछ लाभ प्रदान करता है। टर्मेंटेशन प्रक्रियाओं के अपशिष्ट के रूप में उद्योगों से मृत मशरूम बायोमास प्राप्त किया जा सकता है इसके अलावा, यह विषाक्त पदार्थों की सांद्रता और उनके विषाक्तता प्रभाव और प्रतिकूल परिचालन स्थितियों (पीएच, तापमान, पोषक तत्व आपूर्ति, प्रारंभिक धातु आयन एकाग्रता, और कोशिकाओं की एकाग्रता) के प्रति संवेदनशील नहीं है।) जीवित मशरूम बायोमास के विपरीत जीवित कोशिकाओं द्वारा जेनोबायोटिक का अवशोषण कवक प्रजातियों और संपर्क समय पर निर्भर करता है। जैव अधिशोषण तकनीक अब प्रदूषकों को हटाने के लिए बहुत लोकप्रिय होती जा रही है। उच्च अवशोषण क्षमता और कच्चे माल के बहुत ही लागत प्रभावी स्रोत के कारण जैव अधिशोषण एक प्रभावी तरीका है।

11.4.3. जैव रूपांतरण

वर्तमान में, कृषि अपशिष्ट जैसे गेहूं और चावल के भूसे को कुछ अन्य उपयोगी उत्पादों में बदलने पर शोध चल रहा है। सबसे महत्वपूर्ण जैव-रूपांतरण उत्पाद मशरूम कवक है। उन्होंने पोषण के उद्देश्यों के लिए इस सेल्यूलोजिक कचरे का इस्तेमाल कचरे में मशरूम उगाने और मशरूम के पौधे का उत्पादन करने और कृषि कचरे को विघटित करने के लिए किया। उद्योगों द्वारा उत्पन्न किसी भी लिग्नोसेल्यूलोसिक अपशिष्ट का उपयोग मशरूम की खेती के लिए किया जा सकता है जिसे आगे उत्पाद के रूप में उपयोग किया जा सकता है। औद्योगिक और कृषि औद्योगिक कचरे पर उगाई जाने वाली मशरूम की विभिन्न प्रजातियों को तालिका 11.4 में दिया गया है। मशरूम की खेती के लिए सब्सट्रेट का चुनाव आम तौर पर सामग्री की क्षेत्रीय उपलब्धता से निर्धारित होता है। विभिन्न औद्योगिक कचरे पर मशरूम की खेती भी सफलतापूर्वक की गई है। इन औद्योगिक अपशिष्टों के प्रोटीन समृद्ध मशरूम कारपोफोर्स (मशरूम के फलने वाले शरीर) में जैव-रूपांतरण में मायकोर मध्यस्थता उपकरण के रूप में मशरूम का अनुप्रयोग, एक तरफ मशरूम प्रदान करता है और दूसरी ओर प्रदूषण की समस्याओं को हल करने में मदद करता है, जो अन्यथा उनके निपटान का कारण बन सकता है।

तालिका 11.4. मशरूम प्रजातियों द्वारा अपशिष्ट का जैव रूपान्तरण

मशरूम	कचरे का जैव रूपांतरण	टिप्पणियां
प्लूरोटस सिट्रिनोपिलेटस	हस्तनिर्मित कागज और कार्डबोर्ड औद्योगिक अपशिष्ट	सफलतापूर्वक खेती की। बेसिडियोकार्प्स में अच्छी पोषक तत्व सामग्री होती है और कोई जीनोटॉक्सिसिटी नहीं होती है
प्लूरोटस ओस्ट्रिएटस	चूरा से निकालें	जलमग्न तरल संस्कृति में मशरूम के बायोमास का उत्पादन किया गया था विश्लेषण किया गया

वोल्वेरिएला वोल्वासिया	कसावा, चुकंदर का गूदा, गेहूं का चोकर और सेब पोमेज जैसे कृषि-औद्योगिक अवशेष	सब्सट्रेट के किण्वन के दौरान एंजाइम गतिविधियों को मापा गया
प्लूरोटस फ्लोरिडा	हस्तनिर्मित कागज और गत्ता औद्योगिक अपशिष्ट	सफलतापूर्वक खेती की। बेसिडियोकार्प्स में सामान्य आकृति विज्ञान और कोई जीनोटॉक्सिसिटी नहीं थी
प्लूरोटस	कपास अपशिष्ट, चावल का भूसा, कोकोयम के छिलके और मनसोनिया अल्टिसिमा, बोसिया एंगुस्टिफोलिया और खाया इवोरेंसिस के चूरा	स्पोरोफोरस में अच्छे कच्चे प्रोटीन, कच्चे वसा और कार्बोहाइड्रेट सामग्री के साथ सफ. लतापूर्वक खेती की जाती है।
प्लूरोटस और लेंटिनस कन्नोट्यूस	धान की पुआल, ज्वार का डंठल, और केला स्यूडोस्टेम	अच्छी जैविक दक्षता के साथ मशरूम द्वारा अपशिष्ट को सफलतापूर्वक बायोकनवर्ट किया गया
प्लूरोटस कंद-रेजियम	नाइजीरियाई पेड़य टर्मिनलिया सुपरबा, मैनसोनिया अल्टिसिमा, होलोप्टेलिया ग्रैंडिस और मिलिसियाएक्सेल्सा	पेड़ों पर उगता है
प्लूरोटस कंद-रेजियम	कपास का कचरा, खाया इवोरेंसिस का चूरा और चावल के पुआल	स्क्लेरोटिया ने मूंगफली के गोले और कोकोयम के छिलके पर लाइपेस और फिनोलॉक्सीडेज के साथ प्रचारित कियाय सेल्युलेज, कार्बोक्सिमिथाइल सेल्युलेज एंजाइमी गतिविधियां
लेंटिनुला एडोड्स	यूकेलिप्टस का कचरा	इस अपशिष्ट को सफलतापूर्वक परिवर्तित करें और गुणात्मक और मात्रात्मक परिवर्तनों को भी मापा गया
लेंटिनुला एडोड्स	दाख की बारी की छंटाई (वीपी), जौ के पुआल (बीएस), और गेहूं के पुआल	सबसे कम प्राइमर्डियम गठन, उच्चतम जै. विक दक्षता, उच्चतम उपज और सबसे कम उत्पादन चक्र (6 दिन) के साथ वीपी कचरे का जैव रूपांतरण
लेंटिनुला टाइग्रिनस	गेहूं की भूसी	लिग्नोसेल्यूलोसिक एंजाइमों के उत्पादन की विशेषता और गेहूं के पुआल को बायोकनवर्ट करें
वी. वोल्वासिया	केले के पत्ते (मूसा सेपिएंटम लीना)	अच्छी उपज के साथ कुशल जैव रूपांतरण

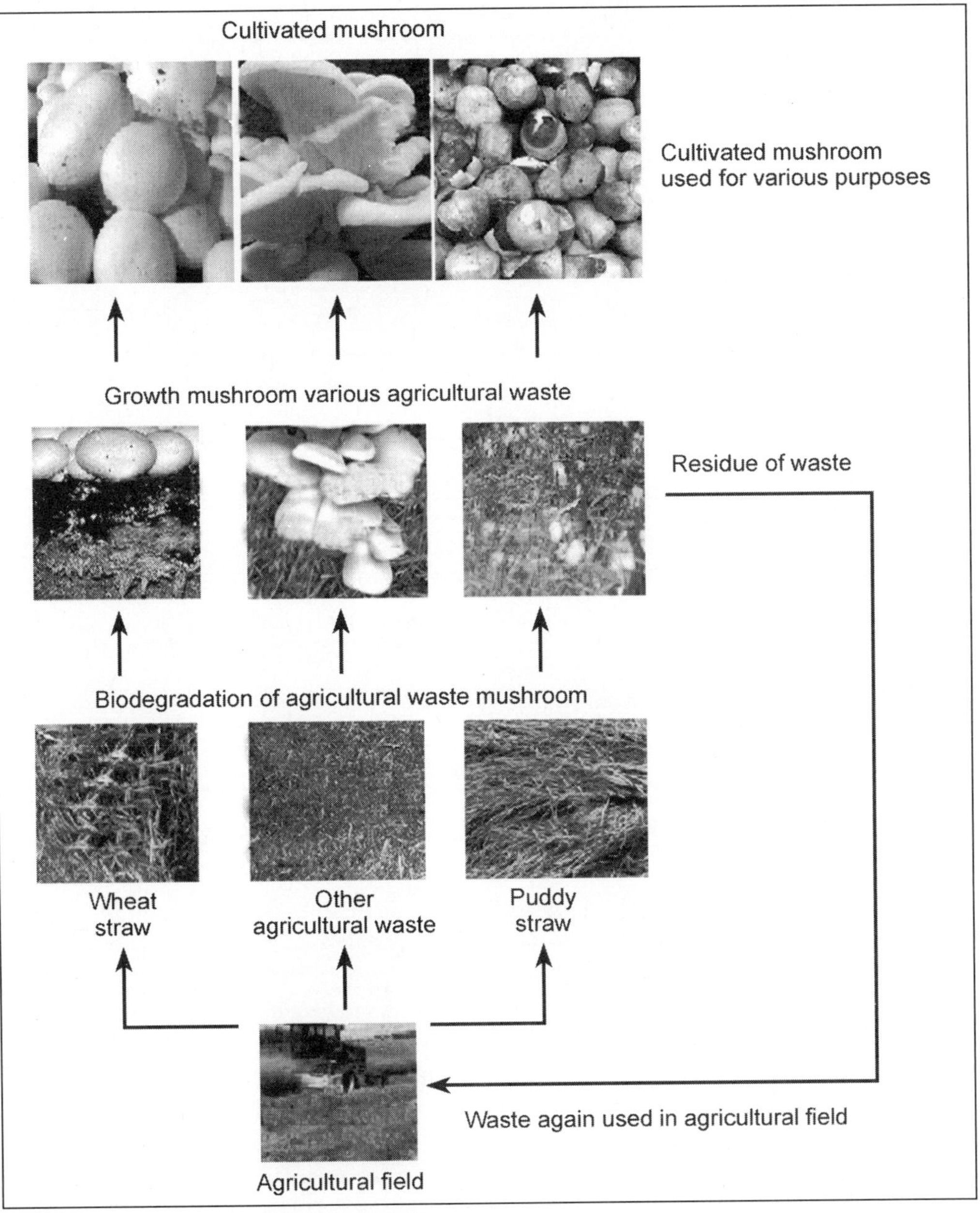

चित्र 11.1. मशरूम एसपीपी द्वारा कृषि अपशिष्ट की मायकोर मध्यस्थता।

12

मशरूम की रेसिपी

12.1. लोकप्रिय व्यंजन और उनकी सरल तैयारी

प्राचीन काल से ही हमारे पूर्वज जंगली मशरूम इकट्ठा करते रहे हैं और उनका सेवन करते रहे हैं। आज भी हमारे देश के कुछ क्षेत्रों में लोग जंगली मशरूम इकट्ठा करते हैं। बरसात के मौसम में विभिन्न प्रकार के मशरूम खेतों और जंगलों में दिखाई देते हैं और लोग खाने योग्य मशरूम की पहचान करने के लिए स्वदेशी ज्ञान का उपयोग करते हैं। जंगलों में दिखने वाले कई मशरूम जहरीले होते हैं और ऐसे मशरूम के सेवन से कई लोग बीमार पड़ जाते हैं। सौभाग्य से कई खाद्य मशरूम अब दुनिया भर में उगाए गए हैं और मशरूम जैसे बटन, सीप, शीटकेक और धान के भूसे आम घरेलू नाम हैं।

आज मशरूम की रेसिपी शाकाहारी मेनू में रेस्तरां या विवाह और अन्य समारोहों के दौरान परोसे जाने वाले भोजन में एक विशिष्ट आहार बन गया है। मशरूम इन दिनों टेबल पर रखे पनीर का बहुत अच्छा विकल्प बन गया है। यह हमारी प्रोटीन की जरूरतों को पूरा करने का एक सस्ता और आसान तरीका है। स्वाद के दृष्टिकोण से, मशरूम हमारे दैनिक खाद्य पदार्थों में विविधता, स्वाद और बनावट को जोड़ते हैं। प्रत्येक मशरूम की एक विशिष्ट सुगंध और बनावट होती है। मशरूम स्वाद के लिए अपने आप में अच्छी तरह से खड़ा होता है और अन्य व्यंजनों के साथ अद्भुत रूप से काम करता है। वे अन्य सब्जियों और उत्पादों के साथ अच्छी तरह से मिश्रित होते हैं। मशरूम के साथ कोई भी मसाला अच्छा लगता है।

भारतीय घरेलू रसोई में पार्टियों और रेस्तरां के मेनू में मशरूम अधिक आम हैं। एक आम आदमी या एक गृहिणी अभी भी मशरूम पकाने के तरीके के बारे में कम जानकारी के कारण इसे पकाने से हिचकिचाती है। मशरूम के साथ क्रिएटिव कुकिंग की हमारी रसोई में काफी संभावनाएं हैं। हमें इसे जनता के बीच फैलाने की जरूरत है कि मशरूम न केवल स्वादिष्ट होते हैं बल्कि इसमें बहुत सारे पोषक और औषधीय मूल्य होते हैं। देश के कुछ क्षेत्रों में, यह अभी भी मांसाहारी भोजन से जुड़ा हुआ है। इस मिथक को दूर करने के लिए हमें वास्तव में मशरूम व्यंजनों और इसके पकाने के तरीकों को लोकप्रिय बनाने की जरूरत है।

खाना पकाने में मशरूम को विभिन्न रूपों में इस्तेमाल किया जा सकता है। पूरा मशरूम का उपयोग किया जाता है और मशरूम को छीलने की कोई आवश्यकता नहीं है – इसलिए नहीं है अन्य सब्जियों की तरह बर्बादी होती है परन्तु यदि कोई मलबा हो तो उसे हटाने के लिए केवल तने के सिरे को काटने की जरूरत है। खाना पकाने से पहले मशरूम को अच्छी तरह से धोना चाहिए। मशरूम मंचूरियन जैसे कुछ व्यंजनों में उन्हें पूरे के रूप में इस्तेमाल किया जा सकता है, आधा या चौथाई में काटा जा सकता है, मोटी या पतली

स्लाइस में काटा जा सकता है और सूप और सलाद में इस्तेमाल किया जा सकता है। सैंडविच, पकौड़े और कोफ्ते के लिए मशरूम को मोटा या अंत में काटा जा सकता है। कुछ व्यंजनों में बड़े आकार के मशरूम के कैप का उपयोग किया जा सकता है जैसे कि भरवां मशरूम जिसमें हम मशरूम को भरने और उन्हें सेंकने के लिए विभिन्न प्रकार की फिलिंग का उपयोग कर सकते हैं। ऑयस्टर और शीटकेक मशरूम को कोफ्ते या पकौड़े में इस्तेमाल करने के लिए फूड प्रोसेसर में क्रश किया जा सकता है। यदि आपको मशरूम को एक या दो दिनों के लिए स्टोर करने की आवश्यकता है, तो उन्हें धोएं नहीं, बेहतर होगा कि उन्हें पेपर बैग में रखें और रेफ्रिजरेटर में स्टोर करें।

12.2. खाना पकाने में मशरूम का उपयोग कैसे करें

12.2.1. प्रेशर कुकिंग

प्रेशर कुकिंग खाना पकाने की सबसे आम भारतीय विधि है। प्रेशर कुकर में मशरूम पकाने के लिए केवल एक प्रेशर पर्याप्त होता है क्योंकि मशरूम में तरल पदार्थ या ग्रेवी के साथ घुलने नहीं बल्कि समान आकार बनाए रखने का गुण होता है। अधिक पकाने से मशरूम खाने में अधिक चटपटा हो सकता है।

12.2.2. कच्चा

कुछ मशरूम जैसे बटन और सीप अपने आप में स्वादिष्ट होते हैं जब हरी सलाद या सैंडविच के साथ कच्चा लिया जाता है। मशरूम को बहते पानी में 2-3 मिनट के लिए धो लें ताकि मिट्टी या कोई अन्य रासायनिक अवशेष अच्छी तरह से धुल जाए। मशरूम को धोने के बाद सूखे कपड़े या कागज के तौलिये से पोंछ लें ताकि पानी मशरूम की सतह पर न रहे क्योंकि सतह पर पानी की मात्रा अधिक होने पर वे जल्दी भूरे हो जाते हैं। कच्चे मशरूम को टुकड़ों में काटा जा सकता है, या छोटे मशरूम के पूरे टुकड़ों को कच्चे के रूप में इस्तेमाल किया जा सकता है।

12.2.3. टॉस या सौते

मशरूम का स्वाद टॉस या उछालने के बाद बहुत अच्छा लगता है। सबसे पहले मशरूम को धोकर सुखा लें और आधा या चौथाई भाग में काट लें। इस प्रकार के खाना पकाने के लिए छोटे बटन मशरूम पूरे के रूप में उपयोग किए जा सकते हैं। एक पैन में एक टेबल स्पून मक्खन पिघलाएं और उसमें मशरूम डालें। उछालने के लिए तेज आंच पर चार से पांच मिनट तक पकाएं और हिलाते रहें। धीमी आंच पर पांच से छह मिनट तक धीमी आंच पर सुनहरा भूरा होने तक या छोड़ा गया पानी पूरी तरह से वाष्पित होने तक पकाएं। इस विधि का उपयोग ज्यादातर मशरूम के विभिन्न सलाद या भरावन तैयार करने के लिए किया जाता है।

12.2.4. माइक्रोवेव

तेल मुक्त खाना पकाने के लिए माइक्रोवेव एक अच्छा विचार है। माइक्रोवेविंग के लिए, मशरूम को स्लाइस, आधा या चौथाई या पूरे में काटा जा सकता है, यह निर्भर करता है कि हम उन्हें कैसे खाने जा रहे हैं या हम उन्हें किस तरह से सीजन करने जा रहे हैं। मशरूम को माइक्रोवेव में पकाने के लिए दो-तीन मिनट काफी हैं। माइक्रोवेव करने के दौरान मशरूम बहुत सारा पानी छोड़ता है।

12.2.5. ग्रिल

ग्रिल करने से पहले मशरूम को धोकर सुखा लें। छोटे आकार के पूरे मशरूम ग्रिल करने के लिए अच्छे होते हैं या बड़े आकार के मशरूम को आधा में काटा जा सकता है। मशरूम को बाहरी सतह पर सूखने से बचाने के लिए तेल से ब्रश करें और मसाला के लिए थोड़ा नमक और काली मिर्च छिड़कें। इस विधि से पकाने से भी बहुत सारा पानी निकल जाता है। मध्यम आकार के मशरूम को पकाने के लिए 4–5 मिनट की ग्रिलिंग काफी होती है। शिमला मिर्च और स्क्वैश को मशरूम के साथ ग्रिल किया जा सकता है।

12.2.6. उबालना/ब्लांच करना

एक गहरे पैन में पानी उबालें और थोड़ा नमक डालें। मशरूम डालें और पांच मिनट तक उबालें। मशरूम को छान लें और सूखे कपड़े या पेपर टॉवल पर फैलाएं। उबले हुए मशरूम मुख्य रूप से अचार या सैंडविच भरने में उपयोग किए जाते हैं। कैलोसिबे और शिताके जैसे कुछ मशरूम में मजबूत स्वाद होता है, जिसे अक्सर नापसंद किया जाता है। तीखेपन को कम करने के लिए हम मुख्य व्यंजन पकाने के लिए उबले हुए मशरूम का उपयोग कर सकते हैं।

12.3. भारत में खाना पकाने के लिए उपलब्ध मशरूम के प्रकार

12.3.1. बटन मशरूम (*एगेरिकस बिस्पोरस*)

यह सबसे आम है और भारतीय खाना पकाने में लोकप्रिय मशरूम का उपयोग किया जाता है क्योंकि इसमें उत्कृष्ट पाक गुण होते हैं। भारत में ज्यादातर ताजे मशरूम का इस्तेमाल खाना पकाने के लिए किया जा रहा है लेकिन डिब्बाबंद मशरूम भी बाजार में उपलब्ध हैं। बटन मशरूम कच्चे के साथ-साथ पके हुए रूप में भी उपयोग के लिए उत्कृष्ट है। इस मशरूम की शेल्फ लाइफ बहुत अच्छी नहीं होती है। हालाँकि, हम उन्हें एक या दो दिनों के लिए फ्रिज में नम कपड़े या कागज के तौलिये में रख कर स्टोर कर सकते हैं। इस मशरूम को पूरी तरह से इस्तेमाल किया जा सकता है या खाना पकाने के लिए टुकड़ों में काटा जा सकता है।

12.3.2. ऑयस्टर मशरूम (*प्लुरोटस* एसपीपी)

ऑयस्टर मशरूम इन दिनों भारतीय खाना पकाने में भी लोकप्रियता प्राप्त कर रहा है। इस मशरूम का स्वाद और मखमली बनावट ज्यादातर लोगों को पसंद होता है। वैसे तो इस मशरूम को सलाद के तौर पर कच्चा भी खाया जा सकता है लेकिन किसी भी तरीके से पकाने के बाद इसका स्वाद और भी अच्छा हो जाता है। सीप मशरूम को गर्म पानी में धो लें और निचोड़ कर अतिरिक्त पानी को अच्छी तरह से निकाल दें। बाद में इसे धोने से गलफड़ों की दिशा में चाकू या हाथ से फाड़कर छोटे-छोटे टुकड़ों में काट दिया जा सकता है। कोफ्ते या मंचूरियन जैसी कुछ रेसिपी बनाने के लिए ऑयस्टर को फूड प्रोसेसर में भी डाला जा सकता है।

12.3.3. धान का पुआल मशरूम (*वोल्वरिएला* एसपीपी)

यह सबसे स्वादिष्ट मशरूम में से एक है और भारतीय खाना पकाने के साथ बहुत अच्छा लगता है। इस मशरूम को बहते पानी के नीचे 2 मिनट के लिए धो लें क्योंकि यह बहुत ही नाजुक मशरूम है। छोटे-छोटे टुकड़ों में काट लें और मेन कोर्स के व्यंजनों में इसका इस्तेमाल करें। इस मशरूम को कच्चा नहीं खाया जा सकता है।

12.3.4. दूधिया मशरूम (*कैलोसाइबे इंडिका*)

इस मशरूम में बहुत तेज सुगंध और मांसल बनावट होती है। इस मशरूम का तीखापन दूर करने के लिए इसे नमकीन पानी में 10 मिनट तक उबालें। उबालने के बाद पानी को अच्छी तरह निचोड़ कर छान लें। इस मशरूम को पकाने में अधिक समय लगता है क्योंकि इसे पकाना थोड़ा कठिन होता है। इस मशरूम को कच्चा नहीं खाया जा सकता है।

12.3.5. शियाटेक मशरूम (*लेंटिनुला एडोड्स*)

यह मशरूम औषधीय गुणों से युक्त दुनिया का दूसरा सबसे लोकप्रिय मशरूम है। अपने मजबूत स्वाद और चमड़े की बनावट के कारण यह मशरूम भारत में खाने के लिए बहुत लोकप्रिय नहीं है। इस मशरूम को किसी भी तरीके से पकाया भी जा सकता है। इस मशरूम को 2-3 मिनिट तक उबालें और पानी निथार लें। इसके बाद इसे छोटे-छोटे टुकड़ों में काटकर अलग किया जा सकता है। सूप में शिताके मशरूम का स्वाद बहुत अच्छा लगता है। इसे अन्य सब्जियों जैसे शिमला मिर्च, मटर और गाजर के साथ भी मिलाया जा सकता है। इस मशरूम को कच्चा नहीं खाया जा सकता है।

12.3.6. भूमि-फोर (*टर्मिटोमाइसेस* एसपीपी)

ये मशरूम सड़क के किनारे बेचे जाते थे या इनका स्वाद बनाने के लिए इस्तेमाल किया जाता था, जिसे बाद में मक्के के आटे से बने सादे दलिया के साथ खाया जाता है। टर्मिटोमाइसेस की सबसे लोकप्रिय प्रजातियां हैं टी. रोबस्टस, टर्मिटोमाइसेस माइक्रोकार्पस, टर्मिटोमाइसेस शिमपेरी, टर्मिटोमाइसेस स्ट्रिएटस, टर्मिटोमाइसेस सबमक्वानी, टर्मिटोमाइसेस सीएफ उमकवानी, टर्मिनेटोमाइसेस एमबूडेना, टर्मिनेटोमाइसेस लेस्टेस्टुई, टर्मिनेटोमाइसेस क्लाइपेटस, टर्मिनेटोमाइसेस ऑरेंटियाकस जिनका उपयोग सूप बनाने में किया जाता है या सीधे सब्जियों, जैसे मिर्च, टमाटर, प्याज और तेल के साथ मिलाकर सूप बनाने के लिए, सुखाने से अद्‌भुत सुगंध को संरक्षित किया जा सकता है। सूखे मशरूम को पीसकर पाउडर बनाया जा सकता है जिसका उपयोग सॉस और स्ट्यू को स्वाद देने के लिए किया जाता है।

हमारे क्षेत्र में उपलब्ध सबसे आम मशरूम प्राकृतिक रूप से उगाई जाने वाली भूमि-फोर (टर्मिटोमाइसेस एसपीपी) और खेती किए गए बटन (एगरिकस बिस्पोरस), दूधिया (कैलोसाइबे इंडिका), सीप (प्लुरोटस एसपीपी) और स्ट्रॉ (वोल्वेरिला एसपीपी।) मशरूम हैं। उनकी पूर्व-खाना पकाने की आवश्यकताएं नीचे दी गई हैं:

- रोगग्रस्त फलने वाले शरीरों को छांटना।
- फलने वाले शरीर को ब्रुश और/या चाकू की मदद से शारीरिक रूप से साफ करना।
- परिवेश के तापमान पर पानी में फलने वाले पिंडों की धुलाई।
- फलों के पिंडों को मनचाहे आकार के अनुसार काटना।
- बटन और भूमि-फोर के फलने वाले शरीर के लिए गर्म पानी का उपचार (5 मिनट के लिए 50 डिग्री सेल्सियस), और दूधिया मशरूम (15 मिनट के लिए 95-100 डिग्री सेल्सियस)। इसी तरह, सीप मशरूम के डंठल वाले हिस्से को गर्म (95-100 डिग्री सेल्सियस) पानी की आवश्यकता होती है।
- अन्य मशरूम को गर्म पानी के उपचार की आवश्यकता नहीं होती है।
- इस प्रक्रिया के बाद मशरूम पकाने या अचार बनाने के लिए तैयार हैं।

12.4. मशरूम रेसिपी

चूंकि मशरूम की कई प्रजातियां दुनिया भर में उगाई जाती हैं, भोजन की आदतों के अनुसार, सौ से अधिक व्यंजनों को पसंद और स्वाद के अनुसार लोकप्रिय रूप से तैयार और प्रलेखित किया जाता है। इस अध्याय में कुछ लोकप्रिय भारतीय मशरूम व्यंजनों का वर्णन किया गया है:

12.4.1. मशरूम टमाटर सॉस

सामग्रीः सर्व करता है - 4			
ताज़ा मशरूम	250 ग्राम (बारीक कटा हुआ)	हरी मिर्च	2 (बारीक कटा हुआ)
टमाटर	250 ग्राम ताज़ा	अदरक	50 ग्राम (कसा हुआ)
प्याज	50 ग्राम (कटा हुआ)	तेल	25 मिली
लहसुन	1 लौंग (कुचल)	नमक तथा मिर्च	स्वाद के लिए

तरीका

टमाटर को काट कर 50 मिलीलीटर पानी में उबाल कर गाढ़ा पेस्ट बना लें। इसमें लहसुन और अदरक डालें। प्रेशर कुकर में 3 सीटी आने दें और फिर सामग्री को छान लें। एक भारी कड़ाही में तेल गर्म करें और फिर कटे हुए प्याज को हल्का ब्राउन होने तक भूनें। कटे हुए मशरूम डालकर 5 मिनट तक पकाएं। टमाटर का पेस्ट, थोड़ा पानी, नमक और काली मिर्च स्वादानुसार और 1/2 टेबल स्पून चीनी डालकर 10 मिनट तक क्रीमी होने तक उबालें।

12.4.2. मशरूम पकौड़ा

सामग्रीः सर्व करता है - 4			
ताज़ा मशरूम	500 ग्राम	अनार का पाउडर	1 चम्मच
बेसन	150 ग्राम	अदरक	2 चम्मच (कसा हुआ)
प्याज	80 ग्राम (कटा हुआ)	तेल	100 मिली
गरम मसाला	10 ग्राम	नमक तथा मिर्च	स्वाद के लिए

तरीका

धुले हुए मशरूम को 1.5 लीटर पानी में डालिये और नमक (आधा चम्मच) डालिये। 5 मिनट तक उबालें और मशरूम को निथार लें और सूखे कपड़े पर फैलाकर 10 मिनट तक सूखने दें। मशरूम को दो टुकड़ों में काट लें और अच्छी तरह से निचोड़ लें ताकि मशरूम में पानी न रह जाए। बेसन में सभी सामग्री और स्वादानुसार नमक मिलाएं। गाढ़ा पेस्ट बनाने के लिए बहुत कम पानी डालें। इसमें मशरूम डालें और अच्छी तरह मिलाएँ। इसे गरम तेल में मध्यम आंच पर डीप फ्राई करें।

12.4.3. मशरूम ब्रेड पकौड़े

सामग्री सर्व करता है - 4			
ताज़ा बटन मशरूम	200 ग्राम (कीमा बनाया हुआ)	जीरा, अजवायन	आधा चम्मच
बेसन	150 ग्राम	अदरक तथा लहसुन	1 छोटा चम्मच प्रत्येक
प्याज	1 (कटा हुआ)	तेल	250 मिली.
बेकिंग पाउडर	एक चुटकी	गरम मसाला नमक तथा मिर्च	स्वाद के लिए
आलू	2 (उबला, मसला हुआ)	रोटी	4

तरीका

एक फ्राई पैन में तेल गरम करें और उसमें जीरा डालें, जब वह भुन जाए तो उसमें प्याज डालकर सुनहरा होने तक भूनें। कीमा बनाया हुआ मशरूम डालें और पानी सूखने तक तेज आँच पर टॉस करें। सारे मसाले, अदरक और लहसुन का पेस्ट डाल कर अच्छी तरह मिला लें। तेल छोड़ने तक पकाएं और फिर मैश किए हुए आलू डालें। अच्छी तरह मिलाएँ और हर समय हिलाते हुए तीन मिनट तक पकाएँ। बेसन में पानी और एक चुटकी बेकिंग पाउडर डालें। अच्छी तरह से फेंटें और फिर स्वादानुसार नमक, मिर्च, अजवायन और गरम मसाला डालें और बहने वाली स्थिरता का पेस्ट बना लें। ब्रेड के मनचाहे टुकड़ों को त्रिकोणीय टुकड़ों में काट लें। मशरूम भरने के सामान के साथ एक टुकड़ा परत करें और उसके ऊपर दूसरे को ऊपर रखें। बेसन के पेस्ट में डुबोएं और सुनहरा होने तक डीप फ्राई करें। इसे टमॅटो कैचप या चटनी के साथ परोसें।

12.4.4. मशरूम टमाटर का सूप

सामग्री: सर्व करता है - 4			
ताज़ा (बटन या सीप) मशरूम	200 ग्राम (कटा हुआ)	टमाटर	4 (कटा हुआ)
मक्के का आटा	3 टेबल स्पून	लहसुन	3 लौंग
प्याज़	1 (कटा हुआ)	मक्खन	50 ग्राम
मलाई	2 टेबल स्पून	गरम मसाला, नमक तथा मिर्च	स्वाद के लिए

तरीका

टमाटर, प्याज और लहसुन को पानी में 10 मिनट तक उबालें। उपरोक्त सामग्री को पीसकर छान लें। एक पैन में मक्खन पिघलाएं और कटे हुए मशरूम को 10 मिनट तक सुनहरा भूरा होने तक भूनें। इसमें छना हुआ पदार्थ डालें और मशरूम सूप में एक टेबल स्पून मक्के का आटा छिड़कें ताकि उसमें नमक और काली मिर्च डालकर गाढ़ा किया जा सके। 7-8 मिनट तक उबालें और क्रीम के साथ गरमागरम परोसें।

12.4.5. मशरूम सूप की क्रीम

सामग्रीः सर्व करता है - 4			
ताज़ा मशरूम	200 ग्राम (कटा हुआ)	पानी	2 कप
गेहूं आटा	15 ग्राम	पुदीने की पत्तियां	3-4
प्याज	1 (कटा हुआ)	मक्खन	50 ग्राम
दूध	2 कप	गरम मसाला, नमक तथा मिर्च	स्वाद के लिए

तरीका

एक पैन में मक्खन पिघलाएं और प्याज को सुनहरा भूरा होने तक पकाएं। कटे हुए मशरूम डालें और पकाते रहें, मशरूम के सूखने तक बार-बार हिलाते रहें, मैदा डालें, अच्छी तरह मिलाएँ, इसमें गर्म दूध और पानी डालें। चिकनी तरल होने तक धीमी आँच पर हिलाते रहें। मिश्रण को 10 मिनट तक उबालें। स्वाद के लिए नमक और काली मिर्च मिलाएं। अलग-अलग कटोरे में परोसते हुए इसे बारीक कटे हुए पुदीने के पत्तों के साथ सीजन करें।

12.4.6. मशरूम मिक्स वेजिटेबल सूप

सामग्रीः सर्व करता है - 4			
ताज़ा मशरूम	100 ग्राम (कटा हुआ)	टमाटर	150 ग्राम (कटा हुआ)
फूलगोभी	50 ग्राम	लहसुन	3 कली कुटी हुई
प्याज	40 ग्राम	मक्खन	50 ग्राम
गाजर	100 ग्राम	पत्ता	2-3
गोभी	50 ग्राम	गरम मसाला, नमक तथा मिर्च	स्वाद के लिए

तरीका

सभी सब्जियों को बारीक काट लें। एक गहरे पैन में मक्खन गरम करें और सभी सब्जियों को 10 मिनट के लिए हल्के हाथों से पकाएं। इसमें पानी (400 मिली) डालें और धीमी आंच पर उबाल लें। एक घंटे तक पकाएं और देखते रहें अगर पानी कम हो जाए तो और पानी डाल दें। प्यूरी बनाने के लिए छलनी से छान लें। एक अलग पैन में मक्खन गरम करें, कटे हुए मशरूम को तब तक भूनें जब तक वे मुरझाने न लगें और उसमें वेजिटेबल प्यूरी डालें। 5 मिनट तक उबालें। अजवाइन के छोटे पत्तों से सजाकर गरमागरम परोसें।

12.4.7. मशरूम प्याज का सूप

सामग्री सर्व करता है - 4			
ताज़ा मशरूम	100 ग्राम (कटा हुआ)	चीनी	1 चम्मच
पनीर	50 ग्राम (कसा हुआ)	लहसुन	1 कली कुटी हुई
प्याज	150 ग्राम (बारीक कटा हुआ)	मक्खन	50 ग्राम
पानी	4 कप	रोटी	6 स्लाइस
आटा	1 चम्मच	गरम मसाला, नमक तथा मिर्च	स्वाद के लिए

तरीका

एक भारी बेस सॉस पैन में मक्खन पिघलाएं। गर्म होने पर इसमें प्याज और पिसा हुआ लहसुन डालें। लगभग 5 मिनट तक हल्के से भूनें जब तक कि प्याज नरम और सुनहरा भूरा न हो जाए। इसमें कुटा हुआ मशरूम डालें और मशरूम को पानी छोड़ने तक भूनें। कढ़ाही को आंच पर से हटा लें। मैदा डालें और अच्छी तरह मिलाएँ। पैन को 2-3 मिनट के लिए हर समय हिलाते हुए, आँच पर लौटाएँ। इसमें पानी डालें और तब तक चलाते रहें जब तक मिश्रण चिकना न हो जाए। स्वादानुसार चीनी, नमक और काली मिर्च डालें। जब यह उबलने लगे, तो आँच को कम कर दें, ढक्कन से ढक दें और बीच-बीच में हिलाते हुए 30 मिनट तक धीमी आँच पर पकाएँ। ब्रेड को 1 सेंटीमीटर मोटे टुकड़ों में काट लें और सुनहरा भूरा होने तक डीप फ्राई करें। सूप को बाउल में डालें, सूप के ऊपर ब्रेड और कद्दूकस किया हुआ पनीर छिड़कें और गरमागरम परोसें। परोसते समय इसे ताजी क्रीम और पुदीने की पत्तियों से सीजन करें।

12.4.8. मशरूम अंडे का सूप

सामग्रीः सर्व करता है - 4			
ताज़ा मशरूम	50 ग्राम (कटा हुआ)	मिर्च	2 (कटा हुआ)
मशरूम स्टॉक	500 मिली	सोया सॉस	1 चम्मच
ब्रोकोली	50 ग्राम	पुदीने की पत्तियां	कटा हुआ
अंडे	1 चम्मच	गरम मसाला, नमक	स्वाद के लिए

तरीका

तेज आंच पर एक सॉस पैन में पानी उबालें और नमक डालें। अंडे को एक-एक करके पानी में तोड़ लें। एक मिनट के लिए पाउच में डालें और पानी से निकाल दें। दूसरे पैन में मशरूम स्टॉक को 10 मिनट तक उबालें, सभी सब्जियां डालें, हरी मिर्च डालें, मिर्च, सोया सॉस, नमक और काली मिर्च स्वादानुसार। दो मिनट तक उबालें। सूप को अलग-अलग सूप के कटोरे में डालें और उनमें पाउच अंडे डालें। इसे पुदीने से सजाएं और गरमागरम परोसें।

12.4.9. मशरूम गोभी का सलाद

सामग्रीः सर्व करता है + 4			
ताज़ा मशरूम	150 ग्राम (बटन दो टुकड़ों में कटा हुआ)	मिर्च	1 बड़ा चम्मच
शिमला मिर्च	50 ग्राम (चौकोर टुकड़ों में कटा हुआ)	सोया सॉस	1 चम्मच
पत्ता गोभी	50 ग्राम	प्याज	50 ग्राम (पंखुड़ियों में अलग)
मक्के का आटा	2 टेबल स्पून	गरम मसाला, नमक	स्वाद के लिए
टमाटर की चटनी	2 टेबल स्पून	स्प्रिंग अनियन	50 ग्राम
कुकिंग ऑयल	50 ग्राम		

तरीका

कड़ाही में तेल गरम करें। मशरूम को तब तक भूनें जब तक पानी वाष्पित न हो जाए। पंखुड़ी वाला प्याज डालें और लगातार उछालते हुए दो से तीन मिनट तक पकाएँ जब तक कि वे थोड़े नरम न हो जाएँ लेकिन अभी भी कुरकुरे हैं। पत्ता गोभी, शिमला मिर्च, हरे प्याज डालें और तेज आँच पर एक साथ टॉस करें। जब पत्ता गोभी गलने लगे, सभी सॉस और सामग्री को एक साथ मिला लें और चिकना होने तक पकाएँ और सॉस अच्छी तरह से गर्म हो जाएँ। किसी भी तरह के खाने के साथ गरमागरम परोसें।

12.4.10. मशरूम कोफ्ता

सामग्रीः सर्व करता है - 4			
ताज़ा मशरूम	250 ग्राम ब्लांच करके निचोड़ा हुआ	हल्दी पाउडर	1 बड़ा चम्मच
चना आटा (बेसन)	100 ग्राम	धनिया पाउडर	1 बड़ा चम्मच
प्याज	2 (ग्रेवी तैयार करें)	जीरा	1 बड़ा चम्मच
लहसुन	2 लौंग (कुटी हुई)	टमाटर प्यूरी	1 कप
अदरक	30 ग्राम (कसा हुआ)	तेल	100 ग्राम
दालचीनी	½ टेबल स्पून	कसूरी मेथी, गरम मसाला लाल मिर्च पाउडर और नमक	स्वाद के लिए

तरीका

मशरूम को मिक्सर में पीस लें, बेसन, नमक, मिर्च पाउडर, गरम मसाला और थोड़ा पानी डालकर गाढ़ा पेस्ट बना लें। गोल कोफ्ते बनाकर मध्यम आंच पर ही तल लें। सुनहरा होने पर कढ़ाई से निकाल कर अतिरिक्त तेल निकाल लें। एक पैन में तेल गरम करें, उसमें जीरा भून लें। प्याज, लहसुन और अदरक का पेस्ट डालें और धीमी आंच पर सुनहरा भूरा होने तक भूनें। टमाटर प्यूरी डालें और पेस्ट के गाढ़े होने और तेल छोड़ने तक पकाएँ। अन्य सामग्री डालें, दो गिलास पानी डालें, अच्छी तरह मिलाएँ और तेज आँच पर 6–7 मिनट तक उबलने दें। कोफ्ते डालकर धीमी आंच पर 4–5 मिनट तक उबालें। धनिया पत्ती से गार्निश करें। चावल या चपाती के साथ गरमागरम परोसें।

12.4.11. कढ़ाही मशरूम

सामग्रीः सर्व करता है - 4			
ताज़ा मशरूम (बटन सीप या दूधिया)	500 ग्राम (छोटे टुकड़ों में काट लें)	साबुत लाल मिर्च	4
प्याज	2 (पेस्ट)	मिर्च पाउडर	2 चम्मच
अदरक	2 चम्मच	हरी मिर्च	2 कटा हुआ
लहसुन	2 चम्मच	टमाटर का भर्ता	1 कप
शिमला मिर्च	2 (कटा हुआ और बीज हटाई गई)	जीरा, कसूरी मेथी, गरम मसाला और नमक	स्वाद के लिए
मटर	½ कप उबला हुआ		

तरीका

एक कढ़ाही में तेल गरम करके उसमें जीरा डालिये, ब्राउन होने पर इसमें मशरूम डालिये और तेज आंच में 2 मिनिट तक भूनिये। मटर, शिमला मिर्च, नमक और गरम मसाला डालें। 2 मिनट तक पकाएं और आंच से हटा दें। अब एक में तेल गरम करें गहरे पैन में साबुत लाल मिर्च डालें और डीप ब्राउन होने तक फ्राई करें। प्याज, अदरक और लहसुन का पेस्ट डालकर सुनहरा होने तक भूनें। इसमें हरी मिर्च और प्यूरी डालकर धीमी आंच पर तब तक चलाते रहें जब तक कि तेल अलग न हो जाए। इसमें नमक और अन्य मसाले मिलाएं। कढ़ाई में पकी हुई मशरूम के ऊपर ग्रेवी डालें और अच्छी तरह से चलाते हुए 5 मिनिट तक पकाएँ। कसूरी मेथी और धनिया पत्ती छिड़कें। तंदूरी रोटी के साथ गरमागरम परोसें।

12.4.12. मशरूम करी

सामग्रीः सर्व करता है - 4			
ताज़ा मशरूम	300 ग्राम (ब्लांच करके टुकड़ों में काट लें)	सरसों का तेल	3 चम्मच
प्याज़	2 (मध्यम और कटा हुआ)	हरा धनिया	50 ग्राम (कटा हुआ)
लहसुन	3 लौंग (कुटी हुई)	जीरा	½ चम्मच
टमाटर का भर्ता	1 कप	धनिया पाउडर	1 चम्मच
मक्के का आटा	15 ग्राम (आधा कप पानी में मिला हुआ)	गरम मसाला	2 चम्मच
करी पाउडर	2 चम्मच	हल्दी पाउडर	½ चम्मच
लाल मिर्च	3 (संपूर्ण)	नमक और मसाले	स्वादानुसार

तरीका

एक गहरे भारी तले के पैन में तेल गरम करें, उसमें लाल मिर्च डालें और गहरे भूरे होने तक भूनें, फिर उसमें कटा हुआ प्याज, लहसुन और अदरक डालें। 3-4 मिनट तक पकाएं। प्यूरी डालें और तब तक भूनें जब तक सामग्री तेल न छोड़ने लगे। करी पाउडर और मक्के का आटा डालें और नमक, मसाले और मनचाहा पानी डालकर एक मिनट तक पकाएँ, 5 मिनट तक उबालें। मशरूम डालें और एक और 5-6 मिनट के लिए पकाएं। धनिया पत्ती से गार्निश करें। उबले हुए चावल के साथ परोसें।

12.4.13. मशरूम बिरयानी

सामग्रीः सर्व करता है - 4			
ताज़ा मशरूम	500 ग्राम (मध्यम आकार)	तेज पत्ता	2
बासमती चावल	2 कप	लौंग	4
प्याज	2 मध्यम (कटा हुआ	गरम मसाला	2 चम्मच
अदरक	2″ फली (धोकर, छीलकर छोटे-छोटे टुकड़ों में काट लें)	हरी इलायची	2
लहसुन	5-6 लौंग (कुटी हुई)	काली इलायची	2
लाल मिर्च	2 चम्मच	जावित्री	1 टुकड़ा
धनिये के पत्ते	50 ग्राम (कटा हुआ)	जीरा	1 चम्मच
पुदीने की पत्तियां	20 ग्राम (कटा हुआ)	हल्दी पाउडर	½ चम्मच
टमाटर का भर्ता	1 कप	केसर	1 चुटकी
दूध	½ कप (डबल टोंड)	दालचीनी	1 टुकड़ा
दही	½ कप	नमक	स्वाद के लिए

तरीका

मशरूम को धोकर चार टुकड़ों में काट लें। चावल को ½ घंटे के लिए भिगो दें। अदरक और लहसुन को मिक्सी में पीस लें। दही को अच्छी तरह फेंट लें, केसर को दूध में भिगो दें। एक भारी पैन लें और उसमें 4 कप पानी उबालें, उसमें तेजपत्ता, लौंग, इलायची, दालचीनी, जावित्री और एक टेबल स्पून नमक डालें और तब तक उबालें जब तक कि मसाले अपना रंग और स्वाद न छोड़ दें। भीगे हुए चावल डालें, हिलाते रहें और चावल के 3/4 भाग पक जाने तक पकाएँ। अतिरिक्त पानी निथार कर एक तरफ रख दें। एक नॉन स्टिक पैन में तेल गरम करें और उसमें प्याज डालकर सुनहरा होने तक भूनें। अदरक, लहसुन और अन्य मसाले डालें और गाढ़ा होने तक पकाएँ। फेंटा हुआ दही, गरंम मसाला, हरा धनिया, पुदीना और नमक डालकर 2 मिनिट तक पकाएँ, फिर मशरूम डालें और तेज आँच पर 2-3 मिनिट तक पकाएँ जब तक कि मशरूम पानी छोड़ना बंद न कर दे। एक ओवन-फ्रू डिश लें, उबले हुए चावल और मशरूम मसाला को परतों में एक-एक करके

धनिया पत्ती डालें और हर परत के बाद केसर वाला दूध छिड़कें। ऊपर की परत चावल की होनी चाहिए और हरा धनिया और केसर वाला दूध छिड़कना चाहिए। डिश को पन्नी से सील करें और इसे पहले से गरम ओवन में 70 डिग्री सेल्सियस तापमान पर 10 मिनट के लिए रख दें। पुदीना की चटनी और दही के साथ गरमागरम परोसें।

12.4.14. ऑयस्टर मशरूम की क्रीम

सामग्रीः सर्व करता है - 4			
ताज़ा सीप मशरूम	150 ग्राम	पानी	2 कप
प्याज	80 ग्राम (कटा हुआ)	मक्खन	25 ग्राम
आटा	15 ग्राम	नमक तथा मिर्च	स्वाद के लिए
दूध	2 कप		

तरीका

ऑयस्टर मशरूम को लंबाई के अनुसार 3-4 टुकड़ों में काट लें। एक पैन में मक्खन गरम करें और प्याज को सुनहरा होने तक भूनें। इसमें सीप मशरूम डालें और मशरूम के सूखने तक भूनते रहें। मैदा डालें, धीमी आंच पर अच्छी तरह मिलाएँ और फिर इसमें दूध और पानी डालें। मिश्रण को 10 मिनट तक उबालें, स्वादानुसार नमक और काली मिर्च डालें। परोसते समय इसे ताजी क्रीम और पुदीने की पत्तियों से सीजन करें।

12.4.15. मशरूम कबाब

सामग्रीः सर्व करता है- 4			
ताज़ा मशरूम	300 ग्राम (मध्यम आकार, प्रक्षालित, आधा में कटा हुआ)	शहद	2 चम्मच
पनीर	200 ग्राम (छोटे टुकड़े में कटा हुआ)	धनिये के पत्तों	50 ग्राम (कटा हुआ)
शिमला मिर्च	2 (बीज रहित और कटे हुए)	जीरा पाउडर	½ चम्मच
प्याज	50 ग्राम (कटा हुआ)	दही	½ कप
अदरक	1 फली (पेस्ट)	तेज पत्ता	2
लहसुन	8-10 लौंग (पेस्ट)	गरम मसाला	2 चम्मच
चेरी टमाटर	12	हल्दी पाउडर	½ चम्मच
लाल मिर्च	2-3	नींबू का रस	2 चम्मच
हरी मिर्च	2-3	चाट मसाला	1 चम्मच
तेल	½ कप	नमक	स्वादानुसार

तरीका

मिर्च, अदरक और लहसुन का गाढ़ा पेस्ट बना लें। पेस्ट डालें, एक पैन में पाउडर, गरम मसाला, नींबू का रस, चाट मसाला, शहद, जीरा डालें। अच्छी तरह मिलाओ। मिश्रण में मशरूम, चीज, चेरी टमाटर, शिमला मिर्च और प्याज डालकर 1 घंटे के लिए अलग रख दें। ओवन की छड़ लें, पानी में धो लें और मिश्रण को प्रत्येक छड़ के चारों ओर 2–3″ लंबे टुकड़े बना लें। छड़ को बारबेक्यू करें या ओवन में 180 डिग्री सेल्सियस पर 15 मिनट के लिए या सुनहरा भूरा होने तक बेक किया जा सकता है।

12.4.16. मशरूम मिश्रित सब्जी

सामग्री सर्व करता है - 4			
मशरूम	250 ग्राम (क्वार्टर में कटे हुए	स्प्रिंग प्याज	3 शूट ("लंबाई में कटे हुए)
प्याज	2 (मध्यम, चौथाई, पंखुड़ियों में अलग)	सोया चटनी	20
लहसुन	5 कलियाँ कुटी हुई	टमाटर की चटनी	2 चम्मच।
शिमला मिर्च	100 ग्राम (बीज हटाई गई और टुकड़ों में काट लें)	खाना पकाने का तेल	2 चम्मच।
पत्ता गोभी	100 ग्राम (कटी हुई)	मक्के का आटा	2 चम्मच थोड़े से पानी के साथ मिला हुआ
फलियाँ	50 ग्राम (पतले लंबाई में कटे हुए)	नमक, लाल मिर्च, काली मिर्च	स्वादानुसार

तरीका

एक डीप फ्राई पैन में तेल गरम करें और उसमें लहसुन, प्याज बीन्स, शिमला मिर्च डालें और दो मिनट तक पकाएँ। पत्तागोभी डालें और जल्दी से पकाएँ, 3 मिनट तक पकाएँ जब तक कि सब्जियाँ थोड़ी नरम न हो जाएँ लेकिन फिर भी कुरकुरी हों। जब पत्ता गोभी गलने लगे तो मशरूम डालें और 2 मिनिट तक चलाते रहें। पैन की सामग्री में सॉस की सभी सामग्री और मक्के का आटा मिलाएं और 1 मिनट तक पकाएं; सॉस ने सब्जियों को गाढ़ा और लेपित किया है। हरे प्याज से सजाकर परोसें।

12.4.17. ग्रेवी में बेबी कॉर्न के साथ मशरूम

सामग्रीः सर्व करता है - 4			
ताज़ा मशरूम	250 ग्राम (सम आकार के टुकड़ों में कटा हुआ)	अजवाइन के पत्ते	1 गुच्छा (पंखुड़ियों वाला)
प्याज़	100 ग्राम (बारीक कटा हुआ)	आटा	2 चम्मच
बेबी कॉर्न	150 ग्राम (उबला और अच्छी तरह से सूखा)	पानी	1 कप
अदरक	1 छोटा चम्मच (कसा हुआ)	तेल	50 मिली
करी पाउडर	1 चम्मच	नमक, लाल मिर्च	स्वादानुसार

तरीका

एक भारी तले के पैन में तेल गरम करें, उसमें मशरूम डालें और मशरूम के गलने तक भूनें। पैन से निकाल कर एक तरु रख दें। पैन में बेबी कॉर्न और प्याज डालें और 5 मिनट तक पकाएँ। इसमें करी पाउडर, अदरक, मैदा और अजवाइन के पत्ते डालें। 1 मिनट तक पकाएं, ध्यान रहे कि मिश्रण जल न जाए। पानी डालें ग्रेवी में उबाल आने तक और 3 मिनट तक गाढ़ी होने तक। नमक, काली मिर्च और अजवाइन के पत्तों के साथ स्वाद के लिए मशरूम और मौसम जोड़ें। इसे फूले हुए उबले चावल या नूडल्स के साथ गरमागरम परोसें।

12.4.18. आलू के साथ ऑयस्टर मशरूम

सामग्रीः सर्व करता है - 4			
ताज़ा सीप मशरूम	300 ग्राम (टुकड़े में काटना)	अदरक और लहसुन	10 ग्राम (पेस्ट)
आलू	200 ग्राम (क्यूब्स में कटा तथा तला हुआ)	सरसों का तेल	4 चम्मच
प्याज	100 ग्राम (लंबाई में कटा हुआ)	मसाले (गरम मसाला, जीरा, धनिया पाउडर, नमक)	स्वादानुसार
टमाटर का भर्ता	1 कप		

तरीका

एक पैन में तेल गरम करें, उसमें जीरा डालें और प्याज के गलने तक भूनें, प्यूरी डालें और दो मिनट तक पकाएँ। सारे मसाले स्वादानुसार डालें और ऑयस्टर मशरूम को लगातार चलाते हुए डालें। 3-4 मिनट के लिए बंद ढक्कन के साथ और फिर टॉस करते हुए पकाएं। तले हुए आलू डालें और थोड़ा पानी डालें। पांच मिनट तक पकाएं जब तक कि आलू नर्म न हो जाएं और पानी सूख जाए। धनिया पत्ती से गार्निश करें।

12.4.19. मशरूम का अचार

अचार हमारे राज्य में एक बहुत ही आम और लोकप्रिय व्यंजन है। हर घर का अपना अचार बनाने का फॉर्मूला/रचना और स्वाद होता है। आम, नींबू, मिर्च, फूलगोभी, गाजर, मूली आदि का अचार बहुत आम है। मशरूम का अचार भी इन्हीं तरीकों से बनाया जा सकता है। हालांकि, मशरूम का अचार बनाने के लिए स्वाद के अनुसार आवश्यक परिवर्तन के साथ निम्नलिखित सामग्री का उपयोग किया जा सकता है।

सामग्री			
ताज़ा मशरूम	1000 ग्राम	दालचीनी पाउडर	1 ग्राम
नमक	100 ग्राम	लौंग (बिना सिर के)	5
सिरका	100 मिली	लहसुन का पेस्ट	20 ग्राम

लाल मिर्च पाउडर	5 ग्राम	प्याज कटा हुआ	100 ग्राम
जीरा चूर्ण	5 ग्राम	इमली पेस्ट	50 ग्राम
मेथी पाउडर	2 ग्राम	सरसों का तेल	350 मिली
काली मिर्च पाउडर	2 ग्राम		

तरीका

ताज़ा मशरूम लें, धो लें, आवश्यकतानुसार काट लें और थोड़े से तेल में सभी मसालों के साथ मशरूम के सूखने तक तल लें। इसे ठंडा होने दें और इसमें नमक और सिरका मिलाएं। तैयार अचार को जार में भरिये और मशरूम के टुकड़ों को ढकने के लिये पर्याप्त सरसों का तेल डालिये। जार को सील करें और इसे परिवेश के तापमान पर छह महीने से अधिक समय तक न रखें।

12.4.20. बटन मशरूम तलना

सामग्री			
बटन मशरूम	100 ग्राम	जीरा	2 ग्राम
मिर्च पाउडर	1 चम्मच	हींग	चुटकी भर
नमक	जैसी जरूरत	तेल	जैसी जरूरत

तरीका

मशरूम को धोकर ब्लॉटिंग/कागज पर रख दें। एक तवे पर तेल गरम करें। तेल गरम होने पर मशरूम डालें। 2 मिनट के लिए मशरूम भूनें। अन्य सभी सामग्री डालें और 3 मिनट और भूनें। गर्म–गर्म परोसें।

12.4.21. ब्रोकली और मशरूम स्टीम्ड राइस रेसिपी

सामग्री			
मशरूम (कटा हुआ)	1/2 कप	तेल	3–4 चम्मच
ब्रोकली (छोटे फूल)	1 कप	नमक	स्वादानुसार
ताजी क्रीम	3/4 कप	पके हुए चावल	कप
सफेद मिर्च पाउडर	1/4 छोटा चम्मच		

तरीका

एक पैन में 1 छोटा चम्मच तेल गरम करें। ब्रोकली के फूल डालकर कुछ देर भूनें। मशरूम डालकर तेज आंच पर पकने तक भूनें। नमक और सफेद मिर्च पाउडर डालें। चावल डालें और अच्छी तरह मिलाएं। चावल को ताजी क्रीम के साथ टॉस करें। ब्रोकोली और मशरूम उबले हुए चावल तैयार है।

12.4.22. चिकन पिज्जा पकाने की विधि

सामग्री			
बोनलेस चिकन	450 ग्राम	अजवायन के फूल	1/2 चम्मच
पिज्जा जमे हुए आटा	1	जैतुन तेल	1 चम्मच
मिर्च	4 चम्मच	लहसुन लौंग (कीमा बनाया हुआ)	1
मशरूम (कटा हुआ)	1 कप	बैंगनी प्याज (कटा हुआ)	2 कप
सब्जी खाना पकाने का स्प्रे	1	लाल शिमला मिर्च	1 कप
पनीर	1/2 कप	नमक	स्वादानुसार

तरीका

एक कड़ाही में मध्यम आंच पर तेल गर्म करें। चिकन, नमक, काली मिर्च और लहसुन डालकर कुछ मिनट के लिए गर्म करें। प्याज, शिमला मिर्च, मशरूम और अजवायन डालें। चिकन के मिश्रण में कुछ मिनट तक भूनें, जब तक कि चिकन पक न जाए। इसे एक तरफ रख दें। पिज्जा के आटे को अनियंत्रित करें और खाना पकाने के सब्जी स्प्रे के साथ लेपित 12 इंच के पिज्जा पैन में थपथपाएं। आटे पर आधा कप चीज समान रूप से छिड़कें। पनीर के ऊपर चिकन मिश्रण फैलाएं और शेष 1/2 कप पनीर के साथ शीर्ष पर फैलाएं। 425°F पर 15 मिनट या क्रस्ट के सुनहरा होने तक बेक करें।

12.4.23. मिर्च मशरूम पकाने की विधि

सामग्री			
बटन मशरूम	400 ग्राम	मिर्च पाउडर	1 चम्मच
शिमला मिर्च	200 ग्राम	डार्क सोया सॉस	2 चम्मच
प्याज	2 मध्यम	सिरका	2 चम्मच
अदरक	2 सेमी	मक्के का आटा	1 चम्मच
लहसुन	6 गुच्छे	पानी	1 कप
तेल	4 चम्मच	नमक	स्वादानुसार

तरीका

मशरूम को आधा काट लें। शिमला मिर्च को आधा काट लीजिये, बीज निकाल कर पतली स्ट्रिप्स में काट लीजिये। प्याज, अदरक और लहसुन को पीसकर पेस्ट बना लें। 4 बड़े चम्मच तेल गरम करें। पिसा हुआ पेस्ट भूनें। मिर्च पाउडर और कप पानी डालें। लगभग सूखने तक उबालें। शिमला मिर्च, मशरूम और नमक डालें। ढककर धीमी आंच पर तब तक पकाएं जब तक कि सब्जियां कुरकुरी न हो जाएं। सोया सॉस और सिरका डालें। मक्के के आटे को पानी के साथ मिलाकर डालें। उबाल लेकर आओ, 1 मिनट के लिए उबाल लें। चिली मशरूम को नूडल्स या फ्राइड राइस के साथ गरमा-गरम परोसें।

12.4.24. मलाईदार पदार्थ मशरूम पकाने की विधि

सामग्री			
प्याज	4 मध्यम	हल्दी	चुटकी भर
टमाटर	4	मिर्च पाउडर	¾ चम्मच
दही	½ कप	हरा मटर (उबला हुआ)	1 कप
अदरक-लहसुन का पेस्ट	1 चम्मच	ताज़ा मलाई	2 चम्मच
मशरूम (उबला हुआ)	½ किलो	तलने के लिए तेल	जैसी जरूरत
नमक	स्वादानुसार	पानी	½ कप

तरीका

प्याज को तेल में मीडियम ब्राउन होने तक फ्राई करें। उन्हें निकालें और एक खाद्य प्रोसेसर में स्थानांतरित करें। दही डालें और मिश्रण को पीसकर पेस्ट बना लें। टमाटर को उबालकर ब्लांच कर लें। इन्हें पीसकर प्यूरी बना लें और एक तरफ रख दें। एक बड़े सॉस पैन को आँच पर रखें और 2 बड़े चम्मच तेल गरम करें। टमाटर प्यूरी डालें और तेल अलग होने तक पकाएँ। अदरक लहसुन का पेस्ट और प्याज-दही का पेस्ट डालें। अच्छी तरह मिलाएं। नमक, लाल मिर्च पाउडर और हल्दी डालें। कुछ मिनट के लिए पकाएं। मशरूम और हरी मटर डालें। एक और 5 मिनट के लिए भूनें। ताजी क्रीम डालें और अच्छी तरह मिलाएँ। पानी डालकर तब तक पकाएं जब तक तेल सतह पर न आ जाए। गर्म-गर्म परोसें।

12.4.25. सूखे मशरूम पकाने की विधि

सामग्री			
मशरूम (धोया तथा कटा हुआ)	1 कप	मसाला पाउडर	4 चम्मच
ब्रेड क्रम्ब्स	2 चम्मच	प्याज (कटा हुआ)	1
अदरक-लहसुन का पेस्ट	2 चम्मच	मिर्च पाउडर	2 चम्मच
धनिया पाउडर	4 चम्मच	नमक	स्वादानुसार

तरीका

एक पैन में तेल गरम करें, अदरक-लहसुन का पेस्ट डालें। ब्राउन होने तक हिलाएं। कटा हुआ प्याज डालें और तब तक हिलाएं जब तक कि प्याज पारदर्शी न हो जाए। धनिया और मसाला पाउडर मिलाएं और मशरूम और मिर्च पाउडर के साथ अच्छी तरह मिलाएं। मशरूम के पकने तक पैन को ढक दें। अब नमक डालें और अच्छी तरह मिलाएँ। ब्रेड क्रम्ब्स डालें और डिश के सूखने तक आग पर रख दें। गर्म-गर्म परोसें।

12.4.26. मिंटेड मशरूम विधि

सामग्री			
बटन मशरूम (चौथाई)	400 ग्राम	पुदीने की पत्तियाँ (कटा हुआ)	1 कप
नींबू का रस	2 चम्मच	स्किम्ड दूध दही	3 चम्मच
खीरा (कटा हुआ)	1 मध्यम	नमक	स्वादानुसार
टमाटर (बिना बीज वाला)	1 मध्यम	सलाद पत्ता	4-5 पत्तियाँ

तरीका

एक मोटे तले के बर्तन में मशरूम लें और उसमें थोड़ा सा नींबू का रस निचोड़ें और उसमें नमक डालें और धीमी आंच पर 10 मिनट के लिए ढककर रख दें। एक तरफ रख दें। एक बाउल में मशरूम, कटे हुए टमाटर, कटे हुए खीरा और कटे हुए पुदीने के पत्ते डालें। मलाई निकाला हुआ दूध, दही और नमक डालकर हल्का सा टॉस करें। एक सर्विंग प्लेट में लेटस के पत्ते रखें और उसके ऊपर मशरूम का मिश्रण डालें और पुदीने की पत्तियों से गार्निश करें।

12.4.27. मशरूम भाजी

सामग्री			
बड़े प्याज	2 पतला कटा हुआ	मिर्च पाउडर	1 चम्मच
घी/तेल	125 ग्राम	लौंग लहसुन, कटा हुआ	1
हल्दी	1 चम्मच	मशरूम, कटा हुआ	375 ग्राम

तरीका

एक पैन में घी-तेल पिघलाएं, प्याज को 3 मिनिट तक या नरम होने तक भूनें। हल्दी, मिर्च और लहसुन डालकर 1 मिनट तक भूनें। मशरूम डालें, धीमी आँच पर या मशरूम के तैयार होने तक भूनें।

12.4.28. मशरूम फ्राइड राइस रेसीन

सामग्री			
मशरूम के टुकड़े	1 कप	काजू	5
कटा प्याज	1/2 कप	पानी	1/4 कप
मटर हरा	1/4 कप	पके हुए चावल	
टमाटर	1	धनिया कटा हुआ	सजाने के लिए
मिर्च पाउडर	1 चम्मच	नमक	स्वादानुसार
धनिया पाउडर	1 चम्मच	तेल	जैसी जरूरत

तरीका

एक कड़ाही में तेल गरम करें. काजू और प्याज भूनें। फिर मशरूम, मिर्च पाउडर, नमक, धनिया पाउडर, हरे मटर और टमाटर डालें। इसमें पानी डालें। मिश्रण से तेल अलग होने तक भूनें। फिर पके हुए चावल को मिक्स करें और कटे हुए हरे धनिये से सजाएं। मशरूम फ्राइड राइस तैयार है।

12.4.29. मशरूम ग्रेवी

सामग्री			
बटन मशरुम	225 ग्राम	हल्दी पाउडर	चुटकी भर
सरसों और उड़द	1 चम्मच	मिर्च पाउडर	1/2 चम्मच
लाल मिर्च	2	धनिया पाउडर	1 चम्मच
करी पत्ते	कुछ	चिकन मसाला पाउडर	1/2 से 1 चम्मच
लहसुन	5 से 6 टुकड़े	नमक और तेल	जैसी जरूरत
प्याज	½		

तरीका

प्रत्येक मशरूम को 4 टुकड़ों में काट लें। प्याज को लंबाई में पतला काट लें। लहसुन की कली को चाकू की सहायता से मसल लें। यह सब एक तरफ रख दें। एक पैन में 3 से 4 चम्मच तेल गरम करें। राई और उड़द दाल डालें। एक बार जब यह फूटने लगे तो इसमें करी पत्ता और लाल मिर्च डालें। इसे एक सेकेंड के लिए भूनें। फिर इसमें पिसा हुआ लहसुन डालें और हल्का ब्राउन होने तक भूनें। बारीक कटा हुआ प्याज डालें और ब्राउन होने तक भूनें। इस पर कोई समझौता नहीं। अच्छी तरह भूनें। फिर कटे हुए मशरूम डालकर 4 से 5 मिनट तक अच्छी तरह से भूनें। यदि आवश्यक हो तो तेल डालें। पैन को ढक्कन से ढक दें। इसे धीमी आंच में 2 से 3 मिनट के लिए रख दें। इसे एक मिनट के लिए भूनें। फिर हल्दी पाउडर, मिर्च पाउडर, धनिया पाउडर, चिकन या मटन मसाला पाउडर और नमक डालें। मसाले की महक जाने तक भूनें। यदि आवश्यक हो तो तेल डालें। मसाले की महक जाने के बाद, एक कप पानी डालें और पैन को ढक्कन से ढक दें। स्टोव को मध्यम आंच पर रखें और 3 से 4 मिनट तक या मशरूम के पकने तक पकाएं। करी से तेल निकल जाएगा और वह गाढ़ी हो जाएगी। आप इसे ग्रेवी या सूखे दोनों तरह से तैयार कर सकते हैं।

12.4.30. मशरूम पनीर पकाने की विधि

सामग्री			
मशरूम (कटा हुआ)	500 ग्राम	दूध	½ कप
पनीर (क्यूब्ड)	200 ग्राम	अफीम के बीज	1 चम्मच
गाजर (ताज़ा तथा कद्दूकस किया हुआ)	1 कप	बादाम (भुना हुआ)	10

कटे हुए प्याज	3	गरम मसाला	½ चम्मच
पनीर	1	लाल मिर्च पाउडर	½ चम्मच
मक्खन या तेल	2 चम्मच	धनिये के पत्ते	1 चम्मच
जीरा चूर्ण	1 चम्मच	नमक	स्वादानुसार

तरीका

पनीर को सुनहरा होने तक डीप फ्राई करें। पनीर को गर्म पानी में 10 मिनट के लिए रख दें। एक पैन में मक्खन या तेल गरम करें और उसमें मिर्च, खसखस, दूध, बादाम और गाजर भूनें। अब उपरोक्त मिश्रण को पीस कर पेस्ट बना लें। एक पैन में तेल गरम करें, उसमें प्याज, जीरा पाउडर, गरम मसाला और धनिया पाउडर भूनें। मशरूम और पनीर डालकर 10 मिनट तक पकाएं। मशरूम के नरम होने तक पकाएं। इसे धनिया पत्ती से गार्निश करें। मक्खन रोटी के साथ परोसें।

12.4.31. मशरूम नाश्ता

सामग्री			
मध्यम मशरूम	10	मिर्च	1 चम्मच
मध्यम प्याज	2	नमक	स्वादानुसार
तेल	2 चम्मच		

तरीका

प्याज और मशरूम को बारीक काट लें। एक फ्राइंग पैन लें और उसमें तेल डालें और गरम करें। तेल के गरम होते ही प्याज डाल कर कुछ सेकेंड्स के लिए भूनें। फिर मशरूम डालें और धीमी आंच पर तीन मिनट तक पकाएं, अच्छी तरह से हिलाएं। काली मिर्च और नमक डालें और फिर से चलाएँ और आँच से हटाएँ, गरमागरम परोसें।

12.4.32. मटर मशरूम

सामग्री			
मशरूम कटा हुआ	1 कप	दालचीनी	1
हरी मटर	1 कप	किसा हुआ नारियल	1/4 कप
प्याज (कटा हुआ)	1	हरी मिर्च	2
टमाटर (कटा हुआ)	1	लहसुन लौंग	2
कटा हुआ धनिया	1 चम्मच	अदरक का टुकड़ा	1
तेल	1 चम्मच	नमक	स्वादानुसार

तरीका

पेस्ट की सभी सामग्री को पीस लें। तेल गरम करें और कटे हुए प्याज को पारदर्शी और सुनहरा भूरा होने तक भूनें। पेस्ट, टमाटर, मटर, मशरूम, नमक डालकर कुछ देर पकाएं। एक कप पानी डालकर धीमी आंच पर गर्म करें। ऊपर से कटी हुई धनिया से सजाकर गरमागरम परोसें।

12.4.33. मशरूम पास्ता

सामग्री			
पास्ता	3/4 कप	नमक	1/4 चम्मच
मशरूम	1 कप	मिर्च	1/4 चम्मच
प्याज	1	मलाई पनीर	2 चम्मच
हरी मिर्च	1	मक्खन	1 चम्मच
लहसुन	2 लौंग	मकई का आटा	2 चम्मच
टमाटर चटनी	2 चम्मच	पानी	2 कप

तरीका

1½ कप पानी उबालें और पास्ता डालें, आँच को कम करें और पास्ता के गलने तक पकाएँ। निकाल कर छान लें और एक तरफ रख दें। मशरूम, प्याज, लहसुन और हरी मिर्च को काट लें। एक पैन में मक्खन गरम करें और उसमें प्याज, लहसुन और हरी मिर्च डालकर प्याज के नरम होने तक भूनें। टमाटर सॉस, मशरूम, ½ कप पानी डालें और उबाल आने दें। आटे में मिलाएँ और आँच को कम करें और मशरूम के गलने और ग्रेवी को गाढ़ा होने तक पकाएँ। पनीर में मिलाएं। पास्ता के ऊपर सॉस परोसें।

12.4.34. शाही मशरूम पकाने की विधि

सामग्री			
मशरूम (आधे में कटा हुआ)	200 ग्राम	काजू	½ कप
कटे हुए प्याज	4	गरम मसाला	½ चम्मच
टमाटर (छोटा आकार तथा कटा हुआ)	5	मलाई	1 कप
हरी मिर्च (कटी हुई)	2	लाल मिर्च पाउडर	½ चम्मच
अदरक (कसा हुआ)	1 इंच	चीनी	1 चम्मच
मक्खन (घी)	3 चम्मच		

तरीका

कढ़ाई में घी डालिये और उसमें प्याज डालिये, सुनहरा होने तक भूनिये अब इसमें हरी मिर्च, टमाटर और अदरक को भून लें। टमाटर के नरम होने के बाद मिश्रण को आंच से उतार लें। इसे ठंडा करके ब्लेंडर में

पीस लें। पैन में अन्य सभी सामग्री को मिश्रण के साथ मिलाएं। इसे 2 मिनट तक भूनें। अब मशरूम डालें, धीमी आंच पर पकाएं। हरे धनिये से सजाकर सर्व करें।

12.4.35. तवा मशरूम पकाने की विधि

सामग्री			
मशरूम (कटा हुआ)	200 ग्राम	लहसुन का पेस्ट	1/4 चम्मच
ताज़ा दही	1 चम्मच	काजू बादाम पेस्ट के लिए	
तेल	3 चम्मच	काजू	10
मिर्च पाउडर	1 चम्मच	बादाम	4
हल्दी पाउडर	¼ चम्मच	प्याज (कटा हुआ)	2
नमक	स्वादानुसार	खसखस	1 चम्मच
अदरक का पेस्ट	1/4 चम्मच	तेल	4 चम्मच

तरीका

खसखस, काजू और बादाम को पानी में भिगो दें। इस बीच, डीप फ्राई करें तेल में प्याज, ब्राउन होने तक। भुने हुए प्याज और भीगी हुई सामग्री को एक ब्लेंडर में डालकर ब्लेंड करके काजू-बादाम का पेस्ट तैयार कर लें। तवे पर थोड़ा सा तेल गरम करके अदरक और लहसुन के पेस्ट को भून लें। अब अदरक-लहसुन के पेस्ट में काजू-बादाम का पेस्ट, दही, नमक (स्वादानुसार), हल्दी पाउडर और मिर्च पाउडर डाल दीजिए। कुछ सेकंड के लिए पकाएं। मिश्रण में मशरूम डालें और तब तक भूनें जब तक कि वे पेस्ट के साथ मिश्रित न हो जाएँ और भूरे रंग के न हो जाएँ। तवा मशरूम को गरमागरम परोसें।

12.4.36. टमाटर मशरूम पकाने की विधि

सामग्री			
मशरूम (टुकड़े)	200 ग्राम	इलायची पाउडर	1/4 जेच
प्याज (कटा हुआ)	1	हल्दी पाउडर	1/4 चम्मच
टमाटर प्यूरी	1 cup	धनिये के पत्ते	सजाने के लिए
गरम मसाला	1 tsp	नमक	स्वादानुसार

तरीका

एक कड़ाही लें और उसमें दो चम्मच तेल गरम करें। कटा हुआ प्याज डालें और गुलाबी होने तक भूनें। टमाटर प्यूरी, हल्दी पाउडर और नमक डालें। इसे कुछ मिनट तक गर्म करें और फिर मशरूम डालें। लगभग 10 मिनट के लिए, फ्राइंग पैन को ढक दें। आंच से उतारने से पहले गरम मसाला डालें और अच्छी तरह मिलाएँ। आखिर में इलायची पाउडर मिलाएं। धनिया पत्ती से सजाकर। गर्म-गर्म परोसें।

13

जहरीले मशरूम और उनके विषाक्त प्रोफाइल

13.1. प्रस्तावना

मशरूम बहुमुखी औषधीय गुणों के साथ मानव आहार का एक प्रसिद्ध घटक है। कुछ मशरूम अपने पोषण और चिकित्सीय गुणों के लिए दुनिया भर में लोकप्रिय हैं। हालांकि, कुछ प्रजातियां किसी भी रूप में उपभोग के लिए उपयुक्त नहीं हैं, और उनकी विषाक्त प्रकृति मानव स्वास्थ्य के लिए हानिकास्क हैं। प्राचीन साहित्य में विभिन्न विवरण उपलब्ध हैं जो इन कवक प्रजातियों के विषाक्त प्रभावों की व्याख्या करते हैं। आम तौर पर मशरूम की जहरीली प्रजातियों की अपर्याप्त पहचान के कारण, होने वाले गंभीर मानव विषाक्तता का वर्णन हर साल किया जाता है। विभिन्न जहरीले मशरूम से मशरूम विषाक्तता के घातक संकेतों और लक्षणों के लिए जिम्मेदार विभिन्न पदार्थों की पहचान की गई है। मशरूम विषाक्तता ने प्रदर्शित किया है कि मशरूम की विषाक्तता लीवर की किलता, मंदनाड़ी, सीने में दर्द, दौरे जैसे प्रतिकूल प्रभाव पैदा कर सकती है। गैस्ट्रोएंटेराइटिस, आंतों की फाइब्रोसिस, गुर्दे की किलता, एरिथ्रोमेललगिया, और रबडोमायोलिसिस। खाद्य कवक के लिए बेहतर समझ के साथ एक सटीक और प्रामाणिक पहचान खाद्य के रूप में विभिन्न मशरूम की सुरक्षित और स्वस्थ खपत के लिए और उनके औषधीय उपयोग के लिए भी आवश्यक है।

विषाक्तता एक महत्वपूर्ण वैश्विक सार्वजनिक स्वास्थ्य समस्या है। वर्तमान में, यह कम से कम 1980 के बाद पहली बार चोट से मौत का प्रमुख कारण बन गया है। रोग नियंत्रण और रोकथाम केंद्र (सीडीसी) की एक रिपोर्ट के अनुसार, 2008 में अनजाने में विषाक्तता के कारण 41,000 से अधिक लोगों की मौत हो गई, जबकि विश्व स्वास्थ्य संगठन (डब्ल्यूएचओ) ने 2004 से दुनिया भर में 0.346 मिलियन मौतों की सूचना दी है (वार्नर एट अल। 2011)। इन वैश्विक संख्याओं का एक महत्वपूर्ण हिस्सा मशरूम विषाक्तता के कारण है। विभिन्न देशों में हर साल मशरूम के जहर के बहुत सारे मामले देखे जाते हैं। कुल 1,675 मशरूम विषाक्तता के मामले दर्ज किए गए थे, और लगभग 8,000 से 10,000 मामलों के फ्रैंक में रिकॉर्ड होने का अनुमान है।

13.2. सबसे जहरीले मशरूम

कुछ गैर-विषैले मशरूम को उनके नाजुक और अद्वितीय स्वाद के कारण पेटू द्वारा अत्यधिक सराहा जाता है। यहां तक कि एमेंटिया एसपी, (एक जहरीला मशरूम) की बहुत कम मात्रा में अंतर्ग्रहण मानव और

साथ ही समान भौगोलिक क्षेत्रों में जानवरों के लिए अत्यधिक विषैला होता है। चूंकि अमनिता को गैर-विषैले मशरूम से आसानी से पहचाना जा सकता है।

उनके सामान्य पहलू के आधार पर और चूंकि, नशे से बचे लोगों की गवाही के अनुसार, इस जहरीले मशरूम का स्वाद बल्कि घृणित है, यह एक विरोधाभास है कि दुनिया भर में तीव्र लीवर की किलता (एएलएफ) के साथ घातक नशे के मामले सामने आते रहते हैं। सावधानी पर बार-बार, लालची और लापरवाह जिज्ञासा प्रबल होती है, जंगली गैर-कृषि मशरूम की अन्य प्रजातियां जो जठरांत्र संबंधी विकारों के साथ नशा का स्रोत भी हो सकती हैं, केंद्रीय तंत्रिका तंत्र की विषाक्तता, मायोपैथी, और तीव्र गुर्दे की विफलता यहां पूरी तरह से चर्चा नहीं की गई है।

13.2.1. डेथ कैप (*अमानिता फालोइड्स*)

मशरूम की 5,000 से अधिक प्रजातियों में से केवल 50 ही इंसानों के लिए जहरीली होती हैं। अमानिता सबसे जहरीले जीनस का प्रतिनिधित्व करती है, हालांकि सभी अमानिता प्रजातियां मानव के लिए विषाक्त नहीं हैं। एमैटोक्सिन युक्त ए बिस्पोरिगेरा, ए हाइग्रोस्कोपिका, ए ओक्रेटा, ए फालियोइड्स, ए वेरा, ए विरोसा, ए सुहेलियासी, और ए टेन्यूफोलिया (कार्लसन-स्टाइबर और पर्सन, 2003) हैं। लेपियोटा और गैलेरिना जेनेरा से संबंधित अन्य प्रजातियां, हालांकि कम बार शामिल होती हैं, उनमें एमाटॉक्सिन भी होते हैं। ए. फालोइड्स मशरूम (मृत्यु टोपी या नष्ट करने वाली परी) टोपी के केंद्र में पीले हरे रंग के शीर्ष के साथ सफेद छायांकित होते हैं। वे बंद सफेद गलफड़ों व एक सफेद डंठल जो एक बेसल बल्ब तक बढ़ रहे हैं, और एक झिल्लीदार वोल्वा की यह विशेषता है। ए. वेरा केवल ए. फालोइड्स से भिन्न है।

एक समान रूप से सफेद टोपी अमनिता मशरूम विषाक्तता होने के कारण फालोइड्स अक्सर गैर-विषैले प्रजातियों जैसे कि ग्योरोमित्र एस्कुलेंटा और एगारिकस कैंपेस्ट्रिस के साथ भ्रम का परिणाम होता है। इसे अमानिता जीनस के खाद्य सदस्यों के साथ भी भ्रमित किया जा सकता है; विशेष रूप से ए. सीजेरियन। विशेष रूप से युवा, अपरिपक्व, मशरूम के लिए भ्रम का खतरा अधिक होता है। अमनिता विषाक्तता जीनस साइलोसिबे (मैजिक मशरूम) के साथ भ्रम के कारण भी हो सकती है, जिसे मनोवैज्ञानिक प्रभाव के लिए जाना जाता है। यह काफी सामान्य है कि अमानिता मशरूम युक्त भोजन साझा करने वाले परिवार के कई सदस्य एक साथ जहरीले होते हैं।

अमानिता फालोइड्स गर्मी-स्थिर एमाटॉक्सिन पैदा करता है जो खाना पकाने से बचता है। तापमान और पूरे शरीर में कोशिकाओं को जल्दी से नुकसान पहुंचाता है। सेवन के बाद 6 से 12 घंटों के भीतर, तेज पेट दर्द, उल्टी, खूनी दस्त दिखाई देते हैं, जिससे ऊतकों से तरल पदार्थ का तेजी से नुकसान होता है और तीव्र प्यास लगती है। जिगर, गुर्दे और केंद्रीय तंत्रिका तंत्र की गंभीर भागीदारी के लक्षण जल्द ही सामने आते हैं, जिसमें मूत्र उत्पादन में कमी और रक्त शर्करा का कम होना शामिल है। यह स्थिति 50 प्रतिशत से अधिक घटनाओं को कोमा और मृत्यु की ओर ले जाती है।

चित्र 13.1. अमानिता फालोइड्स

13.2.2. सामान्य लॉन मशरूम (*सोनोसाइबी फाइलेरिस*)

सोनोसाइबे फाइलेरिस एक मासूम दिखने वाला लॉन मशरूम है जो विशेष रूप से प्रशांत उत्तर पश्चिम में आम है; अमानिता फालोइड्स (मृत्यु टोपी) मशरूम सी फाइलेरिस के समान मायकोटॉक्सिन युक्त, यदि खाया जाए तो संभावित रूप से घातक है। जठरांत्र संबंधी लक्षणों का आगमन अक्सर मशरूम के सेवन के 6-24 घंटे बाद होता है, जिससे अक्सर खाद्य विषाक्तता का प्रारंभिक गलत निदान होता है। रोगी ठीक होने के लिए प्रकट हो सकता है, केवल यकृत और गुर्दे की विफलता से जुड़े गैस्ट्रोइंटेस्टाइनल दर्द के जीवन-धमकी देने वाले पुन: प्रकट होने से पीड़ित हो सकता है। इस मशरूम के साथ आकस्मिक विषाक्तता का दूसरा कारक साइलोसिबे मशरूम के समान दिखने वाला कथित रूप है, जिसे मैजिक मशरूम के रूप में भी जाना जाता है। हालाँकि, इनमें से किसी एक को लेने से माँ को सभी बुरी यात्राओं का सामना करना पड़ सकता है।

चित्र 13.2. सोनोसाइबे फाइलेरिस

13.2.3. वेबकैप्स (*कॉर्टिनियस* प्रजाति)

वेबकैप की दो प्रजातियां, घातक वेबकैप (कॉर्टिनैरियस रूबेलस) और मूर्ख का वेबकैप (कॉर्टिनमस ऑरेलेनस), दिखने में एक-दूसरे और कई खाद्य किस्मों के समान हैं। मशरूम कोर्टिनारियस स्पेसियोसिसिमसिमस के कारण होने वाली गंभीर गुर्दे की विफलता को पहली बार 1972 में पहचाना गया था और केवल स्कैंडिनेविया से रिपोर्ट किया गया है। 1979 में स्कॉटलैंड में जंगली मशरूम (सी रूबेलस, सी ऑरेलेनस,

सी स्पेशियोसिसिमस) की खपत, कॉर्टिनारियस विषाक्तता की पहचानी गई विशेषताओं जैसे 36–38 घंटे के बाद गैस्ट्रोइंटेस्टाइनल परेशान, मतली, एनोरेक्सिया, सिरदर्द, कठोरता, गंभीर जलन प्यास के बाद, मांसपेशियों में दर्द और ओलिगुरिया। इन मशरूमों में ओरेलेनिन नामक एक जहर होता है, जो शुरू में सामान्य "लू के समान लक्षणों का कारण बनता है। ड्रेलानिन की एक लंबी विलंबता अवधि होती है और लक्षण पैदा करने में 2 दिन से 3 सप्ताह तक का समय लग सकता है, जिससे अक्सर गलत निदान होता है। विष अंततः गुर्दे की विफलता का कारण बनता है और यदि अनुपचारित छोड़ दिया जाए तो मृत्यु हो जाती है। कॉर्टिनैरियस रूबेलस (कोर्टिनारियस स्पेसियोसिसिमसिमस) एक काफी दुर्लभ लेकिन घातक जहरीला मशरूम है। यह गर्मियों के अंत से शुरुआती सर्दियों तक शंकुधारी जंगलों में पाया जाता है और यूरोप के उत्तरी भागों में सबसे आम है।

कॉर्टिनानस रूबेलस *कॉर्टिनारियस ओरेलानस*

चित्र 13.3

13.2.4. ऑटम स्कलकैप (*गैलेरिना मार्जिनटा*)

पूरे उत्तरी गोलार्ध और ऑस्ट्रेलिया के कुछ हिस्सों में आम है। गैलेरिना मार्जिनटा एक ग्रील्ड, लकड़ी में सड़ने वाला मशरूम है जिसमें डेथ कैप मशरूम के समान एमाटॉक्सिन होता है। घूस दस्त, उल्टी, हाइपोथर्मिया और लीवर की क्षति का कारण बनता है और अगर इलाज न किया जाए तो मृत्यु हो सकती है। हालांकि यह विशेष रूप से खाद्य प्रजातियों के समान नहीं है, लेकिन हेलुसीनोजेनिक साइलोसाइबे मशरूम की गलत पहचान करने वाले संचायकों के लिए कई मौतों और जहरों को मान्यता दी जा चुकी है।

चित्र 13.4. *गैलेरिना मार्जिनटा*

13.2.5. एन्जिल्स को नष्ट करना (*अमानिता बिस्पोरिगेरा*)

नष्ट करने वाले देवदूत वास्तव में जीनस अमानिता में सभी सफेद मशरूम की कई प्रजातियां हैं। ये बेहद जहरीले कवक दिखने में खाने योग्य बटन मशरूम और घास के मैदान मशरूम के समान हैं, और कई मौकों पर गलती से एकत्र किए गए हैं। इन प्रजातियों में से एक, अमनिता बिस्पोरिगेरा को सबसे जहरीला उत्तरी अमेरिकी मशरूम माना जाता है। वे सफेद रंग के होते हैं और गर्मियों और शरद ऋतु में बढ़ते हैं। ये अत्यधिक जहरीले होते हैं और इनका सेवन करने पर तत्काल मृत्यु हो सकती है, ये मशरूम विषाक्त पदार्थों (एमैटोक्सिन) का उत्पादन करते हैं और मानव स्वास्थ्य के लिए खतरनाक हो सकते हैं। यदि यह पच जाते हैं और गुर्दे और यकृत में अवशोषित हो जाते हैं तो इसके बाद उल्टी, प्रलाप, आक्षेप, दस्त, यकृत और गुर्दे में तकलीफ शुरु होती है। यदि रोगी को जीवित रहना है तो इस स्थिति में लीवर प्रत्यारोपण ही एकमात्र विकल्प हो सकता है, अन्यथा रोगी की अक्सर 5 से 24 घंटों के बाद मृत्यु हो जाती है।

चित्र 13.5. *अमानिता बिस्पोरीगेरा*

13.2.6. पोडोस्ट्रोमा कॉर्नू-डेम

दरअसल यह कवक युवा गैनोडर्मा ल्यूसिडम जैसा दिखता है। यह फंकी दिखने वाला जापानी कवक (पोडोस्ट्रोमा) एक दुर्लभ कवक है और एशिया का मूल निवासी है। जापान और कोरिया में मरने वालों की संख्या इसके लिए जिम्मेदार है। इसके लाल फलने वाले शरीर में शक्तिशाली विष होते हैं। ट्राइकोथेसीन मायकोटॉक्सिन के रूप में जाना जाता है और उन लोगों में कई अंग विफलताओं का कारण बन सकता है, जो उन्हें उपभोग करने में असफल रहे हैं। विषाक्तता के लक्षणों में पेट में दर्द, त्वचा का छिलना, बालों का झड़ना, निम्न रक्तचाप, रक्त कोशिकाओं की कमी, विकिरण विषाक्तता (ल्यूकेमिया), यकृत परिगलन, तीव्र गुर्दे की विफलता शामिल हैं, परिणामस्वरूप, यदि अनुपचारित छोड़ दिया जाए तो मृत्यु हो जाती है।

चित्र 13.6. पोडोस्ट्रोमा कॉर्नू-डेम

13.2.7. घातक डैपरलिंग (*लेपियोटा ब्रनेओइनकामाटा*)

घातक डैपरलिंग एक ग्रील्ड मशरूम है, जो यूरोप और उत्तरी अमेरिका के शंकुधारी जंगलों में व्यापक रूप से वितरित किया जाता है और वर्षों से कई मौतों के लिए जिम्मेदार रहा है। यह छोटा, स्वादिष्ट दिखने वाला मशरूम लेपियोटा परिवार का है, जिसमें घातक एमाटॉक्सिन होता है। आकस्मिक खपत विषाक्तता की ओर ले जाती है और गंभीर गैस्ट्रोइंटेस्टाइनल आंतों के संकट का कारण बनती है, जो जिगर को नष्ट करने में सक्षम है और तत्काल उपचार प्राप्त नहीं होने पर सभी मशरूम विषाक्तता से बीडी-90% मौतों के लिए जिम्मेदार है। परिवार के अन्य सदस्यों में समान रूप से स्वादिष्ट लगने वाला घातक डैपरलिंग शामिल है)

चित्र 13.7. *लेपियोटा ब्रूनेओइनकैमटा*

13.2.8. झूठा मशरूम (मूर्खों की कीप) या *क्लिटोसाइबे रिवुलोसा*

झूठी शैंपेनन मशरूम एक छोटी फनल की तरह दिखती है, जो आमतौर पर यूरोप और उत्तरी अमेरिका के घास वाले क्षेत्रों में पाई जाती है। इसके लक्षणों के कारण इसे स्वेटिंग मशरूम के रूप में भी जाना जाता है

और यह गंभीर जहर का कारण बनता है, लेकिन घातक नहीं है। इसमें मस्करीन होता है जो मानव स्वास्थ्य के लिए खतरनाक है। यह बिना गंध और स्वाद के बहुत छोटा मशरूम है और घास पर उगता हुआ पाया जाता है जिससे बच्चों के इसके करीब आने का खतरा बढ़ जाता है। मशरूम की पहचान के ज्ञान की कमी के कारण इसे आसानी से खाने योग्य फेयरी रिंग शैंपेन के साथ मिलाया जा सकता है।

चित्र 13.8. *क्लिटोकिबे रिवुलोसा*

13.2.9. झूठी मोरेल (*जाइरोमित्रा एस्कुलेंटा*) जायरोमित्रा

एक हास्यास्पद मशरूम है जिसे आमतौर पर उत्तरी गोलार्ध में पाए जाने वाले "मानव मस्तिष्क कवक" के रूप में जाना जाता है। जीनस जाइरोमित्रा में लगभग 18 प्रजातियां शामिल हैं। कुछ प्रकार के जाइरोमित्रा कच्चे होने पर अत्यधिक जहरीले होते हैं, और इन मशरूम ने मनुष्यों में गंभीर जहर और यहां तक कि मौतें भी की हैं। जाइरोमाइट्रिन जी. एस्कुलेंटा में मौजूद मुख्य जहरीला हाइड्राजिन व्युत्पन्न है, लेकिन इसके मेटाबोलाइट्स एमएफएच (एन)-मिथाइल-एन-फॉर्माइल हाइड्राजिन) और एमएच (एन-मिथाइलहाइड्राजिन) भी बहुत महत्वपूर्ण विषाक्त उत्पाद हैं।

जायरोमित्रा मनुष्यों, अन्य प्राइमेट्स और कुत्तों में एक हेमोलिटिक विष है (यानी यह लाल रक्त कोशिकाओं को नष्ट कर देता है)। यह केंद्रीय तंत्रिका तंत्र के लिए विषाक्त है एवं यकृत और जठरांत्र संबंधी मार्ग को नुकसान पहुंचाता है। यह ट्रांसएमिनेस के साथ हस्तक्षेप करके कार्य कर सकता है, विशेष रूप से उनमें पाइरिडोक्सल फॉस्फेट कॉफ़ेक्टर होता है। उपचार में विटामिन बी का उपयोग किया जाता है। साइक्लोपेप्टाइड विषाक्तता के रूप में, अंतर्ग्रहण और लक्षणों के बीच एक अपेक्षाकृत लंबी अव्यक्त अवधि (6 से 12 घंटे) होती है।

चित्र 13.9. *जाइरोमित्र एस्कुलेंटा*

13.2.10. एंजेल विंग (*प्लुरोसाइबेला प्रोरिजेन्स*)

मशरूम प्लूरोसाइबेलिया पोरिजेंस (अंग्रेजी में एंजेल के पंख और जापानी में सुगिहिराटेक) दुनिया के तापमान क्षेत्रों में व्यापक और आम है। इसे पूरी दुनिया में लंबे समय से खाया जाता रहा है। हालांकि, जापान में 2004 की शरद ऋतु में, इस मशरूम को खाने से पचपन लोगों को पो-सोन मिला, और उनमें से सत्रह लोगों की तीव्र एन्सेफैलोपैथी से मृत्यु हो गई। ऐसा होने के बाद, कई रासायनिक जांच पी. पोरिजेन्स पर कुशल रही हैं। नतीजतन, उन क्षेत्रों में एकत्र किए गए फल निकायों में विटामिन डी एनालॉग्स की उच्च सामग्री पाई गई जहां तीव्र एन्सेफैलोपैथी घटनाएं हुईं। दावा किया गया था कि विटामिन डी से संबंधित यौगिकों की वजह से अचानक कैल्शियम चयापचय की भागीदारी से तीव्र एन्सेफैलोपैथी, साइटोटोक्सिक केटोनिक फैटी एसिड (केटोनिक एसिड मानव मायलोमा कोशिकाओं और म्यूरिन मेलेनोमा कोशिकाओं के लिए विषाक्तता प्रदर्शित करता है), 14-हाइड्रॉक्सी-9-ऑक्सोएक्टाडेका-10, मशरूम से 12 डायनोइक एसिड। अधिकांश मरीज क्रोनिक रीनल फेल्योर के लिए हेमोडायलिसिस पर थे और न्यूरोलॉजिकल लक्षणों की शुरुआत से 1 दिन और 2 सप्ताह के बीच एक प्लुरोसाइबेला पोरिजेन्स का सेवन किया था। प्रारंभिक लक्षण हैं: डिसरथ्रिया, निचले छोरों की कमजोरी, चाल में गड़बड़ी और कंपकंपी/मायोक्लोनस, इसके बाद जागरूकता की गड़बड़ी और व्यापक रूप से कब्जा।

शुरुआत के 1 से 12 दिन बाद, मस्तिष्क इमेजिंग अक्सर द्विपक्षीय बेसल गैन्लिया और आसपास के सफेद पदार्थ में सबक दिखाती है। सेरेब्रम और सेरिबैलम में कॉर्टिकल और सबकोर्टिकल धब्बेदार घाव भी पाए गए हैं। मृत्यु दर 30% पर उच्च है।

चित्र 13.10. *प्लूरोसाइबेलिया पोरिजेंस*

13.2.11. लाई एगारिक (*अमानिता मुस्कारिया*)

अमनिता यूरोप और उत्तरी अमेरिका के समशीतोष्ण क्षेत्रों के मूल निवासी मशरूम की एक प्रजाति है। जहां तक फ्लोरिडा के रूप में दक्षिण और पूर्वी रूस में साइबेरिया के उत्तर तक, पाइन, बर्च और कभी-कभी ओक के पेड़ों की जड़ों के साथ बढ़ता है। अमनिता जीनस दुनिया में सबसे व्यापक में से एक है, जो खाने योग्य से लेकर घातक जहरीले तक है। प्रजातियों, अमानिता मस्कारिया और अमनिता पैंथरिना में मस्किमोल और इबोटेनिक एसिड होते हैं और इन्हें साइकोएक्टिव माना जाता है। सूखे या ताजा साइकोएक्टिव अमनिता मशरूम खाने के प्रभावों में उत्साह, मद्यपान की भावना, बिगड़ा हुआ संतुलन और विचार की स्पष्टता में वृद्धि शामिल है। ठंड लगना, पसीना आना, लार आना, मतली और उल्टी जैसे नकारात्मक प्रभाव भी चिह्नित किए जा सकते हैं, और जब अमानितास को ताजा खाया जाता है, तो इसके होने की संभावना अधिक होती है। अमनिता को सुखाना या उबालना प्रतिक्रियाशील इबोटेनिक एसिड को मस्किमोल में बदल देता है और इन नकारात्मकताओं की जड़ में मानी जाने वाली मस्कैरिन को उबाल सकता है।

चित्र 13.11. *अमानिता मुस्कारिया*

13.2.12. जैक ओ'लालटेन (*ओम्फालोटस ओलेरियस*)

जैक ओ लालटेन मशरूम एक बड़ा नारंगी मशरूम है जो अक्सर उत्तरी अमेरिका में सड़ने वाले स्टंप, दबी हुई जड़ों या दृढ़ लकड़ी के पेड़ों के आधार पर गुच्छों में पाया जाता है। इसके गलफड़े अक्सर ताजा होने पर एक कमजोर हरे रंग की बायोलुमिनसेंस प्रदर्शित करते हैं (कुछ ग्रील्ड मशरूम बहुत अंधेरे वातावरण में प्रकाश उत्सर्जित करने के लिए जाने जाते हैं, जब आपकी आंखों को समायोजित करने का समय होता है)। जीनस ओम्फालोटस के सदस्य गंभीर रूप से जहरीले टॉडस्टूल होते हैं जिनमें टॉक्सिन मस्करीन होता है, जिसे मनुष्यों द्वारा खाया (कच्चा या पकाया जाता है) और आमतौर पर कई दिनों तक उल्टी, ऐंठन, दस्त और गैस्ट्रिक अपसेट का कारण बनता है। इस प्रजाति द्वारा ज़हर देना आमतौर पर घातक नहीं होता है, लेकिन इस प्रजाति सहित गलती से बचने के लिए खाने योग्य नारंगी रंग के मशरूम जैसे चेंटरेफ्स को इकट्ठा करते समय बहुत सावधानी बरतनी चाहिए।

चित्र 13.12. *ओम्फालोटस ओलेरियस*

13.2.13. किंग बोलेटे/बोलेट मशरूम (*बोलेटस एडुलिस*)

जंगली मशरूम को तभी खाया जा सकता है जब वह बाजार में उपलब्ध हो, जंगलों से नहीं क्योंकि वे जहरीले हो सकते हैं। यह ब्राउन कैप्ड बोलेट मशरूम बेहद स्वादिष्ट है, जब पकाया जाता है और काफी लोकप्रिय है। बेबी मशरूम भारी होने के बाद दिखाई देने लगते हैं पश्चिम में बारिश ज्यादातर सितंबर और अक्टूबर में होती है।

चित्र 13.13. *बोलेटस एडुलिस*

13.2.14. पैरासोल मशरूम/घातक छत्र (*मैक्रोलेपियोटा प्रोसेरा*)

यह घातक छत्र एक मध्यम आकार का छाता मशरूम है और जैसा कि नाम से पता चलता है, यह बेहद घातक है। यह मशरूम जंगल और जमीन पर पाया जाता है। इनके शीर्ष पर लाल रंग के शल्क होते हैं जो इनकी विशिष्ट विशेषता है। वे ज्यादातर उत्तरी अमेरिका में पाए जाते हैं और अगर पच जाते हैं तो आंतों को नष्ट कर सकते हैं और फिर मृत्यु हो सकती है।

चित्र 13.14. *मैक्रोलेपियोटा प्रोसेरा*

13.2.15. सल्फर टफट मशरूम/वाइल्डन मार्श ब्लॉग/अर्थस्टार (*हाइफोलोमा फासीकुलर*)

यह मशरूम यूके और सभी प्रकार के जंगलों और लकड़ियों में पाये जाते हैं। वे छोटे समूहों और बड़े समूहों में भी पाए जाते हैं और मृत पदार्थ पर भोजन करते हैं। वे सुंदर दिखते हैं जब जंगल में एक साथ जमा हो जाते हैं और खाने में वास्तव में अच्छे लगते हैं लेकिन अखाद्य होते हैं और गंभीर विषाक्तता और दस्त का कारण बन सकते हैं।

चित्र 13.15. *हाइपोलोमा फासीक्यूलर*

13.3. जहरीले मशरूम में जहरीले घटक

कई मशरूम (तालिका 13.1) से पहले ही कई शक्तिशाली विषाक्त पदार्थों की पहचान की जा चुकी है। थोड़ी सी मात्रा का सेवन भी इंसानों के लिए खतरनाक हो सकता है। विषाक्त विकार को शामिल विषाक्त पदा. र्थों और वैज्ञानिक उपस्थिति (तालिका 13.1) के अनुसार वर्गीकृत किया गया है। मशरूम के विषाक्त पदार्थों को सात मुख्य श्रेणियों में विभाजित किया गया है: एमाटॉक्सिन (साइक्लोपेप्टाइड्स) ऑरलेनस (कॉर्टिनियस प्रजाति), जाइरोमिट्रिन (मोनोमिथाइलहाइड्राज़िन), मस्करीन, इबोटेनिक एसिड, साइलोसाइबिन, कोप्रीन और गैस्ट्रोइंटेस्टाइनल इरिटेंट। इन विषाक्त पदार्थों की चर्चा उनके स्रोतों, आणविक गुणों, नैदानिक उपस्थिति, तंत्र और संभावित विषाक्तता (तालिका 13.2) सहित होती है।

13.3.1. अमाटॉक्सिन और फैलोटॉक्सिन

सभी एमाटॉक्सिन युक्त कवक परिवारों में पाए जाते हैं: अमानिटेसी (जीनस अमानिता), एगारिकेसी (जीनस लेप्लॉट), और कॉर्टिनारियासी (जीनस गैलेरिना)। अमनिता की कुछ प्रजातियाँ जैसे अमानिता विरोसा, ए. फालोइड्स, ए. ऑक्रेटा, ए. वर्ना, ए. सबलियासिया, ए. बिस्पोरिगेरा, ए. हाइग्रोस्कोपिका, और ए. टेनुइफोलिया में एमाटॉक्सिन प्रचुर मात्रा में हैं। एमाटॉक्सिन बाइसिकल ऑक्टेपेप्टाइड और शक्तिशाली थर्मोस्टेबल जहर हैं। सबसे शक्तिशाली एमाटॉक्सिन एक अमानिटाइन है, और उन नौ एमाटॉक्सिन में से है जिन्हें मान्यता दी गई है। गतिभंग, मोटर अवसाद, उत्साह, चक्कर आना, जठरांत्र संबंधी गड़बड़ी, उनींदापन, मांसपेशियों में मरोड़, और अंतर्दृष्टि, भावनाओं और मनोदशा में परिवर्तन, एमाटॉक्सिन विषाक्तता से जुड़े कुछ सामान्य लक्षण हैं। एमाटॉक्सिन का आणविक तंत्र कार्रवाई डीएनए पर निर्भर करता है एवं आरएनए पोलीमरेज (तालिका 13.2) का निषेध है। एमआरएनए के स्तर में कमी से प्रोटीन संश्लेषण कम हो जाता है और अंततः प्रभावित कोशिकाएं परिगलन या एपोप्टोसिस से गुजरती हैं। इस विषाक्तता के लिए मुख्य रूप से रोगसूचक उपचार की सिफारिश की जाती है, जिसमें कैप्चर के दौरान फेनोबार्बिटोन या बेंजोडायजेपाइन का उपयोग शामिल है। उपचार की शुरुआत में डिटॉक्सिफिकेशन एमाटॉक्सिन-नशे में आने वाले रोगियों में आवश्यक है और उन्हें सावधानीपूर्वक निगरानी की आवश्यकता होती है। गंभीर विषाक्तता के मामलों में लीवर प्रत्यारोपण की आवश्यकता हो सकती है।

13.3.2. ओरेलानस

ओरेलेनिन एक गर्मी-स्थिर बाइपिरिडीन एन-ऑक्साइड है: साइक्लोपेप्टाइड ऑरेलेनिन कॉर्टिनारियस ऑरेलेनस, सी. स्प्लेंडेंस और सी. स्पेशियोसिसिमस में मौजूद है। यौगिकों का क्विनोन वर्ग ओरेलेनिन के ऑक्सीकरण के कारण गुर्दे के ऊतकों में इकट्ठा हो सकता है और उन क्विनोन के साथ जैविक संरचनाओं के सहसंयोजक बंधन से कोशिका क्षति हो सकती है। अंतर्ग्रहण के 2-20 दिनों बाद ओरेलेनिन विषाक्तता उत्पन्न हो सकती है। मतली, पेट में दर्द और उल्टी विषाक्तता के शुरुआती चरणों के लक्षण हैं। गुर्दे के कार्य में क्रमिक सुधार होने तक आमतौर पर हेमोडायलिसिस जारी रखने की सिफारिश की जाती है। इन विट्रो डेटा से यह स्पष्ट है कि ऑरेलेनिन आयरन या रेडॉक्स साइकलिंग के रेडॉक्स सक्रियण के माध्यम से लक्ष्य स्थल पर ऑक्सीजन रेडिकल उत्पन्न करता है। सेलुलर सिस्टम पर उन्नत जानकारी के साथ यह भी प्रदर्शित किया गया है कि प्रोटीन संश्लेषण को ऑरेलेनिन के मेटाबोलाइट द्वारा बाधित किया जा सकता है।

13.3.3. जाइरोमिट्रिन

जाइरोमिट्रिन जो कि मोनोमिथिल हाइड्राजिन (एमएमएच) कमरे के तापमान पर एक ऑक्सीकरण योग्य वाष्पशील तरल है, जो इसे एक अस्थिर रसायन बनाता है। जाइरोमिट्रा ले, जी. एस्कुलेंटा, जी. अंबिका, जी. इंफुला, जी. मोंटानम, जी. गिगास, जी. फास्टिगियाटा, जी. कैलिफोर्निया, जी. स्फेरोस्पोरा और हेलवेला, पैक्सिन और कुडोनिया एसपीपी की कुछ प्रजातियों में विष जाइरोमिट्रिन मौजूद है। इस मशरूम को पकाने के दौरान जाइरोमित्रा का अंतर्ग्रहण या उत्पन्न वाष्पों के साँस लेने से दस्त, उल्टी, थकान, चक्कर, गतिभंग, कंपकंपी और नशा जैसी विषाक्तता पैदा हो सकती है जो अंतर्ग्रहण के 8-12 घंटे बाद शुरू होती है। हेमोलिसिस का विकास, और मध्यम गंभीरता के यकृत रोग कुछ पेटेंट में विकसित हो सकते हैं। अंतर्ग्रहण के बाद पेट में जाइरोमिट्रिन के हाइड्रोलिसिस द्वारा हाइड्रैजाइन्स (ऐंठन), साइटोटोक्सिक और परेशान करने वाले गुण बन सकते हैं।

13.3.4. मस्करीन

मशरूम के अंतर्ग्रहण के कारण होने वाले मस्कैरेनिक विषाक्तता में पसीना आना, फटना, लार टपकना शामिल हैं। पैरासिम्पेथेटिक तंत्रिका तंत्र पर प्रभाव के कारण उल्टी, दस्त, रक्तचाप और सांस की तकलीफ जैसी तकलीफ हो सकती है। अधिकांश रोगी 24 घंटे के भीतर ठीक हो जाते हैं, सिवाय उन मामलों को छोड़कर जब हृदय रुक गया हो और रोगी को रिचार्ज नहीं किया जा सकता हो। मस्कैरेनिक प्रभावों को बेअसर करने के लिए स्ट्रोपिन के पर्यवेक्षण की सिफारिश की जाती है। जहरीले मशरूम में मस्किमोल भी होता है जो केंद्रीय तंत्रिका तंत्र पर कार्य करके अंतर्ग्रहण के 20-22 मिनट बाद पक्षाघात का कारण बनता है। मस्किमोल एक कीटनाशक के रूप में काम कर सकता है और मक्खियों को मार सकता है। मस्किमोल युक्त मशरूम अमानिता मस्केरिया और ट्राइकोलोमा मस्कैरियम हैं।

13.3.5. एलबोटेनिक एसिड

विषाक्त पदार्थों (इबोटेनिक एसिड, मस्किमोल) केंद्रीय तंत्रिका तंत्र को प्रभावित करता है शराब के नशे की तुलना में है। लक्षणों की शुरुआत आमतौर पर 30-120 मिनट के बीच होती है यानी, मतली और उल्टी, केवल नशे में चलने या चलने में असमर्थता, अनियंत्रित रूप से सक्रिय होने और जगाने में मुश्किल होने के बीच प्रत्यावर्तन, सपनों के साथ गहरी नींद के बाद, लगभग दो घंटे तक चलने वाला होता है। इबोटेनिक एसिड युक्त मशरूम मुख्य रूप से अमनिता की प्रजातियां जैसे ए. कोकेरी, ए. जेम्माटा, ए. मस्कारिया और ए. पैंथरिना और पैनियोलस कैम्पनुलैटस है।

13.3.6. साइलोसाइबिन और साइलोसिन

टॉक्सिन साइलोसाइबिन जीनस साइलोसिबे में प्रचुर मात्रा में पाया जाता है जिसमें पी. बोहेमिका, पी. मैक्सिकना, पी. सेमीलांसेटा, पी. बेओसिस्टिस, पी. क्यूबेंसिस शामिल हैं। जबकि टॉक्सिन साइलोसिन पैनियोलस पेपिलियोनेसियस, पैनियोलस स्फिंक्ट्रिनस और पैनियोलस सबबाल्टिएटस पर मजबूत प्रभाव डालता है। तंत्रिका तंत्र, जिसमें अनियंत्रित हँसी, मतिभ्रम, ऑप्टिकल विकृतियाँ, उत्साह और असंबद्ध अनुभव शामिल हैं; और कुछ पीड़ितों ने धार्मिक अनुभव करने की सूचना दी है। साइलोसाइबिन के विषाक्तता के लक्षण इन मशरूमों के सेवन के 10-30 मिनट बाद विकसित होते हैं। सेवन के लगभग 10-30 मिनट बाद लक्षण शुरू होते हैं। अंतर्ग्रहण के 4-12 घंटे बाद विषाक्तता की समस्या पूरी तरह से हल हो जाती है।

तालिका 13.1. वैज्ञानिक उपस्थिति, विभिन्न जहरीली मशरूम प्रजातियों की विषाक्तता और विषाक्तता क्षमता के स्थल

विषाक्त पदार्थों	विषाक्तता के लिए साइटें	विकार	प्रजातियाँ	वृक्ष प्रकार	मृत्यु दर
बायरोमित्रिन	जीआईटी, सीएनएस, जिगर और रक्त	दौरे, देर से गैस्ट्रोएंटेराइटिस, और गुर्दे विषाक्तता	*जाइरोमित्रा एस्कुलेंटा, जी. इनफुला, सार्कोस्फेरा कोरोनरी, क्रिसिना मैक्रोपस*	बलसम बीच	0–10%
ओरेलनिन, ओरेलिनिन, कोर्टिनारिन	गुर्दा, जीआईटी	देर से गुर्दे की विफलता, सेलुलर और एडिमेटस आंतों फाइब्रोसिस	*कोर्टिनारियस ओरेलानस, सी. स्पेसियोसिसिनस, मायसेना पुरा, ओ. ओरेरियस*	बालसम बीच, शंकुधारियों के नीचे जंगल का कचरा	दुर्लभ
एक्रोमेलिक एसिड	परिधीय तंत्रिकाओं, त्वचा	एरिथ्रोमेल्जिया	*क्लिटोसाइब एक्रोमेल्गा*	बांस का जंगल	दुर्लभ
अमाटॉक्सिन, फैलोटॉक्सिन	जीआईटी, गुर्दा, जिगर	देर से जिगर विषाक्तता और देरी गैस्ट्रोएंटेराइटिस	*अमनिता फैलाइड्स, ए. विरोसा, ए. वरना, ए. बिस्पोरिगेरा, गैले रना शरद ऋतु, जी. मार्जिनाटा, जी. वेनेटा, लेपिओटा हेल्वियोला*	ओक, सड़ी हुई लकड़ी	2–30%
एलेनिक नॉरल्यूसीन	गुर्दा, जीआईटी	गैस्ट्रोएंटेराइटिस और देरी से शुरुआत गुर्दे की विफलता	*अमनिता स्मिथियाना*	एबिस, त्सुगा, स्यूडोत्सुगा	दुर्लभ
कोप्रिन	सीएनएस	निस्तब्धता, सिरदर्द, टैचीकार्डिया, सीने में दर्द, चिंता	*कोप्रिनस एट्रामेंटेरियस*	दफन की गई लकड़ी	दुर्लभ
मस्करीन	स्वायत्त तंत्रिका तंत्र (मस्कैरिनिक रिसेप्टर्स)	कोलीनर्जिक अतिरिक्त (उल्टी, दस्त, ब्रैडीकार्डिया, ब्रोंकोरिया, फाड़, ब्रोंकोस्पाज्म, लार)	*क्लिटोसाइब डीलबाटा, सी. इलुडेंस, आई. फास्टिगियाटा, बोलेटस कैलोपस*	एल्डर, अच्छी तरह से सूखा मिट्टी	दुर्लभ
इबोटेनिक एसिड, मस्किमोल	सीएनएस (अवसादग्रस्त और उत्तेजक प्रभाव)	सीएनएस उत्तेजना और अवसाद (स्तूप, कोमा, प्रलाप, आंदोलन, मतिभ्रम और दौरे)	*अमनिता मस्करिया, ए. पैंथरिना, ए. जेम्माटा*	सन्टी	दुर्लभ
साइलोसाइबिन, साइलोसिन	सीएनएस (मतिभ्रम प्रभाव)	भ्रांतिकारी	*साइलोसाइब क्यूबेंसिस, पी. मेक्सिकाना, कोनोसिबल साइनोपस, जी. एरुगिनोसा*	चिनार (एस्पेन)	दुर्लभ
जीआई अड़चनें	जीआईटी	गुर्दे की विफलता के बिना तीव्र गैस्ट्रोएंटेराइटिस	*क्लोरोफिलम मोलिब्डाइट्स, क्लिटोसाइब नेबुलारिस, ओम्फालोटस इल्यूडेंस*	जैतून पाइन	दुर्लभ

जीआई–गैस्ट्रोइंटेस्टाइनल; जीआईटी–गैस्ट्रोइंटेस्टाइनल ट्रैक्टय; सीएनएस–केंद्रीय तंत्रिका तंत्र

तालिका 13.2. विभिन्न जहरीले मशरूम प्रजातियों में पाए जाने वाले विभिन्न विषाक्त पदार्थों की विषाक्तता के आणविक गुण और तंत्र

विष का नाम	स्रोतों	आणविक गुण	विषाक्तता का तंत्र
अमाटॉक्सिन	अमनिता की विभिन्न प्रजातियां	थर्मोस्टेबल बाइसाइक्लिक ऑक्टापेप्टाइड। नौ एमाटॉक्सिन की पहचान की गई है और α-एमानाइटाइन सबसे सक्रिय है।	आरएनए पोलीमरेज़-2 को रोकें और इस प्रकार डीएनए का प्रतिलेखन प्रोटीन संश्लेषण और सेल नेक्रोसिस द्वारा होता है।
फालोटॉक्सिन	*अमनिता फालोइड्स*	एक ट्रांसएनुलर थायोथर पुल के साथ बाइसाइक्लिक-कंकाल युक्त पेप्टाइड्स।	यकृत कोशिकाओं में एफ-एक्टिन के लिए विष का विशिष्ट बंधन, जिसके परिणामस्वरूप जी-एक्टिन में एफ-एक्टिन के डिपोलिमराइजेशन को रोकता है।
ओरेलैनिन	*प्लूरोटस ऑस्ट्रिएटस और कोर्टिनारियस ओरेलनस*	एक गर्मी-स्थिर बिपिरिडीन नॉक्साइड है। ओरेलै. निन रासायनिक रूप से पाइरिडीन हर्बिसाइड्स पैराक्वाट और डिक्वाट जैसा दिखता है और इसे ओरेलाइन में डीओक्सीडाइज किया जाता है जो गैर विषैले होता है।	इन विट्रो डेटा दृढ़ता से सुझाव देते हैं कि ऑरेलेनिन रेडॉक्स साइकिलगिंग या लोहे के रेडॉक्स सक्रियण के माध्यम से लक्ष्य स्थल पर ऑक्सीजन कण उत्पन्न करता है, सेलुलर सिस्टम इंगित करते हैं कि विष का मेटाबोलाइट प्रोटीन संश्लेषण को रोक सकता है।
जाइरोमाइट्रिन	*जाइरोमित्रा एस्कुलेंटा*	जाइरोमाइट्रिन एक वाष्पशील तरल है, जो काफी अस्थिर है, कमरे के तापमान पर ऑक्सीकरण करता है, और ग्लूकोसाइड्स के साथ मुक्त या बंधुआ मौजूद है।	हाइड्राजिन ऐंठन होते हैं, और वे हाइड्राजीन बनाने के लिए पाइरिडोक्सल फॉस्फेट के साथ प्रतिक्रिया करते हैं, जिसके परिणामस्वरूप ग्लूटामिक एसिड डिकार्बोक्सिलेज की गति. विधि कम हो जाती है और गाबा का गठन कम हो जाता है।
मस्करीन	*सी. सेरुसाटा, सी. डीलबाटा, सी. फिलोफिलोफिला सी. रिवुलोसा और ए. मस्करिया*	यह टेट्राहाइड्रो -4-हाइड्रॉक्सीएन, एन, एन -5-टेट्रामिथाइल-2 "यूरानमेथेनमिनियम है।	मस्करीन की संरचना एसिटाइलकोलाइन के समान है और यह एक ही रिसेप्टर्स से बांधती है। यह कोलिनेस्टरेज द्वारा हाइड्रोलाइज्ड नहीं होता है जिससे पैरासिम्पेथोमिमेटिक लक्षण विज्ञान होता है।

इबोटेनिक एसिड	अमनिता मस्करिया और ए. पैंथरिना	क्या एक α-एमिनो-3-हाइड्रॉक्सी-5 आइसोक्साज़ोल एसिटिक एसिड है	एक एनएमडीए रिसेप्टर एगोनिस्ट। आइसोक्साज़ोल मॉइटी के अम्लीय गुण के कारण, यह ग्लूटामिक एसिड के समान है और जानवरों में इसके प्रभावों की नकल करता है।
मस्किमोल	अमनिता मस्करिया और ए. पैंथरिना	यह इबोटेनिक एसिड का एक डिकार्बोक्सिलेटेड उत्पाद है	यह पदार्थ गाबा के लिए संरचनात्मक समानता दिखाता है और सीएनएस में इस निरोधात्मक न्यूरोट्रांसमीटर की कार्रवाई की नकल करता है।
साइलोसाइबिन और साइलोसिन	साइलोसाइब बोहेमिका, पी. मैक्सिकना, पी. सेम. ीलांसेटा, पी. बेओसिस्टिस और पी. क्यूबेंसिस	टायरामाइन प्रकार का घटक, 4-फॉस्फोरिलॉक्सी एन, एन-डाइमिथाइलट्रिप्टामाइन	क्षारीय फॉस्फेट और अविशिष्ट एस्टरेज द्वारा फॉस्फोरिक एस्टर समूह की दरार इंगित करती है कि साइलोसाइबिन एक प्रोड्रग के रूप में कार्य करता है और इसका हाइड्रॉक्सिल मेटाबोलाइट साइलोसिन सक्रिय एजेंट है। साइलोसाइबिन की गतिविधि सेरोटोनिन 2-ए रिसेप्टर की सक्रियता के कारण होती है।
एक्रोमेलिक एसिड	क्लिटोसाइब एक्रोमेल्गा	यह कैनोइड परिवार का एक सदस्य है, जो नॉनप्रोटीनोजेनिक पाइरोलिडीन डाइकारबॉक्सि. लिक एसिड का एक समूह है	एक्रोमेलिक एसिड, न्यूरोएक्सिटेटरी गतिविधि प्रदर्शित करता है, ग्लूटामेट रिसेप्टर्स को बांध सकता है, ग्लूटामिक एसिड की नकल कर सकता है, विशेषता व्यवहार परिवर्तन का कारण बनता है, और पशु मॉडल में परीक्षण किए जाने पर निचली रीढ़ की हढी में इंटरन्यूरॉन्स को प्रेरित चयनात्मक क्षति होती है।

गाबा, गामा-एमिनोब्यूट्रिक एसिड; एनएमडीए, एन-मिथाइल-डी-एस्पार्टेट; सीएनएस, केंद्रीय तंत्रिका तंत्र

13.3.7. कॉपरिन (एंटाब्यूज जैसी प्रतिक्रिया)

शराब के साथ लेने पर कोप्रीन युक्त मशरूम की लत लग सकती है। डिसुलफिरम (एंटाब्यूज) जैसे चेहरे और गर्दन के गर्म फ्लश, मुंह में धातु का स्वाद, अंगों में झुनझुनी सनसनी, हाथों में सुन्नता, धड़कन तेज धड़कना, सिरदर्द, मतली और उल्टी आदि लक्षण शामिल हैं। सेवन के लगभग 30-60 मिनट बाद लक्षण शुरू होते हैं और तब तक जारी रहेंगे जब तक सिस्टम में अल्कोहल है। प्रभावित रोगी हाइपरसेरेटियन, मि. ओसिस और गैस्ट्रोइंटेस्टाइनल में गड़बड़ी दिखा सकते हैं। इस जहर के साथ नशा करने के गंभीर मामलों में ब्रैडीकार्डिया और यहां तक कि पतन भी हो सकता है। आमतौर पर कोप्रिनस एट्रामेंटेरियस, सी. इन्सिग्नीस, सी. क्वाड्रिफिडस और सी. वेरिगेटस से जाना जाता है।

13.3.8. गैस्ट्रोइंटेस्टाइनल इरिटेंट्स

गैस्ट्रोइंटेस्टाइनल अड़चन, कई असंबंधित यौगिकों से बना है, जो मशरूम के सेवन के 30-90 मिनट के भीतर पाचन परेशान जैसे समान प्रभाव पैदा करते हैं। सबसे सामान्य लक्षणों में पेट में ऐंठन के साथ उल्टी और दस्त शामिल हैं। 3-4 घंटे में लक्षण साफ हो जाते हैं और एक या दो दिन बाद पूरी तरह ठीक हो जाते हैं। इनमें कई प्रजातियां ले एगारिकस, अमानिता, बोलेटस, क्लोरोफिलम, एंटोलोमा, हेबेलोमा, लैक्टैरियस, मैरास्मियस, नेमाटोलोमा, रसूला, स्क्लेरोडर्मा, ट्राइकोलोमा आदि शामिल हैं।

मशरूम की अधिक खपत वाले क्षेत्रों में हर साल बड़ी संख्या में मशरूम विषाक्तता के मामले सामने आते हैं। अपर्याप्त ज्ञान और प्रजातियों की गलत पहचान मशरूम के नशे के प्रमुख कारण हैं। कुछ प्रजातियों में अलग-अलग अनुपात में खतरनाक विषाक्त पदार्थ होते हैं, जो विभिन्न संकेतों और विकारों का कारण बनते हैं। न केवल जहरीले मशरूम बल्कि कुछ खाद्य मशरूम में भी जहरीले यौगिक होते हैं और नशे की गंभीरता खपत की गई मात्रा पर निर्भर करती है। मशरूम विषाक्तता के बारे में ज्ञान और जागरूकता की कमी होने पर मशरूम के आकस्मिक अंतर्ग्रहण से बचना मुश्किल है। मशरूम की सटीक पहचान विषाक्तता से बचने और नशा के लक्षणों का तेजी से पता लगाने के माध्यम से सफल उपचार को सक्षम करने का एक मौलिक कदम है। घातक मशरूम विषाक्तता के मामले पहले भी रिपोर्ट किए गए हैं; हालांकि, विषाक्त पदार्थों, विकारों और विषाक्तता के तंत्र के गुणों को संक्षेप में प्रस्तुत नहीं किया गया है।